Elogios a *Nos Passos de Gandhi*

"Sempre acreditei que a melhor maneira de preservar o legado dos grandes estadistas do passado é tentar seguir os valores que eles defendiam e aplicá-los em nossa conjuntura contemporânea. Fico feliz em ver que o escritor Perry Garfinkel fez exatamente isso com Mahatma Gandhi e compartilha suas experiências neste livro. [...] O autor oferece aos leitores a oportunidade de descobrir as diversas maneiras pelas quais Gandhi-ji contribuiu para tornar o mundo um lugar melhor e o que cada um de nós pode aprender com seu exemplo."

SUA SANTIDADE O DALAI LAMA
em seu prefácio para *Nos Passos de Gandhi*

"O envolvente e engraçado *Nos Passos de Gandhi* de Perry Garfinkel nos mostra como a mensagem do Mahatma pode ter importância em nossas vidas. Brilhante. Muitíssimo recomendado."

DANIEL GOLEMAN
autor de *Inteligência Emocional* e mais recentemente
Por que Meditamos, com Tsoknyi Rinpoche

"É bonito ser inspirado por Gandhi. É ainda mais incrível aprender a incorporar seu amor e liberdade, honestidade e bênçãos em nossas próprias vidas. Perry nos mostra como é possível."

JACK KORNFIELD
autor de *Um Caminho com o Coração* e cofundador
da Insight Meditation Society

"Neste livro oportuno, Perry Garfinkel escreve: 'A verdade é evasiva e mercurial.' O que não é evasivo ou mercurial é o brilhantismo deste livro, repleto de anedotas, humor e sabedoria. Perry nos leva em uma jornada com Gandhi, quase literalmente passo a passo. Como um memorial de viagem espiritual, este é o remédio que todos precisamos nestes tempos — uma verdadeira inspiração. E essa é a verdade."

NANCY SLONIM ARONIE
autora de *Writing from the Heart* e *Memoir as Medicine*

"Envolvente e perspicaz, *Nos Passos de Gandhi* é a busca de um homem para seguir os passos de Gandhi e redescobrir a bússola moral abandonada pela cultura atual, centrada no eu e na gratificação instantânea. Ao ler, somos inspirados a refletir sobre nossa própria jornada e o que significa alinhar nossa vida com nosso coração."

TARA BRACH
autora de *Aceitação Radical* e *Trusting the Gold*

"Gandhi foi uma das últimas figuras do período colonial histórico europeu e tudo o que estava ligado a isso. Como britânico de origem bengalesa (e, portanto, historicamente indiano), ainda luto para encontrar nosso passado colonial no sistema educacional. Agradeço a autores como Perry, que conseguem transcender as barreiras culturais. Como ele escreve: 'Tudo o que preciso fazer é tirar as vendas dos olhos e procurar as pistas pelo caminho.' Escrever sobre eventos ou pessoas históricas não é novidade, mas o importante é que Perry torna Gandhi relevante hoje!"

MUNSUR ALI
presidente do Comitê de Cultura, Patrimônio e Bibliotecas,
Cidade de Londres, e produtor cinematográfico

"O que seria viver como Gandhi? Garfinkel descobre, não apenas lendo as palavras de Gandhi, mas vivendo as verdades de Gandhi. A luta de Garfinkel para seguir a moralidade de Gandhi torna-se uma meditação complexa sobre a luta para ser bom e o que 'bom' realmente significa em nossos tempos conturbados. Ao se envolver com o código pessoal de ética de Gandhi, Garfinkel traz Gandhi à vida e nos desafia a pensar seriamente sobre quais princípios valorizamos."

ANDY ROTMAN
professor de religião, estudos budistas
e estudos sul-asiáticos, Smith College

"Uma visão integrada da vida e do pensamento de Mahatma Gandhi baseada em uma análise cuidadosa de alguns de seus princípios orientadores, *Nos Passos de Gandhi* ilumina áreas que costumam ser ignoradas e oferece uma visão teoricamente perspicaz e rica em práticas de como levar uma vida gandhiana, ou semelhante à de Gandhi, no mundo moderno. O livro também usa Gandhi para entender a natureza da fé religiosa e marcar uma comovente jornada pessoal do judaísmo ao budismo, passando pelo hinduísmo."

BHIKHU CHHOTALAL PAREKH
Câmara dos Lordes Britânica e autor de *Rethinking Multiculturalism*

"Meu bisavô, Mahatma Gandhi, costumava dizer, de brincadeira, que ele era como um ímã atraindo todos os fanáticos e malucos do mundo. Quando Perry me abordou com sua ideia de viver como Gandhi, meu primeiro pensamento foi: aqui está um maluco que acredita que nos dias de hoje ele pode viver a vida simples, frugal e abstemiosa que Bapu viveu, e ainda por cima sendo um norte-americano. Sua jornada teve três etapas: descobrir e entender Gandhi, não apenas o homem, mas suas crenças; descobrir a terra e o povo da Índia de Gandhi; e, o mais importante, testar a si mesmo ao enfrentar o desafio de viver de acordo com os preceitos de Gandhi, tantos quantos ele pudesse. A outra busca era também ver onde Gandhi estava no presente na terra que ele ajudou a libertar. Ele ainda estava lá? Ele era relevante? Ele importava? Ao escrever isto, Perry absorveu o senso de humor irônico de Bapu. Este livro é o resultado do espírito aventureiro de Perry, de ir aonde poucos ousam, de nunca desistir. E, acima de tudo, porque ele é um maluco. Quem mais teria feito o que ele fez nos dias de hoje? O livro é definitivamente uma leitura obrigatória. Continue em frente, meu caro amigo."

TUSHAR GANDHI
ativista sociopolítico e autor de *The Lost Diary of Kastur, My Ba* e *Let's Kill Gandhi*

NOS PASSOS DE GANDHI

Outros livros de Perry Garfinkel

AUTOR

No Mundo dos Homens

Buda ou Desapego

Travel Writing for Profit and Pleasure

COAUTOR

The Male Body: An Owner's Manual

Stress Blasters: Quick and Simple Steps to Take Control and Perform Under Pressure

Command Respect: Cultivate the Qualities That Inspire and Impress Others

Maximum Style: Look Sharp and Feel Confident in Every Situation

NOS PASSOS DE GANDHI

Minha Jornada com as 6 Verdades Morais de Gandhi em Tempos Imorais

ALTA BOOKS
GRUPO EDITORIAL
Rio de Janeiro, 2025

Perry Garfinkel

Nos Passos de Gandhi

ISBN: 978-85-508-2587-8

Alta Life é uma Editora do Grupo Editorial Alta Books.

Translated from original Becoming Gandhi © 2024 by Perry Garfinkel. ISBN 978-1-683-64692-1. This translation is published and sold by Sounds True, the owner of all rights to publish and sell the same. PORTUGUESE language edition published by Starlin Alta Editora e Consultoria Eireli, Copyright © 2025 by STARLIN ALTA EDITORA E CONSULTORIA LTDA.

Impresso no Brasil — 1ª Edição, 2025 — Edição revisada conforme o Acordo Ortográfico da Língua Portuguesa de 2009.

Dados Internacionais de Catalogação na Publicação (CIP)
(BENITEZ Catalogação Ass. Editorial, MS, Brasil)

G231n
1.ed. Garfinkel, Perry
Nos passos de Gandhi : minha jornada com as 6 verdades morais de Gandhi em tempos imorais / Perry Garfinkel ; tradução Helena Coutinho. – 1.ed. – Rio de Janeiro : Alta Life, 2025.
256 p.; 15,7 x 23 cm.

Título original: Becoming Gandhi: living the Mahatma's 6 morals truths in immoral times
ISBN 978-85-508-2587-8

1. Crescimento espiritual. 2. Garfinkel, Perry. 3. Homens – Autobiografia. 4. Gandhi, Mahatma, 1869-1948 – Influência. 5. Histórias de vida. I. Coutinho, Helena. II. Título.

03-2025/135 CDD 954.035092

Índice para catálogo sistemático:
1. Homens : Autobiografia 954.035092
Aline Graziele Benitez – Bibliotecária – CRB-1/3129

Grupo Editorial Alta Books

Produção Editorial: Grupo Editorial Alta Books
Diretor Editorial: Anderson Vieira
Editor da Obra: Gorki Starlin
Vendas Governamentais: Cristiane Mutüs
Gerência Comercial: Claudio Lima

Produtor Editorial: Thiê Alves
Tradução: Helena Coutinho
Copidesque: Eveline Machado
Revisão: Fernanda Lutfi
Diagramação: Joyce Matos

ALTA BOOKS
GRUPO EDITORIAL

Rua Viúva Cláudio, 291 — Bairro Industrial do Jacaré
CEP: 20.970-031 — Rio de Janeiro (RJ)
Tels.: (21) 3278-8069 / 3278-8419
www.altabooks.com.br — altabooks@altabooks.com.br
Ouvidoria: ouvidoria@altabooks.com.br

Editora
afiliada à:

Para Sue Mattison,

Você me mostrou o que são a verdadeira força
e o compromisso diante de todas as adversidades.
Eu sabia que você conseguiria, minha amada irmãzona.

Agradecimentos

Este livro levou quase quinze anos para ser escrito.

Nesses anos, muitos amigos e colegas me encorajaram, desafiaram, inspiraram, alimentaram, abrigaram e apoiaram financeira, espiritual e emocionalmente. Agradeço a essas pessoas por fazerem parte da minha jornada com a Verdade.

Minha agente anterior, Candice Fuhrman, plantou a primeira semente quando recomendou que eu "fizesse o mesmo com Gandhi" que fiz com Buda em meu último livro, *Buda ou Desapego*. Seis anos depois, retomei a ideia quando conheci Jayapriya Vasudevan, da Jacaranda Literary Agency em Bangalore (Bengaluru), na Índia, que reconheceu o potencial do livro e o vendeu para a Simon & Schuster India. Helen Mangham, sua colega no Reino Unido, também foi fundamental ao oferecê-lo a editoras europeias. Jayapriya me apresentou à sua coagente Susan Raihofer, da David Black Agency em Nova York. Susan foi incansável em encontrar a Sounds True, a editora norte-americana perfeita para este livro. David Black coagencia a Mohrbooks e o vendeu para a Penguin Random House Germany/Integral.

Haven Iverson, da Sounds True, tem sido a editora mais perfeita que qualquer escritor poderia esperar: uma entusiasta e defensora deste livro desde sua aquisição até o fim e mais além, e incrivelmente paciente e apoiadora. Se este livro está bem coeso, é graças a ela.

Elizabet Kurumlu de Istambul — guia de viagens, diretora cinematográfica, tradutora e ocasionalmente cinegrafista — me acompanhou até a África do Sul depois de um começo conturbado e me ajudou a recuperar um celular perdido e um notebook esquecido no aeroporto de Mumbai. Seu trabalho de filmagem das minhas entrevistas e aventuras na África do Sul foi excelente.

Nestor Serrano, então concierge chefe do InterContinental Hotel Marine Drive em Mumbai, trabalhou horas extras para ajudar a recuperar o notebook mencionado acima.

Prarthi Shah de Baroda, Gujarat, Índia, trabalhou até altas horas da noite como minha principal pesquisadora, a quem fiz incontáveis perguntas.

Houve alguns hotéis que, em determinado momento, me abrigaram: o Silver Cloud Hotel em Ahmedabad, Gujarat; o InterContinental Marine Drive, Mumbai; o Rosewood London Hotel; o Mount View Hotel, Calistoga, Califórnia; Hummingbird Haven, Mendocino, Califórnia; o Four Seasons Hotel Mumbai; o Richmond Istanbul e o Richmond Nua Wellness Spa, Sapanca, ambos na Turquia.

Wes Nisker, autor, radialista, professor de budismo, contador de histórias e, mais importante, o dedicado amigo que ligava com bastante frequência com a pergunta urgente: "Você já terminou?" Ele esteve ao meu lado mesmo quando eu não conseguia cuidar de mim, por mais de trinta anos.

Agradecimentos também a esses amigos que me inspiraram, cada um à sua maneira: Padmaja Kumari Parmar, Mudita Nisker e Dan Clurman, Jeff Greenwald, Chris Barnett, Mark Mazer, Belgin Aksoy, Mikkel Aaland, Daniel Ben-Horin, Daniel Shiner, Rahul Akerkar e Margaret Fox.

Agradecimentos especiais ao meu genro, firme como uma rocha, Ryan Romeiser, sempre presente nos bons e maus momentos.

Kasey Romeiser, muito mais do que minha única neta, aplicou suas habilidades editoriais emergentes, e grande potencial de escrita organizando e digitando a bibliografia no fim deste livro.

Há um clichê nos agradecimentos de livros: "Este livro não poderia ter sido escrito sem a ajuda de..." No caso da minha filha Ariana Garfinkel, isso é mais do que um clichê, sem a qual eu literalmente não teria terminado a escrita deste livro. Produtora independente de documentários premiados, ela foi a pessoa que manteve tudo em ordem para muitos cineastas criativos, e tive o privilégio paternal de vê-la em ação enquanto demonstrava suas consideráveis habilidades organizacionais e delicada diplomacia editorial nas etapas finais deste projeto.

Sobre o Autor

Perry Garfinkel contribui para o *New York Times* desde 1986, cobrindo tendências em cultura, saúde, psicologia e espiritualidade, negócios, culinária, estilo de vida e viagens. Seu livro *Buda ou Desapego* foi um best-seller e teve trechos publicados no *The Best Buddhist Writing 2007.* Seus outros livros incluem *No Mundo dos Homens* e quatro livros coautorais para a Men's Health Books, publicados pela Rodale Press, onde foi redator sênior de 1995 a 1997. Trabalhou como repórter e/ou editor para, entre outros, o *Boston Globe,* o *Newark, New Jersey Star-Ledger* e o *Martha's Vineyard Times.* Seus trabalhos também apareceram na *National Geographic Magazine,* no *Los Angeles Times,* na *Men's Health Magazine,* no *Psychology Today,* no *HuffPost* e em muitos outros. Foi um dos editores fundadores do *New Age Journal* e ajudou a lançar a revista *EcoTraveler.* Na televisão, escreveu roteiros para o Travel Channel e a Travel News Network. Professor de escrita há mais de trinta anos, foi professor/consultor para o Bay Area Writing Project na Escola de Educação da UC Berkeley. Baterista desde sempre, foi percussionista na Orquestra All-State de Nova Jersey e tocou em bandas de rock, blues e jazz desde o ensino médio.

Sumário

Linha do Tempo da Vida de Gandhi

2 de outubro de 1869
Nascimento em Porbandar

Maio de 1883
Casou-se aos 13 anos com Kasturba

29 de setembro de 1888
Chegou a Southampton, Inglaterra, para cursar direito

27 de maio de 1891
Admitido à Ordem dos Advogados; retornou à Índia para exercer a advocacia

25 de maio de 1893
Chegou a Durban (Natal), África do Sul

22 de agosto de 1894
Fundou o Congresso Indiano de Natal

11 de setembro de 1906
Organizou o advento do *satyagraha* no Empire Theatre, em Joanesburgo, onde os participantes juraram se opor ao Black Act por meio da não cooperação com as leis de registro

10 de janeiro de 1908
Primeira das três prisões, condenado à prisão em Transvaal, na África do Sul, por não se registrar

20 de maio de 1915
De volta à Índia, estabeleceu o Ashram Satyagraha, Kochrab

18 de março de 1922
Julgamento na Casa de Circuito de Ahmedabad, onde Gandhi recebeu uma sentença de seis anos de prisão por rebelião

5 de maio de 1930
Após liderar a Marcha do Sal, foi preso e enviado à Prisão Central de Yerwada por quebrar a lei do sal

20 de setembro de 1932
Início do jejum pela causa dos intocáveis

14 de dezembro de 1934
Fundação da Associação de Indústrias de Aldeias da Índia

8 de agosto de 1942
Resolução "Quit India" adotada; fez o chamado "Faça ou Morra"

22 de fevereiro de 1944
Morte de Kasturba; cremada no Palácio de Aga Khan

15 de agosto de 1947
Dia da independência da Índia; passou o dia em jejum e oração

30 de janeiro de 1948
Nathuram Godse assassinou Gandhi

Um Dia na Vida de Mahatma Gandhi

Mahatma Gandhi sempre buscava ir além. Como ele conseguia? Disciplina, foco, compromisso, obsessão e o desejo de fazer cada dia valer a pena — e valer a pena para o bem dos outros. Ele seguia sua rotina quase religiosamente. Na verdade, acredito que aderir a essa programação todos os dias se tornou parte de seu ritual espiritual, seu *sadhana*. A tradução sânscrita de *sadhana* é "realização". No hinduismo e no budismo, é um exercício espiritual para evocar uma divindade, identificá-la e absorvê-la em si mesmo.

4h

Hora de acordar. Gandhi acreditava em levantar 90 minutos antes do nascer do sol, o que os hindus chamam de *Brahmamuhurta*, pois é um momento auspicioso para meditar e fazer ioga e outras práticas espirituais.

4h20

Orações comunitárias, incluindo um de seus *bhajans* favoritos, "Vaishnava Jan To", e *prabhatiya* (*bhajan* matinal), acompanhado por outros; também começava a escrever ou trabalhar, ou fazia um breve descanso.

7h

Café da manhã, seguido por uma caminhada de 5km; ajudava na cozinha do ashram, limpando utensílios e latrinas, picando vegetais, moendo trigo, e assim por diante.

8h30

Recebia visitantes, começava a escrever ou ler. Escreveu muitas cartas; seus escritos coletados incluem mais de 30 mil cartas. (No entanto, às segundas-feiras ele fazia um dia de silêncio.)

9h30

Massagem com óleo ao sol e um banho, além de se barbear. Usava a quantidade mínima de água para economizar o precioso líquido. A limpeza também fazia parte da sua disciplina; costumava carregar uma vassoura para limpar quando surgia a oportunidade.

11h

Almoço de uma dieta vegetariana de legumes e frutas frescas, consumindo alimentos com baixo teor de açúcar, sal e gordura.

13h

Mais correspondência, mais visitantes. Muitas vezes, havia uma fila de pessoas esperando para se encontrar com ele e discutir questões urgentes da época.

16h30

Fiação com seu *charkha* (roda de fiar manual), que era sua meditação e se tornou uma ferramenta revolucionária, incentivando os indianos a abandonar as roupas britânicas feitas com algodão indiano.

17h

Jantar.

18h

Orações noturnas, com *bhajans* comunitários. Às vezes, trabalhava junto com as pessoas no ashram e fazia uma breve oração e discurso, refletindo sobre questões atuais.

18h30

Caminhada noturna.

21h

Hora de dormir.

Prefácio

Sempre acreditei que a melhor maneira de preservar o legado dos grandes estadistas do passado é tentar seguir os valores que eles defendiam e aplicá-los em nossa conjuntura contemporânea. Fico feliz em ver que o escritor Perry Garfinkel fez exatamente isso com Mahatma Gandhi e compartilha suas experiências neste livro.

No século passado, Gandhi-ji mostrou como a longa tradição indiana de não violência (*ahimsa*) poderia ser aplicada de forma prática. Seus feitos foram admirados e imitados por figuras como Martin Luther King Jr., Nelson Mandela e o arcebispo Desmond Tutu. Não ser violento ou causar dano não é apenas moralmente correto, mas também praticamente adequado.

Eu também tento ser um seguidor da mensagem de Gandhi-ji. Desde pequeno, crescendo no Tibete, ouvi falar dele. Quando comecei a conhecer mais a sua vida, fiquei profundamente inspirado por sua adoção da não violência na luta pela liberdade da Índia. De fato, coloquei isso em prática em meus próprios esforços para restaurar os direitos humanos fundamentais e as liberdades do povo tibetano.

Também admirei a simplicidade e a disciplina do modo de vida de Gandhi-ji. Embora tenha recebido uma educação moderna e completa, bem versado nos modos de vida ocidentais, ele retornou à sua herança indiana e deliberadamente cultivou uma vida simples e saudável de acordo com a tradição indiana. Ele dedicou sua vida ao bem-estar das pessoas comuns, que em todos os lugares constituem a maioria.

Neste livro, Perry Garfinkel explora seis dos princípios de Gandhi-ji para entender não apenas se eles ainda podem ser aplicados hoje, mas também se ele poderia colocá-los em prática. A não violência que Gandhi-ji defendia não era a mera ausência de violência. Para ele, a não violência era um modo de vida necessário para o bem-estar mais amplo da humanidade.

Cultivar a não violência e a compaixão faz parte da minha prática diária. É de benefício prático. Traz satisfação e paz de espírito, que são uma base sólida para manter relacionamentos genuínos e gentis com outras pessoas. Isso é importante, pois o sucesso e a felicidade do nosso próprio futuro estão tão interligados com os dos outros.

Neste livro, o autor oferece aos leitores a oportunidade de descobrir as diversas maneiras pelas quais Gandhi-ji contribuiu para tornar o mundo um lugar melhor e o que cada um de nós pode aprender com seu exemplo.

Sua Santidade o Dalai Lama

Prólogo

Que Comece a Jornada

Ao ler este prólogo, você acaba de se juntar ao que, espero, será o experimento de uma vida que mudará tanto a sua quanto a minha vida. Estabeleceremos as regras básicas, parâmetros, estruturas, prazos, advertências, desculpas, permissões e outros detalhes que o ajudarão a navegar pelo caminho — se não para se tornar Gandhi, pelo menos para se tornar uma pessoa que leva uma vida mais ética, baseada em princípios, espiritual e moralmente fundamentada, e *repleta de verdade*.

Como lerá no Capítulo 1, pensei em empreender esse esforço pela primeira vez há mais de uma década. Demorei mais doze anos para ganhar a confiança, acreditar no meu compromisso e, francamente, conseguir o financiamento para de fato começar essa árdua jornada, tanto interna quanto externa, incluindo viagens a três países além do meu próprio, os EUA. Mal sabia eu o quanto isso me mudaria, quantos quilômetros viajaria, quantas pessoas inspiradoras conheceria e quantas decepções encontraria, tanto no mundo quanto em mim mesmo.

Comecei a levar isso a sério no verão de 2019. Foi então que comecei a encontrar e contatar fontes especialistas em cada país. Como um repórter obstinado que se orgulha de encontrar o e-mail e o número de telefone de qualquer pessoa em qualquer lugar do mundo, esse mergulho profundo, que necessariamente exigiu muitas leituras e pesquisas no Google, foi um exercício relativamente fácil, muito agradável e informativo. Você talvez queira pesquisar algo adicional ao que escrevo aqui e experimentar suas próprias maneiras de seguir os seis princípios. Não posso falar por Gandhi, mas você tem minha permissão e incentivo total para pensar fora da caixa e além destas páginas.

O Grande Objetivo aqui era ver se, diante de um clima sociocultural que parece desprovido de integridade moral, alguém poderia seguir a bússola moral de Gandhi, por um lado, e, por outro, viajar para países onde ele passou considerável tempo a fim de ver quanto haviam mudado nos anos desde que os deixou. Em outras palavras, ele deixou uma pegada duradoura que outros seguiram ou as pegadas de Gandhi foram varridas e esquecidas pelo tempo e pela natureza humana? Nesses tempos de valores éticos questionáveis, de aumento da violência e de mentiras desenfreadas, eu estava preparado para admitir que tais evidências poderiam ser difíceis de encontrar. Na verdade, um exemplo muito atual do fracasso do movimento da não violência, um dos pilares principais de Gandhi, está ocorrendo enquanto escrevo isto: a CNN está relatando que 39 tiroteios em massa ocorreram nos Estados Unidos nas primeiras três semanas de 2023, matando mais de 60 pessoas, de acordo com o Gun Violence Archive.

Eu sabia que a parte difícil do objetivo seria viver esses princípios dia após dia, no nível pessoal. Haveria muito esforço íntimo, ajustes mentais e uma verdadeira mudança de atitude. Eu teria que mudar minha mente em seus fundamentos. Mudar meus hábitos, modos de pensar e ações diárias.

As regras básicas eram simples: tentar seguir rigorosamente os seis princípios diariamente, mantendo-os em mente ao longo do dia, passando tempo com amigos e familiares, sozinho em meu apartamento ou no mundo lá fora. Mas também me dar um desconto. Se eu “saísse dos trilhos”, me perdoaria rapidamente e voltaria ao caminho. Isso aconteceu com frequência, como você verá. Mas logo percebi que, uma vez envolvido nesse experimento, mesmo quando cometia um deslize, não havia como voltar atrás. Uma vez que o véu é levantado, é difícil não ver o mundo como ele é, e ver a si mesmo como você é, quem você não é e quem aspira ser.

As pessoas começaram a se perguntar quanto tempo esse experimento duraria e a me perguntar quando ou se eu abandonaria o vegetarianismo e voltaria a comer carne assim que terminasse. Planejei dedicar um ano inteiro ao projeto. Ele se expandiu para cerca de dezoito meses de estrita adesão a todos os princípios, e até alguns que Gandhi não considerava. Admito que relaxei depois disso, mas, como disse, uma vez que você sabe para onde a bússola aponta, não consegue voltar a como era antes; você sempre retorna ao seu verdadeiro norte. Você encontra o equilíbrio que mais lhe convém, ou pelo menos melhor do que antes de começar.

Enquadro esta jornada e este livro em torno dos seis princípios. Algumas fontes listam até onze princípios de Gandhi. Escolhi apenas seis; já pode me chamar de preguiçoso.

Verdade. Na prática, a verdade é simplesmente dizer a verdade, mas para Gandhi isso significava mais. Ele disse: "Deus é a Verdade", depois mudou para "A Verdade é Deus". Ele cunhou o termo *satyagraha* — traduzido livremente como "insistência e apego à verdade" — como uma forma de resistência não violenta. Eu adoto isso, primeiro focando praticar a verdade em pensamentos, palavras e ações, com atenção especial às mentiras que conto a mim mesmo. Olho para como a sociedade vê a verdade agora.

Não violência. Embora Gandhi não tenha inventado a não violência, ele foi o primeiro a aplicá-la como uma estratégia para mover o ponteiro na direção da justiça, como uma arma pacífica para protestar contra as injustiças sociais. Seu lema: "Olho por olho deixa o mundo todo cego." Levando isso do político ao pessoal, vejo como todos nós manifestamos violência psicológica — em comportamentos passivo-agressivos, explosões de raiva no trânsito, mandíbulas cerradas, linguagem disfarçada (e nem tão disfarçada) — que sabotam nossos interesses. Eu mesmo tenho culpa: uma vez fui convidado especial no *The Phil Donahue Show*, para falar sobre meu próprio comportamento passivo-agressivo em meu casamento anterior.

Vegetarianismo. O vegetarianismo está profundamente enraizado nas tradições hindu e jainista, contexto em que Gandhi foi criado. Em seus anos em Londres estudando direito, ele abraçou essa prática mais seriamente para satisfazer as necessidades do corpo e suas crenças religiosas, e também para economizar dinheiro ao não comprar carnes caras. Seu livro *A base moral do vegetarianismo*, junto com artigos que escreveu para a publicação da London Vegetarian Society, tornou-se meu guia de dieta. Eu era uma criança que adorava carne com batatas, assim como meu pai. Tornei-me macrobiótico muitos anos atrás, voltei a comer carne nos últimos anos, mas uma dieta ayurvédica que segui no outono passado me convenceu de que precisava melhorar meus hábitos alimentares. Não precisamos todos?

Simplicidade. Abandonar gastos desnecessários é o lema que Gandhi tinha em mente e, porque esse conceito vai contra os consumidores ostensivos em suas maratonas de compras nos shoppings, também tem ramificações para nossa natureza glutona, que pensa que mais de qualquer coisa automaticamente proporciona mais satisfação. Mas Gandhi também tinha um motivo político em seu chamado movimento Swadeshi: ao fazer suas próprias roupas usando uma roda de fiar (*charkha*), os indianos dariam um golpe econômico no *establishment* britânico na Índia. Hoje, consumidores boicotam várias marcas e lojas para protestar contra suas políticas, uma abordagem gandhiana. O contemporâneo "movimento de simplicidade voluntária" deriva diretamente desse princípio gandhiano. Examinarei de perto meus padrões de gastos e farei cortes no orçamento. Gandhi chamava isso de "reduzir-se a zero".

Fé. Para Gandhi, fé significava crença em um poder superior, independentemente da religião. Ele escreveu: "Minha fé é ampla, não se opõe aos cristãos… nem mesmo ao mais fanático muçulmano. Recuso-me a abusar de um homem por seus atos fanáticos, porque tento vê-los do ponto de vista dele." É a capacidade de ver as coisas do ponto de vista de alguém de outra fé que testa a fé da humanidade. Como estamos indo nisso? Nada bem. A maioria das guerras no mundo são guerras religiosas. Meu desafio será encontrar um equilíbrio entre minha prática do budismo, a religião sem Deus, e o judaísmo, a religião que inventou o Deus Único. Vou testar os limites da minha aceitação de crenças nas quais não acredito.

Celibato. Chamado *brahmacharya* em hindi, a abstinência sexual era um caminho espiritual para alcançar a pureza, de acordo com Gandhi, que fez voto de castidade aos 38 anos. Algumas pessoas questionam se o próprio Gandhi realmente aderiu a isso, com histórias e alegações de que dormia ao lado de adolescentes para testar sua restrição. O celibato não é para todos. É para mim? Vou me esforçar para descobrir, mantendo anotações detalhadas sobre minhas quedas e progressos. Com a minha sorte, a mulher dos meus sonhos entrará na minha vida e se apaixonará por mim. O que farei… ou, mais precisamente, não farei?

Nunca tive a intenção de que este livro fosse categorizado no gênero de autoajuda ou manual de instruções. Acho ou espero que você possa se ajudar sem que eu precise lhe dizer como. No entanto, ao percorrer o mundo e a minha mente e, por fim, este livro, percebi que seria útil, pelo menos, resumir cada capítulo com o que aprendi, algumas dicas para seu (e meu próprio) benefício. Chamo essas seções no fim de cada capítulo de "Como Ser Gandhi".

Com essas diretrizes e tarefas, e sem mais delongas, vamos lá. Próxima parada: nos passos da mudança.

Capítulo 1

Por que Gandhi? Por que Agora? Por que Eu?

Eu chamo de religioso aquele que entende o sofrimento dos outros.

Mahatma Gandhi

Mas que o Deus de toda a graça, que nos chamou para sua eterna glória por Cristo Jesus, depois de terdes sofrido um pouco, vos aperfeiçoe, confirme, fortifique e estabeleça.

1 Pedro 5:10, Bíblia King James

Choro mais hoje, um choro frequentemente desencadeado pela gravidade da condição humana.

Mas também rio mais, um riso frequentemente desencadeado pelo humor inerente à condição humana.

Eu sinto mais.

Eu me compadeço mais.

Pesquisadores de emoções geralmente definem empatia como a capacidade de perceber as emoções de outras pessoas. Uma das últimas notas que Gandhi deixou antes de sua morte em 1948 foi posteriormente publicada em *Mahatma Gandhi: The Last Phase*. Gandhi escreveu algo que demonstra seu nível de empatia e como isso é fundamental para sua filosofia de vida: "Vou lhe dar um talismã. Sempre que estiver em dúvida, ou quando o ego se tornar demais para você, experimente o seguinte: lembre-se do rosto do homem mais pobre e desamparado que você já viu e pergunte a si mesmo se o passo que pretende dar será de alguma utilidade para ele. Ele ganhará algo com isso? Isso o ajudará a retomar o controle sobre sua própria vida e destino?... Então você verá suas dúvidas... derreterem."

Um talismã é qualquer objeto a que se atribuem poderes religiosos ou mágicos destinados a proteger, curar ou prejudicar as pessoas para as quais são feitos, e este veio a ser conhecido como o "talismã de Gandhi", uma bússola moral que indica o caminho sobre como as pessoas devem considerar o ponto de vista dos outros, tomar decisões éticas e garantir que suas ações beneficiem os seus semelhantes de alguma forma.

Embora eu sempre me considerasse uma pessoa empática, agora, com a orientação de Gandhi, olho mais de perto para o impacto das minhas palavras e ações.

Hoje, a palavra *empatia* é frequentemente mencionada como um componente importante da inteligência emocional e como uma qualidade que distingue bons líderes. Já existem livros que mostram que seguir o código de ética de Gandhi é bom para os negócios, como *Gandhi: The Eternal Management Guru; How Mahatma's Principles Are Relevant for Modern Day Business*, de Pratik Surana, e *A Higher Standard of Leadership: Lessons from the Life of Gandhi*, de Keshavan Nair.

A empatia é uma qualidade que admiro nos outros e que sempre desejei incorporar mais em mim. Portanto, nesse aspecto, posso declarar este experimento um pequeno sucesso. No passado, eu costumava adotar a abordagem do "eu em primeiro lugar". Como o que você está sentindo me afeta? Agora tento me lembrar das necessidades dos outros. Na prática, como o próprio Gandhi, fiz progressos nas mudanças que aprendi ou adaptei seguindo os regimes de Gandhi: agora como aveia no café da manhã — eu, que achava que comer aveia era um castigo quando minha mãe não me deixava comer meus cereais açucarados favoritos como Frosted Flakes, Trix ou Froot Loops. Agora sou pescatariano — não um vegetariano como Gandhi —, mas é um grande passo em direção a uma saúde melhor para mim, porque eu, como meu pai e seu pai e outros homens que se achavam machões, tinha grande orgulho em me declarar "um homem de carne e batatas". (Observação: meu avô morreu de ataque cardíaco e meu pai teve dois "eventos" cardíacos, então de fato houve algumas motivações de vida ou morte para mim, caso eu quisesse viver uma vida longa e saudável.) Jejuo regularmente, às vezes por longos períodos, às vezes por curtos. Também tenho praticado o jejum intermitente, uma abordagem sobre a qual só recentemente ouvi falar, por vezes pulando duas refeições seguidas.

Se essas mudanças relativamente banais e superficiais sugerem que estou *apenas* convidando você para uma missão de autoaperfeiçoamento, você está enganado — embora isso certamente seja um subproduto. O objetivo aqui é imaginar um mundo, embora utópico, em que as pessoas agem, pensam e falam com as mais altas sensibilidades e aspirações morais, como Gandhi esperava de todos os seres humanos. Então, peço que você avalie sua vida e seus valores, e seus comportamentos mentais e reais, como eu fiz aqui, para ver como eles se alinham e se encaixam nessa Utopia. E, por fim, faça ajustes pessoais, se isso lhe interessar, como acredito que deveria, se você quiser viver em um lugar livre de violência, mentiras e enganos, onde fé, integridade, compaixão e empatia possam prosperar em vez de apenas sobreviver. Até agora, não vejo evidências de que um número suficiente de pessoas tenha embarcado nessa jornada moral. E confesso isto desde o início: tenho tendências que me impedem de viver nessa sociedade utópica. Por isso este experimento de mudança.

A empatia seria uma das últimas lições que eu aprenderia ao olhar para o mundo e para mim mesmo através do prisma de Mahatma Gandhi. Não que eu quisesse ser Gandhi. Achei o homem quase desumanamente perfeito em sua disciplina e idealismo — não é o meu estilo. Minha pesquisa também me mostrou que ele não era um santo, um avatar ou mesmo um mahatma, "grande alma", o título honorífico que o poeta Rabindranath Tagore deu a Mohandas Gandhi em 1915.

Mahatma Gandhi me fascinava em muitos níveis. A amplitude e a profundidade dos interesses do homem eram intimidantes. Embora estivesse à frente de mais movimentos do que as pessoas sabem, ele era mais conhecido como o guerreiro não violento pela independência da Índia de seu governante colonial, a Inglaterra. Essa independência foi alcançada em 1947; um ano depois, Gandhi foi assassinado por um fanático hindu de direita.

Com 1,65m de altura e pesando aproximadamente 46kg, Gandhi, no entanto, deixou uma enorme marca como precursor de várias tendências sociais e culturais interligadas: viver de forma leve na Terra, também conhecido como minimalismo ou simplicidade voluntária; vegetarianismo e direitos dos animais; uso de tecidos naturais e caseiros, também conhecidos como produtos artesanais; iniciativas educacionais inovadoras; e assim por diante. Cerca de vinte líderes mundiais e pensadores renomados, uma lista impressionante de mentes brilhantes de diversas áreas, consideram Gandhi uma grande influência.

Ele inovou, motivou, idealizou, mobilizou, moralizou e fortaleceu. Inspirou milhões, não apenas na Índia, mas em todo o mundo. Há centenas, senão milhares, de ruas e praças na Índia com seu nome. O mesmo vale para ruas, avenidas e boulevards em cerca de trinta outros países. Uma estátua dele aparece em praticamente todas as cidades e vilas indianas. Estátuas de Gandhi também foram erguidas em mais de setenta outros países, sendo os EUA o país com o maior número de estátuas, memoriais e bustos de Gandhi. Ele era uma máquina de escrever, um autor prolífico cujos livros, artigos de jornal, tratados e cartas preenchem cem volumes. Da mesma forma, era um leitor voraz, tendo lido até 450 livros.

Eu estava fascinado tanto pelo que Gandhi havia realizado quanto pelo que não havia. Ele nunca teve um título além de advogado. Nunca foi eleito para um cargo político; nunca sequer fez campanha. Nunca ocupou uma posição no governo. Nunca serviu no exército. Nunca teve um emprego assalariado de tempo integral. Nunca acumulou fortuna; suas posses eram insignificantes. Nunca foi ordenado como líder espiritual. No entanto, seu rosto está estampado em todas as notas de papel-moeda da Índia, excluindo qualquer outro líder do passado ou do presente. E, apesar de todos esses "nuncas", ele é uma das poucas pessoas na história chamadas de "Pai da Nação" sem ter sido um líder militar ou presidente de seu país.

Só entendi como as chances estavam contra mim para me tornar algo próximo de Gandhi quando li uma pesquisa de 2012 chamada "The Greatest

Indian" ["O Maior dos Indianos"], feita pela revista *Outlook* em parceria com a CNN-IBN e o The History Channel. Os juízes decidiram desqualificar Gandhi como candidato, pois, como disseram, "é impossível para alguém se aproximar do Pai da Nação em termos de liderança, impacto e contribuição". Então, que chance eu teria de chegar perto do Mahatma?

Eu só (só?) queria ver se uma pessoa comum vivendo no início do século XXI poderia seguir seis dos princípios sobre os quais Gandhi construiu as bases de seu plano moral. O que me motivou a explorar essa questão? Vi a mim mesmo e à sociedade se afastando cada vez mais de uma perspectiva moral. Sabia que seria uma tarefa árdua. Acontece que foi mais árdua do que eu jamais imaginei.

O empreendimento foi tão difícil que, enquanto o título original deste livro era *Sendo Gandhi*, eu me rendi à realidade de que o melhor que eu poderia esperar era lutar eternamente para *seguir* o que Gandhi representava. Percebi que, se eu continuasse sempre a seguir os passos de Gandhi, então cada ato, pensamento e palavra ao longo dos meus dias seriam suficientes. A expressão — *nos passos de* — implica uma busca perpétua, um bom lugar para se estar. O cantor folk Bob Dylan sabia disso. Como disse a Martin Scorsese em *No Direction Home*, o documentário do cineasta sobre o cantor: "Um artista tem que ter cuidado para nunca realmente achar que chegou a algum lugar. Você tem que saber que está sempre no caminho. Enquanto puder permanecer nesse reino, você estará mais ou menos bem."

Se era bom o suficiente para Dylan, era bom o suficiente para mim. Como o refrão da canção cerimonial da Páscoa judaica no Seder repete após a contagem de cada uma das muitas bênçãos que Deus concedeu aos judeus: "Dayenu" — "Seria suficiente".

Como nadar em uma piscina infinita, não havia linha de chegada; haveria apenas voltas intermináveis de realização e, esperançosamente, autorrealização.

O próprio Gandhi deu a entender que se sentia desconfortável em ser o objeto de um tipo de objetivo em si mesmo quando abordou o termo *gandhismo*, que muitos dos que seguiam seus ideais começaram a usar. Como disse em uma reunião do Gandhi Seva Sangh em 1936: "Não existe algo como 'gandhismo', e eu não quero deixar nenhuma seita depois de mim. Não reivindico ter originado nenhum princípio ou doutrina nova. Apenas tentei, à minha maneira, aplicar as verdades eternas à nossa vida diária e aos problemas... As opiniões que formei e as conclusões a que cheguei não são finais. Posso mudá-las amanhã. Não tenho nada novo para ensinar ao mundo. Verdade e não violência são tão antigas quanto as montanhas."

Basta dizer que me tornar Gandhi seria inatingível — mas a jornada de seguir seus passos foi um esforço que continuará a me envolver enquanto eu viver. E você?

A ideia de realizar este experimento surgiu pela primeira vez quando Barack Obama começou a fazer campanha para a presidência dos Estados Unidos em 2007. Ali estava o primeiro homem negro a ser eleito para esse cargo, cujo slogan de campanha ecoava a famosa frase atribuída a Mahatma Gandhi (mais tarde, revelaremos quem realmente a disse): "Seja a mudança que você quer ver no mundo."

Obama a adaptou: "A mudança não virá se esperarmos por outra pessoa ou por outro momento. Nós somos aqueles por quem estávamos esperando. Nós somos a mudança que procuramos."

Quando li que Obama disse ter sido mais influenciado por Gandhi do que por Martin Luther King Jr., pensei que isso surpreenderia muitos, ainda mais jovens negros norte-americanos que talvez nunca tenham ouvido falar do homenzinho da Índia com óculos de armação de metal estilo John Lennon.

Em seu livro *Uma Terra Prometida*, Obama escreveu:

> Gandhi influenciou profundamente meu pensamento. Quando jovem, estudei seus escritos e encontrei neles a expressão de alguns dos meus instintos mais profundos. Sua noção de "satyagraha", ou devoção à verdade, e o poder da resistência

> não violenta para despertar a consciência; sua insistência em nossa humanidade comum e na unidade essencial de todas as religiões; e sua crença na obrigação de toda sociedade, por meio de seus arranjos políticos, econômicos e sociais, de reconhecer o valor e a dignidade iguais de todas as pessoas — cada uma dessas ideias ressoou em mim. As ações de Gandhi me tocaram ainda mais do que suas palavras; ele colocou suas crenças à prova arriscando sua vida, indo para a prisão e se jogando completamente nas lutas de seu povo. A campanha não violenta de Gandhi pela independência da Índia da Grã-Bretanha, que começou em 1915 e continuou por mais de trinta anos, não apenas ajudou a superar um império e libertar grande parte do subcontinente, mas desencadeou uma carga moral que pulsou ao redor do globo... Tornou-se um farol para outros grupos sem posses e marginalizados — incluindo os norte-americanos negros no sul de Jim Crow — com a intenção de garantir sua liberdade.

Apesar da atenção que Obama trouxe a Gandhi, eu me perguntava quantos milhões de pessoas ainda só sabiam sobre o líder indiano o que tinham apreendido ao ver o filme de Richard Attenborough, vencedor de vários prêmios da Academia, *Gandhi*. (Na verdade, me surpreendeu, enquanto viajava por três países, quantas vezes as pessoas disseram que o filme era a fonte de seu conhecimento sobre o homem.)

Não conseguindo identificar ninguém no cenário dos últimos cem anos que me impressionasse com uma visão de como seria uma bússola moral, voltei-me para o sr. Gandhi.

Há outra pessoa, um ícone vivo de moral impecável, que eu (e quase todos os outros seres humanos) tenho em alta consideração e com quem tive um encontro extremamente auspicioso anos atrás: Sua Santidade o 14º Dalai Lama do Tibete. Eu o entrevistei em sua casa em McLeod Ganj, na Índia, sede do governo tibetano no exílio, enquanto estava em uma missão para a *National Geographic Magazine*. Foi minha experiência mais inesquecível como jornalista e ser senciente. Lisonjeio-me ao pensar que também foi memorável para ele, mesmo vinte anos depois.

Em um raro momento de brilhantismo, no meio de uma entrevista com seu sobrinho no Tibete, que eu havia visitado antes de ir para McLeod Ganj, pedi que ele deixasse uma mensagem para seu tio no meu gravador, que eu levaria a Sua Santidade algumas semanas depois. A mensagem era: "Tio, todos os dias nós tibetanos esperamos e oramos para que você volte à sua terra natal." Era uma esperança comovente, mas sem esperança. Quando toquei essa gravação para Sua Santidade seis semanas depois, o chefe do governo tibetano no exílio sabia melhor do que ninguém a futilidade dessa possibilidade. Sua testa se franziu de tristeza ao ouvir. Eu podia sentir que ele estava profundamente comovido pelo desejo de seu sobrinho — um desejo que ressoava em qualquer pessoa com senso de justiça. A entrevista que se seguiu tomou um rumo drasticamente diferente, muito mais íntimo e pessoal do que eu poderia ter desejado.

Pensando que esse encontro pudesse estar guardado em sua memória, talvez eu pudesse ter a chance de seguir essa bússola moral viva de caráter exemplar, agora com 87 anos de juventude enquanto escrevo isto.

Mas eu não escolhi o Dalai Lama para construir este experimento porque, por um lado, um homem tão ocupado, com tantas pessoas importantes buscando a honra de ter um pouco de seu karma, mal teria tempo para alguém tão insignificante como eu. Além disso, ele era um homem literalmente destinado à grandeza — pela virtude do processo de seleção milenar da reencarnação que tirou um garoto de dois anos chamado Tenzin Gyatso de uma vila obscura chamada Takster, no planalto tibetano da província de Qinghai, na China, e o elevou a líder exaltado de um país e a uma figura altamente respeitada em todo o mundo, independentemente de sua afiliação religiosa — o que tornaria difícil relacionar-se com sua vida.

Mohandas Gandhi, em contraste, mostrou pouco ou nenhum potencial para a grandeza como jovem estudante, e mesmo como jovem advogado. Ele tinha falhas humanas. Era, às vezes, controverso; nem todos o amavam. Em resumo, era mais fácil se identificar, especialmente para mim.

Mas o próprio Dalai Lama tinha Gandhi em altíssima consideração, como claramente evidenciado por seus muitos comentários em entrevistas e seus próprios escritos — como este texto que ele escreveu para cerca de 8 milhões de leitores da revista semanal indiana em língua inglesa *India Today*, em agosto de 2021:

> Para mim, Mahatma Gandhi simboliza Ahimsa, ou não violência, assim como Karuna, ou compaixão. Um dos meus principais compromissos hoje é promover esses dois princípios, e acredito que a Índia é o único país com o potencial de combinar seu conhecimento ancestral com a educação moderna. Gandhi-ji exemplificou tanto Ahimsa quanto Karuna, e eu o considero meu professor... Para mim, ele continua sendo o modelo de político, um homem que colocou sua crença no altruísmo acima de todas as considerações pessoais e manteve consistentemente o respeito por todas as grandes tradições espirituais... Hoje, em um mundo onde ainda ocorrem intimidações e assassinatos, precisamos mais do que nunca de compaixão e não violência. Estou firmemente comprometido em combinar esses ideais com o melhor da educação moderna.

Então, o que era bom para Sua Santidade era bom o suficiente para mim.

Embora Obama tenha trazido Gandhi de volta à minha consciência (tendo viajado a trabalho para a Índia desde 2004, claro que vi seu rosto e sua imagem em todos os lugares, mas ele permanecia uma figura distante para mim), foi quando cheguei ao fundo do poço, moralmente falando, que percebi que precisava fazer mudanças em mim mesmo. Isso aconteceu quando eu não poderia estar em um momento menos gandhiano: estava na deslumbrante cidade costeira de Cartagena, na Colômbia, tão histórica quanto hedonista, a trabalho. Uma noite, vagando pela cidade em busca de aventura, conheci uma mulher trinta anos mais jovem que eu em um bar. Dançamos por horas, com pausas para tomar shots de tequila acompanhados de cerveja. Ela mexia os quadris ao dançar salsa de uma forma que eu não sabia que era humanamente possível, tão suave e sensualmente sugestiva, em ritmos perfeitamente sincopados que falavam à minha alma.

Quentes e suados, cambaleamos de volta ao meu hotel, ligamos rapidamente o ar-condicionado, nos despimos e pulamos juntos no chuveiro frio. Seus quadris continuaram a mexer de formas maravilhosas. Depois disso, tudo que me lembro é de deslizar sob os lençóis frios de algodão egípcio de mil fios e adormecer antes que minha cabeça tocasse o travesseiro. Foi uma noite tão decadente quanto um solteiro poderia desejar. No entanto, acordei me sentindo vazio, triste e insatisfeito. A dor que senti era palpável dentro da minha alma.

Apesar de tudo pelo que eu poderia e deveria ser grato na minha vida, ainda sentia que queria e merecia mais. Era um desejo insaciável. Eu havia me tornado o que os budistas chamam de fantasma faminto, um anseio por algo eternamente fora de alcance — no entanto, continuamos buscando, mesmo sem ter ideia do que é.

Como costuma ser o caso quando você pensa que chegou ao fundo do poço, ainda há outro fundo mais abaixo, que é onde a mente assume o controle. A minha entrou em uma espiral descendente no abismo, um reino infernal sem fundo de autocrítica, autodesprezo e falta de valor, onde nem mesmo meu charme autodepreciativo podia desviar dos erros que cometi e dos fracassos que tive na vida. Então veio uma avalanche de pensamentos e perguntas sem respostas. Quem sou eu? Por que sou? Quantas pessoas enganei para chegar até aqui? Quantas pessoas machuquei sem querer por causa das minhas próprias inseguranças? Quando demonstrei uma teimosia convicta, sob o disfarce da minha retidão? Quando meu merecido castigo finalmente cairá sobre mim? Quantas vezes sabotei minhas próprias oportunidades de felicidade?

Há uma grande dor associada a olhar no espelho de forma dura e fria, sem piscar. É um tipo de dor autoimposta que pode trazer algum alívio ao sofrimento — mas apenas quando você atingiu seu limite e está pronto para mudar. Eu havia chegado ao meu limite e esperava que essa jornada pudesse aliviar minha dor.

Desidratado, me recuperando de uma dor de cabeça e com dores no quadril (como os dançarinos de salsa não se machucam, se mexendo assim na pista?), com um café colombiano forte, fiz um balanço de mim mesmo. Minha vida estava indo na direção errada se eu aspirava a qualquer semelhança com um caminho justo. Esse foi o Dia Um da minha decisão de me transformar de acordo com os princípios de Gandhi.

O primeiro pensamento ao observar meu ambiente foi que a diferença entre Gandhi e eu não poderia ser maior. Seria uma luta árdua apenas seguir os princípios básicos, sem falar em presumir alcançar qualquer tipo de equivalência gandhiana.

Sério? Eu vou o *quê*? Abandonar a maneira como venho vivendo desde que a consciência me despertou das profundezas da ignorância feliz? Desprender-me dos excessos, dos vícios, do consumismo desenfreado, dos pensamentos violentos, do egoísmo e das ações mesquinhas? Dizer a verdade 24 horas por dia, 7 dias por semana, abandonando pequenas mentiras ou grandes falsidades? Incluindo a autoenganação — essas mentirinhas e mentironas que contamos a nós mesmos, essas "histórias" de indignidade e incapacidade que se tornam fatos na repetição delas? Abandonar a carne? SEXO?! Minha vida como eu a conhecia?

Eu seria capaz de ir tão fundo quanto Mahatma para romper o ciclo de apego a *mim mesmo*, abster-me da minha realidade cotidiana? Libertar-me, não, como no caso de Gandhi, das correntes que amarravam a Índia ao Império Britânico colonial, mas das próprias coisas que acho que me definem?

Será que alguém vivendo uma vida rica e plena no século XXI poderia de fato seguir os princípios estabelecidos por Mahatma Gandhi em seus escritos e em sua vida? E por que alguém faria isso, nadando contra a forte maré de comportamentos imorais? E com quais resultados desejados?

Já fazia doze anos desde que escrevera meu último livro. Nesse tempo, passei da pobreza à riqueza e de volta à pobreza, indo de basicamente sem-teto — vivendo no meu carro e dormindo em sofás de amigos, intercalando com semanas na casa de repouso da minha mãe em Nova Jersey e trabalhos ocasionais em hotéis cinco estrelas — até enfim me estabelecer em um modesto apartamento em Berkeley, na Califórnia. Passei de um espécime saudável para o diagnóstico de uma disfunção autoimune cujo nome levei semanas para pronunciar, até me tornar o homem biônico com dois novos quadris de titânio.

Então, será que eu estava pronto para "ser a mudança"? Pode apostar. Qualquer mudança seria melhor do que a percepção da minha realidade. Eu precisava apertar o botão de deletar e reiniciar, resetar e reinventar a mim mesmo. Prestes a entrar em mais uma década importante da minha volta em torno desta estrela glorificada, eu queria provar a mim mesmo que minha própria mudança era possível, que eu poderia reverter tendências pessoais contraproducentes e superar meu corpo em decadência. Quem entre nós não gostaria de fazer isso?

Mudança. Uma palavra tão simples e sucinta, eloquente em sua elegância. Se ao menos fosse tão simples realmente mudar de maus hábitos para bons, de pensamentos contraproducentes para positivos, de autossabotagem para autorrealização.

No entanto, todas essas provações pessoais empalidecem em comparação com o que nosso querido planeta está sofrendo, e o que nossa sociedade está suportando, com múltiplas crises abalando o paradigma proverbial do nosso mundo até o seu núcleo. A violência, também conhecida como terrorismo, está desenfreada. Tiroteios em massa são uma ocorrência regular. Corrupção governamental e corporativa é o padrão nos negócios. Políticos se afastam da verdadeira liderança, usam táticas de obstrução para evitar comprometer-se com leis que poderiam ajudar as pessoas, mas concedem contratos lucrativos aos comparsas. O racismo continua sendo uma mancha perene na humanidade. Mulheres e pessoas LGBTQIA+ precisam lutar contra constantes tentativas de exclusão. O consumo conspícuo está em ascensão, temperado apenas por salários cada vez menores, senão por empresas inteiras fechando. Proteções ambientais estão desaparecendo ou sendo violadas. Questões de saúde mental são uma preocupação crescente; as taxas de suicídio estão aumentando. A saúde física também não parece boa; obesidade, diabetes e doenças cardíacas estão sempre em ascensão.

Além de tudo isso — e talvez por causa de tudo isso — nosso padrão moral caiu bruscamente, como sugerem estudos de ciências sociais. É só ler as manchetes de hoje. Mentimos, trapaceamos, temos casos extraconjugais, chamamos de heróis pessoas que exploram o sistema ou celebridades famosas apenas por serem famosas. E é só para começar.

Mas você já sabe de tudo isso. Por que eu seria a pessoa certa para abordar esse tema? Boa pergunta. Mesmo antes de empreender esse esforço, eu já recebia críticas. Editores na Índia estavam extremamente cautelosos, pois, tendo lido alguns dos meus trabalhos anteriores, temiam que eu fizesse piadas sobre Gandhi, o que não seria tolerado ou bem visto pelos leitores indianos. Gandhi, logo fiquei ciente, era sacrossanto. Humor à custa de Gandhi estava fora de questão.

Um amigo indiano que dirige uma empresa de marketing e comunicação em Nova Deli, bem conectado com pessoas fascinantes, passou a me chamar de Gandhi Lite. Eu não podia refutar isso. Outra amiga, uma escritora nascida na Índia que vive nos EUA desde que frequentou uma universidade norte-americana, questionou o que dava a um judeu norte-americano branco a audácia de escrever um livro sobre Gandhi. Quantas vezes eu tinha estado na Índia?, ela me desafiou. Sua resposta também sugeriu que um caucasiano tentar "ser como Gandhi" era cometer apropriação cultural.

Será? Levei as observações dela a sério. Com respeito e humildade, respondi que este não é um livro *sobre Gandhi*. É um olhar dentro de mim mesmo, um homem branco norte-americano heterossexual que, espero, ainda está evoluindo. Como jornalista com experiência internacional, pai e avô, considero minha responsabilidade transmitir conhecimento e tradições de um grupo de pessoas para outro. É assim que progredimos como comunidade global.

Continuo olhando para esta frase — "Seja a mudança que você quer ver no mundo" — como se contivesse algum elixir especial. E que, se eu a absorver por completo, ela magicamente me transformará. Só preciso desvendar para discernir qualquer pista que ajude na minha metamorfose. Inúmeras organizações, empresas e grupos adotaram essa frase como seu nome ou slogan. Uma checagem rápida revela os seguintes exemplos em inglês:

- Be the Change ["Seja a Mudança"], uma empresa de consultoria de mulheres não brancas, de propriedade e operada por elas, em Oakland, na Califórnia;
- Be the Change Foundation ["Fundação Seja a Mudança"], uma organização sem fins lucrativos fundada "para apoiar as gerações jovens a alcançarem seu potencial máximo", com sede em Santa Clara, na Califórnia;
- "Be the Change", slogan adotado pela Seleção Masculina de Futebol dos EUA após a morte de George Floyd, em apoio ao movimento Black Lives Matter;
- Be the Change, coletivo sem fins lucrativos de "artistas positivos e conscientes";
- Milaan–Be the Change, o nome registrado da Milaan Foundation, uma organização de caridade com sede em Nova Deli, que "vislumbra um mundo inclusivo e igualitário, onde cada menina tem conhecimento, habilidades e ambiente social para buscar seus sonhos e explorar seu pleno potencial";
- "Let's all be part of the change" ["Vamos todos fazer parte da mudança"], o novo slogan da Nike, que mudou de "Just do it" ["Apenas faça"];
- Let's Be the Change ["Vamos Ser a Mudança"], uma organização sem fins lucrativos com sede em Bangalore, na Índia, que "visa construir uma sociedade mais limpa, saudável e sustentável, trabalhando em sinergia com os cidadãos e o Governo";
- Be the Change, uma leitora de tarô no YouTube, com 35 mil inscritos.

Quando perguntei a essa leitora de tarô, Jess Young, o que ela sabia sobre Gandhi e por que escolheu esse nome, ela me respondeu com sua comovente história sobre o motivo de ter escolhido esse nome:

> Sim, eu sabia que vinha de Gandhi quando escolhi. Para mim, foi uma razão muito pessoal escolher esse nome para o meu canal. Eu tive uma infância caótica, com estupro, vício em drogas e prisão. Encontrei sobriedade, minha espiritualidade, meus dons, cura e uma nova e linda vida. Gosto de pensar que minhas experiências me permitem entender e ser compassiva com os outros, e que sou capaz de ajudar com o meu canal, bem como vivendo pelo exemplo. "Be the Change" é o lembrete para mim mesma de que, apenas vivendo minha vida da melhor forma, posso mostrar aos outros que, independentemente de onde vêm na vida, eles também podem superar e experimentar uma nova e linda vida.

Ela assinou com "Amor e Luz".

Também gostei especialmente deste exemplo: a James Madison University (JMU), uma universidade pública de pesquisa em Harrisonburg, na Virgínia, adotou o slogan "Being the Change" em 2006 porque, de acordo com seu site, ele foi "projetado para encapsular a experiência da Madison para os alunos". Então, me deparei com um artigo de uma década depois, que dizia que a universidade havia realizado uma pesquisa para verificar com os alunos a eficácia da frase em afirmar os valores da escola. O que mais me chamou a atenção foi que a instituição estava procurando um *rebranding* de si mesma por meio da frase de Gandhi. Eu me perguntava se Gandhi algum dia teria pensado em usar o *branding* em seu próprio… bem, *branding*.

Andy Perrine, vice-presidente associado de comunicações e marketing da JMU, lançou um estudo em todo o campus para ver como a universidade poderia fazer — e ser — a mudança. Essa mudança se tornou "Being the Change" ["Sendo a Mudança"]. Isso me intrigou tanto que liguei para Andy, que corroborou a história e acrescentou um fato que eu não teria antecipado. A universidade registrou a frase "Being the Change" no Escritório de Patentes e Marcas dos EUA, inserindo-a na mesma categoria de slogans como "Eat fresh" ["Coma Fresco"] do Subway, "You're in good hands" ["Você está em boas mãos"] da Allstate e "Finger lickin' good" ["De lamber os dedos"] do Kentucky Fried Chicken.

Tudo isso sugere que a frase tem um status renomado, ressoando em muitas pessoas atualmente. No entanto, suspeito que nenhum dos grupos que a usam saiba que Gandhi na verdade não disse isso exatamente. Embora seja aceitável dizer que o que importa é a intenção, qual é essa intenção? Iremos desconstruir.

"*Be*", ou *ser* e *estar* em português. Uma das palavras de ação mais complicadas na língua inglesa. O verbo "to be" é o verbo mais versátil do inglês, com as formas mais irregulares e constantemente mutáveis. Eu sou, você é, eles foram, nós fomos, e assim por diante. E isso é só para começar. Em qualquer tempo verbal, conota um estado de ser. Simplesmente ser. Parece fácil até você tentar. Esteja no momento; seja o momento. Esteja totalmente presente e ciente. Seja confiável; seja responsável por suas ações. Entre em sua essência. Seja *alguém*, não apenas qualquer um. Certamente, não cometa o erro da extraordinária atriz/comediante Lily Tomlin: "Eu sempre quis ser alguém, mas agora percebo que deveria ter sido mais específica", ela aconselhou em seu premiado show solo da Broadway de 1985, *The Search for Signs of Intelligent Life in the Universe*.

Seja você mesmo; afinal, essa é a única escolha. Além disso, esteja consigo mesmo e esteja feliz com quem você é.

"Ser ou não ser?" Essa *é* a questão, não é? A famosa frase de Hamlet, na peça homônima de Shakespeare de 1601, abre um solilóquio no qual ele luta entre viver e morrer. Se essa é uma escolha muito sombria e definitiva, pode ser interpretada de forma mais metafórica: você quer "ser" nesta vida, na sua vida, estar no controle da sua vida, ou desistir e deixar o destino governá-la? Você quer simplesmente desistir? Essa é a questão essencial da condição humana. Eu existo? Se eu existo, então é minha escolha como eu existo, onde eu ajo, onde eu aceito passivamente as ordens de alguma outra entidade. Essa, pelo menos, é a minha avaliação.

Mais uma noção importante sobre "ser" neste contexto: como a primeira palavra na frase "Seja a mudança", que na verdade é uma frase completa, *seja* está na forma imperativa do verbo. Usamos orações imperativas quando queremos dizer a alguém para fazer algo. É um comando, literalmente. Tu deves ser. Tem poder e é capacitador. A Nike cunhou "Just do it" ["Apenas faça"] — Gandhi diria: "Just be it" ["Apenas seja"].

Isso foi muita coisa para absorver apenas com a primeira palavra.

Avante para a *mudança*. Primeiro, eu me pergunto qual é a sutil diferenciação entre "Seja a mudança" e "Seja mudança". Pode-se especular. Eu ponderei, mas não tenho uma interpretação que me satisfaça. Quero entender assim: esteja acordado, consciente, presente e pronto. Para o quê? A mudança. Não seja apenas mudança. Seja *a* mudança. Em outras palavras, trabalhe para mudar. Seja o processo de mudança. Então, *ipso facto*, você terá mudado.

Mudar faz parte da condição humana, a inevitável marcha do tempo cobrando seu preço no corpo e na mente, mas também, espera-se, aprimorando e enriquecendo nosso entendimento da vida e de nós mesmos. Desde o nascimento, até mesmo desde o momento da concepção, nós nos desenvolvemos graças ao hormônio do crescimento produzido pela glândula pituitária. Você não precisa mover um dedo para crescer e mudar. Isso não poderia ser o que Gandhi quis dizer com mudança.

Interpretar o que Gandhi quis dizer com mudança, o que qualquer pessoa quer dizer quando fala sobre mudança, é muito mais complicado. O que eu quero mudar? O que eu preciso mudar? O que eu nunca mudarei, mesmo correndo o risco de comprometer minha saúde e sanidade? Isso é resumido na chamada Oração da Serenidade, famosa por ser repetida em reuniões de Alcoólicos Anônimos e outros programas de 12 passos: "Deus (ou Universo), conceda-me a serenidade para aceitar as coisas que não posso mudar, a coragem para mudar as coisas que posso e a sabedoria para saber a diferença."

Mudar exige, primeiro, uma mudança de atitude. Sim, eu posso e vou mudar... se eu realmente quiser. É necessário fazer um plano estratégico e segui-lo. Escolha um alvo simples, o fruto mais acessível da mudança. Usarei fio dental por sessenta segundos pelo menos duas vezes por semana; a recompensa será dentes mais limpos e brilhantes, menos halitose, mais confiança ao sorrir, menos insegurança ao falar perto dos outros, mais amigos e amantes, maior riqueza, milhões de seguidores na minha conta do Instagram, aparições na grande mídia, vida eterna... Certo, talvez eu tenha ido longe demais.

Gandhi colocou desta forma: "Observe cuidadosamente seus pensamentos, pois eles se tornam suas palavras. Administre e observe suas palavras, pois elas se tornam suas ações. Considere e julgue suas ações, pois elas se tornam seus hábitos. Reconheça e observe seus hábitos, pois eles se tornam seus valores. Entenda e abrace seus valores, pois eles se tornam seu destino."

Ahaaa, mudar meus hábitos. Não é tão fácil. O *American Journal of Psychology* definiu *hábito* como "uma maneira mais ou menos fixa de pensar, querer ou sentir adquirida por meio da repetição anterior de uma experiência mental". Um estudo diário de 2002 realizado pela pesquisadora de hábitos, professora Wendy Wood e seus colegas, descobriu que 43% dos comportamentos diários são realizados por hábito. Novos comportamentos podem se tornar automáticos por meio do processo de formação de hábitos. Velhos hábitos são difíceis de quebrar porque os padrões comportamentais que os humanos repetem se imprimem nas vias neurais; novos hábitos são difíceis de formar, mas é possível fazê-lo com repetição.

Em seu best-seller e muito instrutivo livro *O Poder do Hábito*, o repórter do *New York Times* e vencedor do Pulitzer, Charles Duhigg, explora a ciência do hábito. A parte mais interessante para mim foi a pesquisa publicada na edição de fevereiro de 2018 da *Current Biology*. Embora feita com ratos e não com humanos, os neurocientistas do MIT descobriram que quanto mais os roedores repetiam o movimento através de um labirinto, mais isso se tornava automático — menos pensamento, mais ação (mais "ser"). Essa automaticidade dependia de algo no cérebro chamado gânglios basais, central para recordar padrões, armazená-los e agir sobre eles. Concluíram que é o mesmo com o cérebro humano. Eles chamaram esse processo de "chunking", no qual o cérebro converte uma sequência de ações — como usar fio dental! — em hábito. Descobriram que certos neurônios no cérebro marcam o início e o fim dessas unidades de comportamento fragmentadas e que os hábitos surgem porque nossos cérebros estão sempre à procura de maneiras eficientes de economizar esforço.

A neurociência também se abriu para a capacidade da mente de mudar a si mesma. Cientistas no campo da neuroplasticidade, também conhecida como plasticidade neural ou plasticidade cerebral, demonstraram que as redes neurais do cérebro podem ser reconfiguradas para funcionar de maneira diferente em relação ao passado. Pesquisas na segunda metade do século XX mostraram que esse fenômeno também se aplica na idade adulta.

Os mundos da psicologia, da ciência e da meditação se reforçaram mutuamente quando Richard Davidson, professor de psicologia e psiquiatria, e fundador/diretor do Centro para Mentes Saudáveis na Universidade de Wisconsin – Madison, liderou estudos que mostraram que praticantes de longa data de vários tipos de meditação tinham alterado a estrutura e a função de seus cérebros.

Em resumo, ser a mudança pode estar a um simples suspiro de distância — como na meditação simples de respiração que eu pratico chamada anapanasati (que significa "mindfulness da respiração"), a mesma que Buda praticou e disseminou para seus seguidores, envolvendo apenas prestar atenção à própria inspiração e expiração.

Penso no cérebro como uma espécie de placa de circuito, com fios conectando as partes. Os fios têm pontas divididas; em minha imaginação, um lado vai para o lugar feliz, o outro vai para o lugar não tão feliz. Um lado, que um anjo controla, leva a fazer algo positivo para si mesmo; o outro, governado pelo diabo, leva a fazer coisas autodestrutivas. No fim, e em última análise, nós controlamos tanto o anjo quanto o diabo dentro de nós. Por meio da meditação e de outros métodos, podemos facilitar a mudança para o bem e não encorajar agentes de autossabotagem que bloqueiam a mudança positiva. Além da meditação, isso também pode ser alcançado por meio de uma qualidade que ainda não mencionei, já que é uma que tenho muita dificuldade em incorporar e pode afetar minha própria capacidade de mudança: a disciplina.

Agora vem o resto da frase frequentemente repetida de Gandhi: "... que você quer ver no mundo."

Pensando de forma otimista que você tem a disciplina e o desejo de mudar, e até mesmo alcançou algum grau de sucesso em fazer isso, ainda pode se perguntar: e como isso muda o mundo?

Eu venho da era que introduziu e depois popularizou a frase "O pessoal é político". Ela foi usada pela primeira vez pelo movimento feminista no fim dos anos 1960, mas foi logo adaptada por grupos que acreditavam que agendas pessoais tinham implicações políticas e vice-versa. Na minha interpretação, isso significa que, quando fazemos o trabalho interior, ele se reflete no mundo exterior. O que trazemos uns aos outros, a cada situação sociopolítica, depende de quem somos. Um evento (nossa mudança) causa outro evento (mudanças no mundo ao nosso redor). Na ciência, na metafísica e na engenharia, isso é chamado de causalidade; no hinduísmo e no budismo, karma. Na física newtoniana, é a terceira lei: "Para cada ação, há uma reação igual e oposta."

Todos se referem à noção de que um evento, um processo, um estado ou um objeto contribui para a produção de outro evento, processo, estado ou objeto, onde a causa é parcialmente responsável pelo efeito e o efeito é parcialmente dependente da causa.

Em seu livro *Answers from the Heart*, o grande monge vietnamita Thich Nhat Hanh colocou isso de forma muito mais simples: "Quando mudamos nossas vidas diárias — a maneira como pensamos, falamos e agimos — mudamos o mundo."

Gandhi teria concordado, assim como eu, depois de dissecar "Seja a mudança".

Mais fácil falar do que fazer. Ideais elevados à parte, é possível viver uma vida moral nestes tempos imorais?

Pessoalmente, tenho tido dificuldades com essa questão. Quando olho ao redor, vejo outras pessoas em igual dilema. Perdemos nossa bússola moral como sociedade.

Onde estão os mentores e os modelos que representam uma dedicação a padrões mais elevados de integridade? Quem escreveu o mapa confiável? Onde está o GPS *de confiança*? Existe um livro de exercícios para pintar por números? Um best-seller *Bússola Moral para Leigos*? Quem modela os comportamentos que gostaríamos de acreditar que queremos seguir? Em outras palavras, quem pratica o que prega moralmente?

Já não olhamos mais para líderes políticos. Capitães da indústria também têm históricos manchados. Alguns gurus que exibiram comportamentos pouco morais nos deixaram desconfiados; assim como padres católicos e outros líderes espirituais. Nossos heróis são frequentemente personagens fictícios, de programas de TV, filmes e romances, e mesmo eles caem vítimas de atos imorais. Suspeito que é por isso que os filmes baseados em super-heróis de quadrinhos se tornaram tão populares atualmente. Estamos tão carentes de homens e mulheres reais dos quais possamos extrair sabedoria aplicável no mundo real que somos forçados a procurá-los no mundo de tela azul de algum passado ou futuro mítico e fictício.

Em um nível pessoal, também estou afundando em um pântano moral. Gostaria de atribuir isso a tudo o que foi mencionado, uma reação deprimida e depressiva à direção que vejo muitas pessoas tomando. É avassalador para uma pessoa com consciência testemunhar o declínio e a queda da civilização ocidental em alta velocidade.

Admito que estou um pouco perdido — espiritual, física, mental e moralmente falando. Tenho demônios. Minto, alimento raiva, cobiço mulheres e riqueza, quero mais. Cometo atos egoístas de gula, excesso, consumo exagerado.

Neste ponto, tenho cada vez mais dificuldade em escolher entre o certo e o errado. A linha entre integridade moral e autopreservação ficou borrada. A chamada vida justa — meio de vida correto, como os budistas chamam — parece um sonho remoto e impossível, como nadar contra uma corrente cultural poderosa. Nunca chegarei lá. A maioria de nós nunca chegará lá. E o que me preocupa, além das minhas próprias lutas para alcançar o equivalente ao esclarecimento moral, é que menos pessoas se importam com o tempo. Enfrento um número cada vez menor de musas morais a seguir, e embora eu queira mudar de coração — ou, como um dos meus professores espirituais coloca, eu quero querer mudar — quem me mostrará como?

Olhando ao redor, e sem voltar aos grandes do passado — Abraão, Moisés, Jesus, Maomé, Joana d'Arc, Madre Teresa, Buda e os profetas daquela época —, vejo muito poucos na história recente cuja bússola moral eu gostaria de seguir. No entanto, um se destacou no século XX: Mohandas Karamchand Gandhi, conhecido como Mahatma Gandhi ou Bapu ("pai" em hindi).

Embora sua vida tenha sido envolta em controvérsia, divisões e hipocrisia, alguns poderiam argumentar, não há desacordo de que ele se estabeleceu entre os mais altos objetivos de vida.

Na Índia, ele continua sendo um ícone, mesmo que alguns indianos tenham perdido de vista o que ele representava. Seu rosto está em cada rupia. Sua estátua está presente em quase todas as vilas, cidades e centros urbanos da Índia. Monumentos em sua homenagem foram erguidos ao redor do mundo, incluindo um instalado em 1986 no centro da Union Square de Manhattan, um parque historicamente conhecido por ser o local de muitos protestos. A Assembleia Geral das Nações Unidas declarou o aniversário de Gandhi (2 de outubro) como o Dia Internacional da Não Violência. O período de 30 de janeiro (assassinato de Gandhi) a 4 de abril (assassinato de Martin Luther King) foi declarado a Temporada da Não Violência pela Association for Global New Thought, um grupo com sede em Santa Bárbara, na Califórnia. Os membros indo-americanos da Câmara dos Representantes dos EUA, Raja Krishnamoorthi, Ami Bera, Pramila Jayapal e Ro Khanna, junto com os presidentes do India Caucus, Brad Sherman e George Holding, introduziram uma resolução bipartidária para honrar a vida de Mahatma Gandhi e seu legado duradouro no mundo atual.

Embora eu tenha uma longa história com a Índia, sabia muito pouco sobre Mahatma Gandhi até alguns anos atrás, quando comecei a pesquisar para este livro. Fui pela primeira vez à Índia em 1973, como um jovem norte-americano aspirante a *hippie* desiludido com a América e também desconectado do judaísmo, a religião de meus pais, avós e muitas gerações antes deles. A Índia era o lugar mais distante que eu poderia imaginar na época. O hinduísmo era ainda mais remoto para mim. Voltei à Índia cerca de trinta anos depois como jornalista e tenho retornado quase todos os anos desde então. Na época, achei difícil relacionar-me com Gandhi como ser humano. Sua vida parecia austera demais para ser imitada. Ouvi falar dele pela primeira vez durante o Movimento dos Direitos Civis na América em meados da década de 1960. Ouvir o quanto ele inspirou Martin Luther King Jr., que eu admirava muito, foi meu primeiro ponto de contato com Gandhi.

Décadas depois, no dia anterior à histórica posse de Barack Obama, assisti na TV aos shows do *We Are One*, que aconteceram nos degraus do Lincoln Memorial. O presidente eleito Obama e sua família (junto com milhares de outras pessoas) estavam sentados de frente para a estátua gigante do 16º presidente dos EUA enquanto grandes artistas se apresentavam. Quando o U2 prestou homenagem ao novo líder da civilização ocidental cantando "Pride in the Name of Love", uma homenagem ao reverendo Martin Luther King Jr., percebi como Gandhi havia mudado o curso da história norte-americana. Vi a transmissão direta de sabedoria, a linhagem direta de Lincoln, o grande emancipador, para Gandhi, o grande líder da independência, para o dr. King, o grande líder dos direitos civis, para Obama, a grande esperança da política nos EUA — homens que compartilhavam o sonho de harmonia em toda a humanidade, alcançada com a cooperação não violenta.

E então, voltei-me para Mahatma Gandhi e o grande corpo de escritos que ele deixou, um verdadeiro manual de instruções sobre como viver uma vida virtuosa; o guia de um homem para a integridade moral seguido por muitas pessoas ao redor do mundo — mas não pessoas suficientes. Propus-me a seguir literalmente os seis principais princípios de Gandhi — vivê-los diariamente — enquanto embarcava em uma expedição global para encontrar pessoas inspiradas por Gandhi e avaliar o sucesso do movimento gandhiano, especialmente em locais que o mudaram. Começo com os seis pilares principais mais citados como as chaves para a filosofia de Gandhi: Verdade, Não Violência, Simplicidade, Vegetarianismo, Fé e Celibato. Algumas pessoas listam até onze princípios, mas estou tentando dar a este experimento pelo menos uma chance de sucesso.

Nesse processo, espero que haja algumas joias preciosas para também ajudar você a encontrar a mudança que deseja ser.

Como ser Gandhi... Conscientemente

Então, como podemos ambos alcançar a gandhidade? O primeiro passo é esquecer isso como um objetivo. Viveremos um dia de cada vez, adicionando uma coisa boa, eliminando uma coisa ruim. Mantenha o olho na bússola moral. Quando perceber que está perdendo o rumo, como eu muitas vezes, gentilmente se volte para uma direção que se inclina para os ventos da mudança.

Não tente adotar todos os seis de uma vez. Você se esgotará e se queimará. Comprometer-se com eles e depois evitá-los como a peste só colocará mais culpa na sua cabeça, como se você já não se sentisse mal o suficiente consigo mesmo. Veja isso como um processo, não um produto. Escolha um princípio moral por dia, semana ou mês, para passar algum tempo do seu dia contemplando o que pode fazer para abordá-lo — então aja de acordo. Aproveite a jornada, ou pelo menos aguente o início dela.

Nunca é tarde demais para começar, nunca é cedo demais para dar os primeiros passos rumo à mudança.

Use esses seis princípios, e o próprio Gandhi, como um prisma através do qual você pode examinar todas as dimensões e implicações de viver uma vida moral, pessoal e globalmente.

Este é um experimento, então haverá muitos fracassos. Mas como o velho conselho zen diz: caia sete vezes, levante-se oito.

Capítulo 2

Gandhi na Índia

Onde Começou, Onde Terminou

Uma Índia desperta e livre traz uma mensagem de
paz e boa vontade para um mundo sofrido.

Mahatma Gandhi

O destino da Índia não está no caminho sangrento do Ocidente, do qual já demonstra sinais de cansaço, mas no caminho sem sangue da paz que vem de uma vida simples e piedosa. A Índia está em perigo de perder sua alma. Ela não pode perdê-la e continuar a viver. Portanto, ela não deve dizer preguiçosamente e de maneira impotente: "Eu não posso escapar da investida do Ocidente." Ela deve ser forte o suficiente para resistir por si mesma e pelo bem do mundo.

Mahatma Gandhi

A Índia vive em vários séculos ao mesmo tempo.

Arundhati Roy
Romancista e colunista indiana

Para outros países, posso ir como turista,
mas, para a Índia, vou como peregrino.

Martin Luther King Jr.

No dia em que cheguei a Nova Deli, em dezembro de 2019, para a etapa indiana da minha jornada seguindo os passos de Gandhi, desta vez literalmente, a maioria dos jornais indianos estampava a alarmante manchete de que o Relatório Mundial da Qualidade do Ar nomeara a capital do país como a cidade mais poluída do mundo. No fim de 2022, enquanto escrevo isto, a cidade mantinha essa distinção duvidosa pelo quarto ano consecutivo.

Gandhi poderia ter previsto esse problema, não apenas na Índia, mas em nível global. De fato, ele previu. Ele foi presciente ao soar o alarme. Já em 1906, escrevendo da África do Sul em seu jornal *Indian Opinion*, ele expressou suas preocupações: "Hoje, há uma crescente apreciação entre os homens esclarecidos da necessidade de ar livre." Ainda antes, enquanto vivia na Inglaterra como estudante de direito, ele observou o impacto do crescente número de fábricas que surgiram desde a Revolução Industrial, que começou em meados do século XVIII. Gandhi escreveu: "Um homem pode ficar sem comida por vários dias e viver um dia inteiro sem água, mas é impossível continuar sem ar, mesmo por um minuto. Se algo tão vital para a vida não é puro, o resultado não pode ser outro senão deletério... Este assunto merece consideração por parte dos líderes indianos. Sofremos muito porque não percebemos o valor do ar puro, e isso é uma grande razão pela qual doenças como a peste se espalham entre nós."

Um artigo abrangente de 2019 que li no *Indian Journal of Medical Research*, intitulado "Gandhi como Ambientalista", tentou concluir de forma otimista. Dr. Rajnarayan Tiwari, diretor do Conselho Indiano de Pesquisa Médica no Instituto Nacional de Pesquisa em Saúde Ambiental em Bhopal, Madhya Pradesh, escreveu: "Como um registro histórico, Gandhi estava extremamente ciente da poluição ambiental e de suas consequências para a saúde humana. Ele estava muito preocupado com as terríveis condições de trabalho na indústria, com os trabalhadores forçados a inalar ar contaminado e tóxico. [...] O mundo, e em particular a Índia, enfrenta hoje os efeitos nocivos da urbanização que Gandhi previu décadas atrás. A aplicação dos princípios gandhianos pode deter o progresso desses efeitos."

Mas muito poucos ouviram, na época de Gandhi ou depois, como meu primeiro dia na Índia mostrou. Eu veria mais exemplos de como os indianos usam seu canto do planeta como um verdadeiro depósito de lixo.

Amigos na Índia me aconselharam a comprar um monte de máscaras N95, que filtram pelo menos 95% das partículas no ar. Mas, na área da Baía de São Francisco, não tinha nenhuma disponível porque nós também estávamos sofrendo nossa própria calamidade de qualidade do ar. Incêndios florestais a 100km ao norte, na época os piores da história do estado, deixavam os céus com um tom apocalíptico de laranja — nuvens espessas de fumaça cheias de substâncias nocivas bloqueando completamente o sol. Acordamos uma manhã com a cena de algum filme de ficção científica sobre o fim dos tempos. Fomos avisados para ficar em casa o máximo possível ou sofrer as consequências de inalar partículas tóxicas minúsculas como PM2.5 — consequências como asma e um risco aumentado de câncer. Autoridades de saúde disseram que respirar aquele ar era equivalente a fumar sete cigarros em um dia. O pior de tudo é que os incêndios florestais na Califórnia estavam se tornando uma coisa sazonal, tão previsíveis quanto a colheita de outono, resultado das secas que deixavam o chão das florestas coberto de gravetos secos no fim do verão, esperando por uma bituca de cigarro acesa ou um fio de telefone caído para iniciar um incêndio.

Dá para imaginar por que meus colegas, residentes da Baía de São Francisco, californianos que acreditam que é seu direito dado por Deus viver em um nirvana ambiental, correram para se proteger com máscaras N95. Nenhuma das principais farmácias na minha área as tinha. Então, vim para a Índia praticamente sem máscara, exceto pelas frágeis máscaras cirúrgicas azuis (também conhecidas como máscaras de procedimento médico), que, como aprendi depois, não são recomendadas por profissionais de saúde, já que não são bem ajustadas e, portanto, não são altamente eficazes em bloquear partículas minúsculas no ar.

Algumas horas após minha chegada a Nova Deli, percebi que a poluição que experimentei em São Francisco me preparou para esta viagem… e que minha máscara seria de pouca ajuda contra o espesso ar cheio de quem sabe o quê! Ainda com *jet lag*, na manhã seguinte, caminhei para me encontrar com meus editores na Simon & Schuster India. Cruzei uma ponte de pedestres lotada e olhei para baixo, onde vendedores ambulantes grelhavam chapati e mexiam em potes de chai descobertos. Bloqueei da minha mente o que esses alimentos continham, além do que os vendedores colocavam neles. Só podia imaginar as pessoas comendo essa comida contaminada e depois tendo doenças pulmonares, problemas estomacais e câncer.

Meu plano em Nova Deli era fazer um tour relâmpago, visitando alguns dos museus e monumentos dedicados ao homem considerado o pai fundador da Índia. A primeira parada foi o Gandhi Smriti (tradução: Memorial de Gandhi). É o Museu Nacional de Gandhi, anteriormente conhecido como Casa Birla ou Bhavan Birla, que foi a casa do notável e incrivelmente rico industrialista Ghanshyam Das (G. D.) Birla, onde Gandhi passou seus últimos 144 dias e foi assassinado em 1948. Birla foi um associado próximo e um apoiador constante de Gandhi, a quem conheceu pela primeira vez em 1916. Birla havia fundado várias empresas e seus filhos e gerações futuras continuaram com seus próprios negócios bem-sucedidos. Quando morreu em 1983, G. D. tinha um patrimônio líquido estimado em cerca de US$9 milhões, uma soma insignificante comparada ao Grupo Aditya Birla, presidido pelo bisneto de G. D., Kumar Birla. O império das commodities, com interesses em cimento, alumínio, telecomunicações e serviços financeiros, declara US$41 bilhões em receitas. Segundo a Forbes, Kumar tem um patrimônio líquido estimado em US$14 bilhões, em 2022 (esses dados financeiros serão relevantes em breve).

O memorial está localizado na Tees January Marg, que se traduz como Rua 30 de Janeiro — data do assassinato de Gandhi. Caminhei pelo local, absorvendo todas as fotografias antigas, pinturas, esculturas, afrescos e inscrições em rochas, com longas legendas explicando seu significado histórico. Havia muita história e muito significado. Na entrada principal, mais de 3 mil visitantes diários são recebidos pela grande estátua do Mahatma com duas crianças apoiadas nele, esculpida pelo artista indiano Sri Ram Sutar. Na sua base, a famosa frase de Gandhi: "Minha vida é minha mensagem."

A primeira ala da casa é onde Gandhi viveu. Os dois quartos simples foram preservados. Pode-se ver a cama de Gandhi, seu escritório e, em uma vitrine na parede, alguns de seus pertences pessoais, incluindo seus óculos redondos, bengala, alguns talheres, a pedra que ele usava no lugar do sabão, sua escrivaninha de madeira com o Bhagavad Gita sobre ela e um colchão branco no chão. Parecia que ele havia acabado de sair do quarto e voltaria a qualquer momento.

Vi crianças, na maioria entediadas, sendo guiadas pelos pais ou em excursões escolares. Vi casais de mãos dadas enquanto passeavam pela propriedade, imersos em uma reverência sombria. Passei pelo Museu Interativo Multimídia Gandhi Eterno no Smriti, com várias formas interativas geradas por computador para acessar mais informações. Embora algumas das exibições me parecessem um pouco cafonas e tecnologicamente ultrapassadas, eu podia ver que elas envolviam mais as crianças — e isso é sempre uma coisa boa, contrariando o refrão de que a próxima geração não entende ou se importa com o que, como e quem os trouxe até aqui.

A interatividade mais assustadora que experimentei, sem relação com os sinos e os apitos da multimídia, foi literalmente caminhar nos passos de Gandhi, gravados no concreto, maiores que o tamanho natural, no caminho sinuoso que leva do seu quarto à Coluna do Mártir, que soleniza o local exato de sua morte. Esses teriam sido os seus últimos passos. Desacelerei para dar cada passo com reverência e atenção, na tradição da meditação caminhante que aprendi como estudante de Thich Nhat Hanh. Então, como a tradição manda, circundei a pavimentação ao redor da Coluna do Mártir. Em hindi, esse tipo de caminhada é chamada de parikrama, uma caminhada meditativa no sentido horário em torno de objetos sagrados, como estupas e estátuas. No budismo, é chamada de pradakshina, muitas vezes três voltas ao redor de um objeto de devoção ou montanha sagrada.

Saí naquela tarde me sentindo espiritualmente elevado, como depois de um darshan com o próprio professor espiritual. Em seguida, fui ao Museu Nacional do Charkha, localizado no coração de Connaught Place, construído no jardim do Palika Bazaar. Inaugurado em 2017, o museu apresenta o que é considerado a maior roda de fiar de aço inoxidável cromado do mundo (charkha), pesando 5 toneladas e medindo 8 metros de comprimento e 4 metros de altura. O museu abriga 14 modelos vintage de charkhas e mostra a jornada do kapas (algodão em caroço) até o produto final de khadi (tecido de fibra natural fiado e tecido à mão). Há também outra apresentação multimídia da vida de Gandhi. O museu homenageia a ascensão da ferramenta simples a um símbolo do nacionalismo indiano, graças a Gandhi.

Para mim, essa foi a primeira vez que estive em Connaught Place desde a minha primeira visita à Índia, em 1973, com minha então esposa Iris. Fiquei impressionado com sua evolução. Quando Iris e eu chegamos à Índia pela primeira vez, ficamos em um hotel pitoresco a uma quadra do círculo e perto do escritório da American Express, onde podíamos trocar nossos cheques Amex. No centro do círculo havia um grande gramado — sem concreto em lugar algum, como há hoje. Havia — por mais clichê e datado que isso soe — encantadores de serpentes em lungees xadrez de cores opacas (saias de algodão usadas por homens), coaxando cobras para fora de cestos de palha com suas pungis (flautas) feitas de cabaças ocas. Homens em calças de pijama brancas e sujas nos ofereciam massagens na cabeça. Um homem, encantado por minha esposa, a pequena loira de olhos azuis, queria oferecer mais do que uma massagem na cabeça, além de oferecer ganja local "com desconto especial". Recusamos todos os gestos de hospitalidade.

Olhando para Connaught Place agora, fiquei impressionado de uma maneira diferente — impressionado com a mudança, mas também melancólico, sentindo falta da simplicidade que vimos cerca de cinquenta anos antes. O gramado amplo e aberto havia desaparecido. Agora eu via jovens casais indianos de classe média compartilhando alguns momentos de tranquilidade nos degraus que circundam o círculo. Estavam com elegantes jaquetas esportivas e roupas modernas apropriadas para as mulheres. No entanto, ainda tive que afastar vendedores ambulantes e camelôs; isso não havia mudado. Procurei pela United Coffee House, uma rede popular naquela época, onde Iris e eu experimentamos pela primeira vez o calor da comida indiana. Lembro que, após uma mordida, enchi a boca de arroz branco e bebi lassi doce para apagar o fogo.

Eu me sentia "gandhificado" e pronto para a jornada ao epicentro da terra de Gandhi.

Nos muitos anos em que viajei à Índia, visitei vários dos 28 estados — incluindo Uttar Pradesh, Madhya Pradesh, Himachal Pradesh, Bihar, Goa, Kerala, Rajasthan, Karnataka, Telangana e Maharashtra —, mas nunca Gujarat. Eu era um virgem em Gujarat. Tudo o que eu sabia sobre os gujaratis era baseado em boatos, literalmente. Vários anos antes, almoçando com colegas no Sea Lounge do Taj Mahal Palace Hotel, a sala de jantar virtual para indianos ricos e estrangeiros, nossa conversa foi abafada por um grupo barulhento de seis pessoas em uma mesa de canto, falando alto como se fossem os donos do lugar. "Ah, eles são gujaratis", alguém na minha mesa se desculpou. Como ela sabia? Perguntei. "Gujaratis são sempre as pessoas mais barulhentas em qualquer sala."

Parecia uma generalização grosseiramente estereotipada. Mas eu não tinha experiência para julgá-la; na época, eu nem sabia que era o estado onde Gandhi nasceu. A única outra coisa que eu sabia sobre Gujarat — na verdade, uma coisa bem grande — era que, em 2002, o estado foi palco de violentos conflitos entre hindus e muçulmanos, que deixaram mais de mil mortos e 2,5 mil feridos. Eu soube dos conflitos após perfilar a aclamada atriz indiana que virou diretora e ativista social, Nandita Das, para o *Wall Street Journal*, na estreia de seu filme *Firaaq* ("*Separação*") em 2008. O filme, que ganhou vários prêmios internacionais, se passa um mês após o sangrento conflito e segue a vida de várias pessoas de Gujarat e os efeitos do conflito sobre elas. Gujarat faz fronteira ao noroeste principalmente com o Paquistão, que tem a segunda maior população muçulmana do mundo e que, em 1947, alcançou a independência com a Partição da Índia. Foi enquanto pesquisava para o artigo sobre Nandita Das que descobri que o então governador de Gujarat era o filho nativo de Gujarat, Narendra Modi, o primeiro-ministro da Índia na época em que escrevia, que foi acusado de tolerar a violência, assim como policiais e funcionários do governo que supostamente dirigiram os manifestantes e forneceram listas de propriedades de muçulmanos para eles. No entanto, em 2012, Modi foi absolvido de cumplicidade na violência pela Equipe de Investigação Especial nomeada pela Suprema Corte da Índia.

Tão ingênuo eu era sobre Gujarat que nem sabia que era um estado seco; a venda de álcool é proibida, assim como em apenas outros três estados da Índia (Bihar, Mizoram e Nagaland). Isso significava que eu não beberia álcool, vinho ou cerveja durante o mês. Como esse era meu plano de longo prazo do experimento, considerei um início forçado para meu próprio período de abstinência. A única vez que vi álcool à venda foi no restaurante de um hotel onde soube que poderia simplesmente mostrar meu passaporte norte-americano. O garçom me indicou uma placa de neon em um canto escuro da sala de jantar que anunciava "Bar". Curioso, entrei no bar. Não era um bar; era uma loja de varejo que vendia álcool por garrafa. Evitei a tentação de comprar uma garrafa e carregá-la enquanto continuava minhas viagens por Gujarat.

Outra questão que eu não tinha previsto ou de que não estava ciente era que a maioria dos restaurantes em Gujarat serve apenas culinária vegetariana. Isso também foi bom para minha nova dieta; não haveria tentação a resistir nesse aspecto também.

Toda essa sobriedade e abstinência de carne, peixe e aves é diretamente devido ao filho nativo do estado. Modi liderou o movimento para banir a venda de álcool em seu estado natal, embora as autoridades tendam a fechar os olhos quando se trata de contrabandistas.

Desde 2014, quando comecei a mergulhar no que se tornaria este experimento, fiquei fascinado — e frustrado — com várias tentativas de organizações governamentais e não governamentais de designar como uma trilha de patrimônio nacional a rota que Gandhi percorreu de Ahmedabad até a praia de Dandi — que veio a ser conhecida como a Marcha do Sal ou Caminho de Dandi. Para iniciar meu experimento, pensei que poderia escrever uma matéria para o *New York Times* sobre o progresso, ou a falta dele, e até mesmo empreender a jornada de 385km eu mesmo, jornalista experiencial (também conhecido como maluco) que sou. Mas o projeto continuava parado devido a problemas burocráticos familiares na Índia.

Enquanto esperava o voo de algum lugar para outro, devo ter falado com entusiasmo sobre meus planos para um casal da Pensilvânia, que generosamente compartilhou o nome de um norte-americano envolvido com aquele projeto. Dentro de dias, Thomas Jones me enviou um e-mail entusiasmado. Planejador de preservação histórica e conservador urbano, Jones é conselheiro acadêmico do Centro de Gestão do Patrimônio da Universidade de Ahmedabad, que oferece um programa de mestrado em gestão do patrimônio, o primeiro do tipo na Índia. O que me interessou especialmente foi seu papel no desenvolvimento de uma "declaração de intenção de cooperação" entre esse centro e o Centro Nacional de Preservação de Tecnologia e Treinamento do Serviço Nacional de Parques dos EUA, acordo que lhe permitiu ajudar a identificar e conservar a marcha de Gandhi para Dandi.

Ao longo de vários anos, tivemos algumas longas conversas (ele é um cavalheiro loquaz), mas nunca nos encontramos, nem nos EUA nem na Índia. Em vez disso, ele recomendou que eu trabalhasse com seu colega em Ahmedabad, Debashish Nayak, que tem participado da gestão de questões de conservação urbana em cidades históricas tanto na Índia quanto no exterior. Ele era o diretor do Centro de Gestão do Patrimônio da Universidade de Ahmedabad. Desde 1996, Nayak trabalha como consultor do programa de patrimônio da Corporação Municipal de Ahmedabad para a revitalização da histórica cidade murada. Ele cortou muita burocracia ao longo de vinte anos para que Ahmedabad fosse designada como a primeira Cidade do Patrimônio Mundial da UNESCO na Índia, em 2017. Ele foi apelidado de "Homem do Patrimônio da Índia" — não exatamente um título invejável em um país que tem "no máximo uma relação ambivalente com sua própria longa história", como Sabyasachi Mukherjee, ex-diretor do Chhatrapati Shivaji Maharaj Vastu Sangrahalaya de Mumbai (antes Museu do Príncipe de Gales), me disse em uma entrevista. Era quem eu procurava.

Debashish Nayak e eu começamos a conversar pelo WhatsApp. Ele era meu único contato na cidade, então eu estava tenso, dependendo dele para ser meu homem de confiança, meus olhos e ouvidos, meu conector e meu guia. Com dele, consegui um bom acordo no Silver Cloud Hotel & Banquets. Eu prefiro explorar minhas próprias acomodações de hotel, mas pelo site parecia bom o suficiente para um hotel indiano de quatro estrelas, e seu maior atrativo para mim era que ficava na Ashram Road, diagonalmente em frente ao Sabarmati Ashram, onde eu pensei em passar bastante tempo. O ashram foi a casa de Gandhi de 1917 até 1930 e serviu como um dos principais centros da luta pela liberdade indiana. Agora é um museu dedicado à vida e ao trabalho do Mahatma. Esse seria meu acampamento-base por quase um mês.

Debashish veio ao meu hotel na manhã seguinte à minha chegada, poucos dias antes da véspera de Ano Novo. Espalhamos mapas, livros e folhetos em uma mesa e organizamos um itinerário. Ele estava bem vestido com um colete de lã e uma kurta. Falava com calma e se expressava bem, com um bigode levemente grisalho. Embora amigável, havia uma reserva nele, nascida, eu tinha certeza, de trabalhar nas burocracias tanto da academia quanto do governo — cuidadoso para nunca dizer nada que pudesse voltar para assombrá-lo. Um pouco rígido, ele não seria o tipo de cara para levar a um bar de karaokê em Ahmedabad. Mas ele era uma fonte de conhecimento.

Ele admitiu livremente que Gandhi, o homem e sua filosofia, não eram sua área de especialização. Mas, colocando Gandhi no contexto do patrimônio da Índia, ele disse: “Honrar nosso patrimônio cura as almas dos indianos que foram separados de seu passado ou o afastaram para se concentrar na urgência do agora e em um futuro mais promissor.”

Isso parece uma ideia relevante para qualquer país e qualquer pessoa.

Os atrasos em oficializar o caminho da Marcha do Sal como uma trilha de patrimônio o deixavam louco, disse ele. O projeto estava atolado em atrasos e compromissos não cumpridos desde cerca de 2006. Mas agora, ele prometeu, “estamos em um ponto de virada”, já que o 150° aniversário do nascimento de Gandhi tinha acabado de passar (ele nasceu em 2 de outubro de 1869). Esse marco motivou o governo a liberar quase US$2 milhões para concluir a instalação de sinalização e “paradas noturnas”, acomodações simples e cozinhas onde Gandhi passou cada uma das 21 noites que levou para chegar ao Mar da Arábia em Dandi, onde ele famosamente pegou sal em desafio às leis tributárias britânicas de 1930.

Debashish concordou em me deixar acompanhá-lo por um trecho de 130km da rota que ele ainda não havia mapeado, para que eu pudesse testemunhá-lo coletando histórias de descendentes que viram Gandhi em primeira mão e outros que apenas se lembravam do que seus pais e avós lhes contaram. Com um diploma em arquitetura, ele tinha um interesse particular em encontrar ruínas de edifícios e escolas onde Gandhi parou para dar palestras. Durante o processo, comparava documentos existentes com novas descobertas, rastreando a rota no aplicativo Salt March to Dandi do Google Earth, criado em 2017 no aniversário de 70 anos da independência da Índia.

Para mim, meu motivo para traçar a rota começou de uma forma, mas mudou à medida que eu a percorria… e continua mudando. No início, havia o motivo machão. Se Gandhi conseguiu fazer isso, eu daria a ele uma vantagem de uma década na diferença de idade e provaria que ainda "tinha o que é preciso". Enquanto Gandhi empreendeu a marcha como uma demonstração de liberdade contra os impostos injustos sobre a extração do sal da própria Índia, eu queria declarar a liberdade do meu próprio corpo — um corpo que passou por duas substituições de quadril e superou uma disfunção autoimune chamada polimialgia reumática (PMR), uma doença inflamatória que causa dores generalizadas, rigidez e sintomas semelhantes aos da gripe. Além disso, eu queria examinar o corredor de cerca de 380km que vai de Ahmedabad a Dandi como um barômetro para medir quanto das esperanças de Gandhi para um futuro melhor na Índia foram cumpridas ou não. A passagem atravessa congestionamento urbano, pobreza rural, montanhas (literalmente) de lixo, parques industriais e centros logísticos pela metade, trânsito implacável e estradas empoeiradas bloqueadas por vacas e vilarejos que aparentemente não saíram do período medieval — um verdadeiro corte transversal da Índia hoje.

Eu com certeza não fui o primeiro a refazer o caminho. Quase parece que, toda vez que um político indiano quer angariar publicidade favorável e rejuvenescer seu partido em declínio, ele percorre a trilha da Marcha do Sal, com repórteres a tiracolo. Em 1988, Rajiv Gandhi (filho da primeira-

-ministra Indira Gandhi e sem relação com o Mahatma), primeiro-ministro de 1984 a 1989, começou a marcha — mas parou após 11km (um detalhe nada pequeno: tanto Indira quanto Rajiv foram assassinados). Tushar Gandhi, bisneto do Mahatma, que concorreu a um cargo e perdeu, tentou duas vezes, ambas interrompidas.

No dia seguinte, atravessei a rua para visitar o Sabarmati Ashram. Não é nada do que eu imaginava. Eu achava que encontraria um grupo de devotos gandhianos vivendo de forma simples e comunitária, como nos ashrams que já visitei em lugares como Bodh Gaya, a Plum Village de Thich Nhat Hanh no sul da França ou Hill House, uma comuna no oeste de Massachusetts onde eu tinha amigos nos anos 1970. Em vez disso, é um museu, e um museu encantador. Meia dúzia de edifícios, principalmente versões atualizadas dos originais, estão espalhados pelo terreno nas margens do Rio Sabarmati. Filas de largos degraus de cimento descem em direção às margens do rio, permitindo que as pessoas se sentem e contemplem, absorvendo a aura do lugar. Um prédio abriga painéis de parede com notas históricas sobre a vida de Gandhi. Há uma sensação de abertura e leveza nos corredores. Em um canto, há uma série de escritórios onde a equipe de TI atualiza os portais de Gandhi e outros detalhes.

Este não era o ashram original de Gandhi. Esse foi estabelecido em Kochrab, nos arredores de Ahmedabad, em maio de 1915. Era pequeno e Gandhi queria mais área para agricultura, criação de animais e outros usos. Então, dois anos depois, ele se mudou para os 36 hectares que se tornaram o Sabarmati Ashram. Hoje, cerca de 700 mil pessoas o visitam todos os anos.

Eu passava por lá todos os dias, como se fosse um centro de meditação, passeando pelos terrenos e revisitando as exposições, como Gandhi poderia ter pretendido. Passei muito tempo na livraria. Se eu não fosse viajar tanto depois de Ahmedabad, teria comprado estantes cheias de livros. O único que me permiti, no entanto, foi um opus de 665 páginas, *On the Salt March*, de Thomas Weber, um acadêmico australiano que leciona no departamento de política da Universidade La Trobe em Melbourne e coordena a área de estudos de paz. Ele tem um interesse especial em Gandhi e publicou vários outros livros sobre resolução de conflitos e ética gandhiana.

On the Salt March é um livro incrível, detalhando quase cada centímetro da marcha, que ele realizou em 1983. Inclui 120 páginas sobre a rota, listas dos 80 marchadores, ou o "Primeiro Grupo", posfácios, notas, uma bibliografia e um glossário. Para ser honesto, eu o folheei procurando pontos; seria exaustivo demais ler tudo página por página. Se o fizesse, talvez ainda estivesse sentado em um quarto no Silver Cloud.

Escrevi para o dr. Weber com algumas perguntas, principalmente sobre por que ele decidiu fazer a pesquisa, a marcha e escrever o livro. Ele respondeu por e-mail: "Há muita história escrita sobre os eventos políticos indianos de 1930 que englobaram a Marcha do Sal. Mas… havia muito pouco escrito sobre a marcha em si. Para corroboração, veja os livros de história indiana disponíveis na época. Alguns publicaram os discursos de Gandhi ao longo do caminho. Pouco mais que isso."

Desempenhando dois papéis, um do meticuloso acadêmico, o outro do memorialista, ele tentou mesclar o rigor acadêmico com a prosa sentimental de narrativa em primeira pessoa.

Minha própria autoindagação diária: eu realmente queria fazer isso? Perguntei-me por meses em Berkeley antes de ir para a Índia. Eu havia entrado em modo de treinamento. Tendo lido que Gandhi caminhava 16km por dia, intensifiquei minha rotina de caminhadas. Comecei a monitorar minhas caminhadas diárias em Berkeley, meu pedômetro Samsung se tornando meu melhor amigo. Passei de 4 ou 5km por dia para pelo menos 6 ou 7. Em Ahmedabad, nos dias antes de começar o evento propriamente dito, usei a trilha de caminhada ao longo do Sabarmati como minha pista.

Eram caminhadas gloriosas. Fazia calor ou frio no fim de dezembro, mas eu nunca me cansava da vista do rio. Meus companheiros de caminhada eram várias espécies de pássaros, batendo as asas e cantando enquanto literalmente se lançavam em buracos minúsculos nas paredes. Há quase 120 espécies — nativas e migratórias — avistadas ao longo da orla, um aumento de população atribuído à limpeza do rio, que antes era considerado um dos mais poluídos da Índia (junto com o Ganges e o Yamuna). Aos domingos, os pássaros e eu tínhamos muita companhia: casais fofos timidamente se aconchegando ao longo dos poucos quilômetros de bancos à beira-rio e áreas gramadas.

Quando chegou o dia de começar a marcha, eu havia perdido tanto peso que precisei apertar meu cinto até o último furo. Eu estava mais magro do que havia estado em trinta anos.

Enquanto esperávamos para partir, Debashish me levou ao Gujarat Vidyapith, a universidade que Gandhi fundou em 1920. Sua intenção era separar ainda mais os indianos do domínio do doutrinamento britânico; esta seria uma escola para estudantes das vilas, baseada na filosofia gandhiana. Todas as aulas seriam ministradas no dialeto gujarati. Tudo isso fazia parte do objetivo de Gandhi de encorajar e reforçar a autoestima e a identidade dos indianos. Embora consideravelmente modernizada em sua estrutura e currículo, a universidade mantém seu compromisso com os ideais gandhianos, estudos humanos, serviço social e trabalho de desenvolvimento.

Os fundamentos da escola foram posteriormente copiados em Benares, Mumbai, Calcutá, Nagpur, Madras e muitas outras cidades em toda a Índia. Milhares de alunos e professores deixaram as faculdades britânicas para se juntar ao Vidyapith.

No dia em que apareci com Debashish, testemunhei uma cerimônia matinal especial. Começou com orações e músicas, seguidas por longos discursos. Fiquei tentado a sair, mas aguentei firme. A música era hipnotizante. Mais tarde naquela manhã, assisti a uma sessão típica — equivalente, presumo, ao que chamávamos de "homeroom" nos EUA. A diferença era que, enquanto professores de vários departamentos faziam anúncios, quase cem alunos sentavam-se no chão girando suas próprias charkhas portáteis do tamanho de um livro. Isso era obrigatório e acontecia todas as manhãs. A única comparação que eu poderia fazer com escolas norte-americanas era... nenhuma! Não há escolas fora do Gujarat Vidyapith cujos currículos sejam baseados nos ideais gandhianos incorporados em cada área de estudo.

Para minha surpresa, o diretor pediu que eu dissesse algumas palavras que ele traduziria para o gujarati porque eles não necessariamente entenderiam inglês, ainda mais com meu sotaque nova-iorquino. Não me lembro exatamente do que disse nem achei que eles ouviram, tão focados estavam em girar, mas fiquei impressionado com sua diligência e compromisso com esse estilo de educação.

Um professor de jornalismo desinibido aproveitou a oportunidade e me convidou para sua aula imediatamente depois. Os alunos estavam ansiosos para ouvir a perspectiva de um jornalista norte-americano sobre como pesquisamos, como temos ideias e escrevemos. Talvez eu tenha ido longe demais ao criticar a escrita dos jornais indianos, mas na verdade vi cabeças balançando afirmativamente, olhos arregalados e muitas mãos levantadas. Eles estavam ansiosos para aprender além de seu horizonte usual. Puxa, pensei, como seria legal passar um semestre ensinando lá.

Minha próxima missão era visitar a cidade onde Gandhi nasceu, Porbandar. Debashish me indicou um guia turístico que me levaria até lá. Girish Gupta era mais do que um guia. Ele tinha todas as credenciais de um guia regional do Ministério do Turismo e era secretário fundador do National Heritage Volunteer, sediado em Gujarat, uma organização sem fins lucrativos que cria programas de treinamento e conscientização para o patrimônio cultural, passeios a pé, monumentos históricos e a Marcha do Sal. Ele era erudito e divertido, tinha uma voz perfeita para o rádio e entendia meu humor irônico de Nova York. Em suma, um bom companheiro de viagem.

Girish e eu, junto com o motorista que ele contratou para a jornada, Pandey Vijay, partimos cedo no dia seguinte para Porbandar, aproximadamente a 390km de Ahmedabad. No meio do caminho, paramos em Rajkot, a cerca de 214km de onde partimos, por alguns motivos. No trajeto, Girish me disse que Rajkot é um importante centro de manufatura e famoso pela invenção e pela fabricação do veículo movido a diesel de três rodas chamado chhakda. Em certo ponto, Vijay notou um e paramos para que eu pudesse examiná-lo. Outra fama de Rajkot é seu chutney verde, que dizem ser lendário. Eu não o provei, pois tinha certeza de que meu estômago reclamaria. A cidade adotou um padrão raro na Índia: para evitar o calor do meio-dia, os locais desenvolveram uma espécie de sesta em seus negócios; a maioria das lojas fecha das 13h às 16h e reabre à noite.

Agora, os dois principais motivos da nossa visita: aos 9 anos, Gandhi se mudou para Rajkot com a família quando seu pai se tornou conselheiro do governante local e mais tarde o diwan (ministro das finanças). Mohandas aprendeu os fundamentos de aritmética, história e geografia em uma escola local. Aos 11 anos, ele frequentou a Alfred High School em Rajkot. Não era um aluno excepcional; os registros mostram que era bom em inglês, mediano em aritmética, fraco em geografia, bom em comportamento e ruim em caligrafia. A escola foi fechada em maio de 2017, após 164 anos, para dar lugar ao Museu Mahatma Gandhi, que eu visitei.

As 39 salas de aula são agora salas de exposição, com fotografias, memorabilia e citações do Mahatma. Há um show de mapeamento de projeção 3D, com efeitos de som e luz. Eu reconheci muitas das imagens que havia visto antes — e que continuaria a ver em Porbandar, e depois reveria na África do Sul e em Londres.

De acordo com a Corporação Municipal de Rajkot, houve 114 mil visitantes no primeiro ano de abertura do museu. No dia em que fui, não havia muitas pessoas, exceto grupos de estudantes que os professores estavam tendo dificuldade em manter calmos.

Outro motivo pelo qual eu queria parar em Rajkot — uma cidade com uma população de 2 milhões em 2021, nomeada a sétima cidade de crescimento mais rápido do mundo — era que Girish havia arranjado uma entrevista para mim com um dos maiores editores de Gujarat, que publicou muitos livros sobre Gandhi. Nós nos encontramos com Gopal Mohan Makadia, diretor da Pravin Prakashan PVT LTD, irmão do fundador. Seu inglês não era bom, então Girish atuou como tradutor. Ele não hesitou em elogiar alguns de seus autores controversos que escreviam sobre Gandhi. Citou o título de maior sucesso como uma biografia do filho mais velho de Gandhi, Harilal, um alcoólatra e jogador que negociava roupas importadas britânicas, mesmo quando seu pai incentivava o boicote a produtos estrangeiros.

Harilal até se converteu ao islamismo e mudou seu nome para Abdullah antes de morrer em 1948, apenas meses depois do pai ser assassinado.

O sr. Makadia falou por um tempo de maneira muito profissional, exaltando as virtudes de sua linha de livros. Então, fiz uma das perguntas que sempre faço, aquela que me revelou o impacto humano de Gandhi: "O quanto Gandhi e sua filosofia influenciaram você pessoalmente? Você segue algum dos seis princípios que estou tentando seguir?" Listei-os para ele.

Isso o abalou. Seu rosto mudou; uma nuvem escura se formou sobre ele — não era a reação que eu esperava. Ele rejeitou categoricamente Gandhi como homem, um ser humano falho e hipócrita em sua opinião, portanto não conseguia se obrigar a honrar ou viver por nenhum dos princípios prescritos por Gandhi.

"Embora Gandhi fosse um mahatma", ele disse, "ele era também humano. Como ser humano, era uma pessoa comum. Ele cometeu erros. Você não pode separar seus seis princípios das ações do homem, com suas falhas humanas. A imagem de Gandhi está manchada".

Ele continuou: "A Índia está sofrendo devido aos princípios e aos processos de pensamento de Gandhi. Praticar o gandhismo hoje não é possível. As leis não podem ser aplicadas agora. Veja, ele foi assassinado antes de comemorarmos até mesmo um ano de independência. Se algum novo Gandhi surgisse agora, ele seria morto em 24 horas."

As coisas terminaram de forma um pouco constrangedora.

Será que esse editor de livros não era hipócrita também? Ele estava ganhando dinheiro publicando e vendendo livros sobre Gandhi, um homem em quem ele fundamentalmente não acreditava. Havia algo de dúbio na base de seu modelo de negócio, que em si mesmo era uma mentira.

Depois do chai com ele (claro), seguimos para Porbandar, a mais 180km de distância, para ver a casa onde Gandhi nasceu, agora também um museu.

Durante o Raj britânico, Porbandar era um estado principesco, um dos poucos com uma linha costeira. Antes de Gandhi, a cidade era mais conhecida como o local de nascimento de Sudama, amigo do Senhor Krishna. Mais recentemente e por azar, ganhou manchetes ao redor do mundo como a cidade onde terroristas paquistaneses de um grupo chamado Lashkar-e-Taiba roubaram um barco de pesca em novembro de 2008, desembarcaram em Mumbai e lançaram um ataque que veio a ser chamado de 26/11, matando 166 pessoas.

A casa da família de Gandhi agora faz parte do complexo do museu Kirti Mandir, cercando um pátio central. Há, previsivelmente, salas com imagens e descrições da vida e das obras de Gandhi. O museu nacional foi construído e inaugurado em 1950, apenas dois anos após a morte do Mahatma. Desde então, é visitado por dignitários de todo o mundo; 1.500 pessoas o visitam diariamente. É a principal, e única, atração turística de Porbandar.

Na casa onde ele nasceu, o local exato do seu nascimento é marcado com uma suástica no chão (muito antes de Hitler cooptar o símbolo, ele representava divindade e espiritualidade no hinduísmo, no budismo e no jainismo, vindo do sânscrito, significando "conducente ao bem-estar"). A casa de três andares tem corredores estreitos e degraus íngremes para cada andar. No dia em que estive lá, estava lotada. Pessoas mais velhas lutavam para subir os degraus, mas seguiam em frente, algumas com a ajuda de alguém atrás delas empurrando-as para cima.

Eu havia lido que a casa estava em estado de abandono, com paredes mofadas, lixo aqui e ali, e pouco acesso para pessoas com deficiência. Lamento informar que parte disso é verdade. No entanto, sempre há algo a se aprender ao ver o lugar onde pessoas que fizeram a diferença no mundo começaram suas vidas. Gandhi não teve um início humilde. Alguns diriam que ele teve uma vantagem, com um pai em posição elevada. Portanto, é ainda mais notável que ele tenha escolhido viver humildemente, renunciando aos luxos da riqueza — indo da riqueza para a pobreza, seria possível dizer.

Porbandar foi uma cidade portuária próspera mesmo durante o domínio Mughal, datando do século XVI. *Bandar* significa "porto" ou "cais". A espinha dorsal da economia da cidade é a indústria pesqueira. Portanto, proteger a qualidade da água é imperativo ou, pelo menos, deveria ser. Por isso, foi com verdadeiro desgosto que soube da poluição flagrante quando conheci Narottam Palan, do Gandhi Prakriti Pariwar, um grupo de cidadãos que trabalha pela proteção ambiental. Professor aposentado de literatura gujarati na Universidade Saurashtra em Rajkot, ele é autor de uns cinquenta livros. Ao nos encontrarmos em seu pequeno apartamento, ele explicou que uma fábrica de cimento estava descaradamente despejando efluentes na baía. O oleoduto era visível correndo pela praia até a água. Após receber uma severa repreensão, a resposta da empresa foi simplesmente enterrar o tubo na areia e dentro da baía. "Não acredito", falei. "Acredite", ele respondeu.

"Veja você mesmo", ele disse, apontando algumas centenas de metros até a superfície da água. "Vê aquela área escura?"

Eu não vi de imediato. Apertei os olhos, coloquei meu boné de beisebol para bloquear o brilho do sol e olhei mais de perto. Então vi o que parecia ser uma enorme mancha negra na superfície da água, flutuando ali como uma mancha ominosa de um filme de ficção científica apocalíptico. Imaginei peixes e aves cobertos de sujeira. Mas aqui está o ponto crucial, a ironia das ironias para mim: a fábrica pertence à família Birla, descendentes do mesmo G. D. Birla que hospedou Gandhi em seus últimos 144 dias. Se eu fosse um repórter investigativo, descobriria um porta-voz ou um próprio Birla para comentar, levantaria um inferno com a mídia e forçaria a justiça. Mas esse não era o meu karma. Tudo o que posso fazer é escrever sobre isso aqui e esperar que abra olhos — e mentes.

Vi um raio de esperança na paisagem poluída da Índia em indivíduos apaixonados que iniciaram ONGs porque veem os governos agindo devagar demais. Prarthi Shah, minha pesquisadora, é uma dessas pessoas. Foi assim que nos conectamos. Ela fazia parte da equipe do Gujarat Vidyapith, que acompanhei enquanto traçavam o caminho que Gandhi seguiu por vilarejos próximos à cidade. Seus avós, de ambos os lados da família, eram seguidores de Gandhi que lutaram pela liberdade da Índia. Ela parecia tímida e retraída no início, mas, conforme o grupo caminhava, ela e eu acabamos lado a lado. Fiz um comentário triste de que, a quase cada passo, lixo e vários outros resíduos estavam espalhados pelo caminho, nas sarjetas, empilhados na frente de lojas, pavimentando as ruas. Ela explodiu em um discurso de raiva, decepção e frustração. Com o tempo, descobri que ela estava longe de ser tímida. É uma ambientalista apaixonada. Fundou o Baroda Strickers, um grupo de jovens cujo objetivo é envolver e encorajar os jovens a trabalhar pela conscientização, pela educação e pela ação ambiental. Ela explica o nome do grupo em seu site: o papel de um batedor no críquete é acertar a bola. "Queremos acertar as mentes das pessoas com as questões ambientais." O *c* extra significa mudança, *change* em inglês. Baroda é outro nome para Vadodara, a cidade natal de Prarthi. O grupo liderou campanhas de limpeza, projetos de plantio de árvores e outras atividades. Foi em parte seu trabalho progressista que me convenceu a contratá-la para trabalhar comigo. Os esforços de seu grupo e outras pequenas iniciativas na Índia e em outros lugares são exemplos vivos do pensamento mais frequentemente citado e esperançoso da antropóloga cultural norte-americana Margaret Mead: "Nunca duvide que um pequeno grupo de cidadãos atenciosos e comprometidos pode mudar o mundo. Na verdade, é a única coisa que já mudou."

Depois de meses e anos idealizando isso na minha mente, enfim chegou a hora de começar a Marcha do Sal. Eu estava ao mesmo tempo empolgado e ansioso. Acabou sendo mais e menos do que minhas expectativas.

Debashish deixou claro para mim que não apenas era praticamente impossível seguir a rota exata de Gandhi devido ao desenvolvimento da infraestrutura — edifícios que bloqueavam o caminho original, rodovias que o pavimentavam, o trânsito louco que o tornava perigoso —, mas também que, devido a tudo isso, eu não conseguiria replicar a marcha de Gandhi com qualquer verossimilhança. Ele também me convenceu de que não era seguro eu andar sozinho. E quem gostaria de fazer a caminhada comigo, afinal? Alguns amigos deram sinais de que iriam, mas logisticamente também era impossível. Mesmo Gandhi não caminhou sozinho.

Eu havia calculado mal quanto tempo levaria para percorrer a rota e ainda manter meu cronograma das próximas aventuras e voos. Então assumi um compromisso. No primeiro dia, eu iria de carro com Debashish e dois de sua equipe do Sabarmati Ashram até o primeiro local onde Gandhi parou e continuaria até a segunda parada noturna, onde encontraríamos um grupo de estudantes de gestão de patrimônio do Gujarat Vidyapith estudando a Marcha do Sal. Isso parecia interessante. A partir daí, eu ainda iria com Debashish e a equipe de carro, mas eles me deixariam sair do carro para caminhar sozinho por vários quilômetros e depois me encontrariam no outro extremo. Nos vilarejos onde a equipe de Debashish estava fazendo pesquisas, desembarcaríamos, caminharíamos a pé e depois voltaríamos para o carro para os próximos quilômetros. Então repetíamos o processo. Dessa forma, eu poderia cobrir toda a Marcha do Sal e ver o que havia para ver. Senti um pouco de culpa depois de criar expectativas nas outras pessoas — e em mim mesmo — quando disse que estava "fazendo a Marcha do Sal". Mas logo superei minha famosa culpa judaica.

Quando estávamos na estrada há quinze minutos, vi o que Debashish quis dizer: entre o tráfego de pedestres, riquixás motorizados, veículos, ônibus, caminhões, carros de madeira, bicicletas, vacas — apenas uma amostra normal de vida nas ruas das cidades indianas —, eu estaria em risco a cada passo. Também não seria nada parecido com o que Gandhi experimentou. Ao longo do caminho, maravilhei-me com o trabalho de Debashish. Ele era parte detetive, sociólogo, repórter investigativo e formador de comunidades; parte antropólogo, arqueólogo e arquiteto; parte historiador, psicólogo e urbanista. Isso me lembrou dos muitos papéis que temos que desempenhar como jornalistas.

Mas ele não era um caminhante. Ele se juntou a mim por um trecho, e eu percebi que não combinávamos: ele preferia passear enquanto eu caminhava no ritmo de Gandhi, ou seja, rápido. Passear pelo vilarejo era bom, pois havia muito para parar e estudar em detalhes que eu nunca teria percebido — telhados, arcos, maçanetas, molduras de janelas. Debashish parava em uma pequena praça e pintava uma imagem de Gandhi de pé em uma varanda e falando para uma pequena ou grande reunião. Depois de três dias, ficou difícil acompanhar qual vilarejo tinha o quê e quando.

Há alguns momentos que sei que ficarão comigo por muito tempo. Fui deixado em uma estrada pequena no campo para caminhar sozinho. Na Índia, é quase impossível ficar em algum lugar e estar em completo silêncio. No entanto, lá estava eu, tão surpreso pelo som do nada que parei e comecei a me gravar falando comigo mesmo, segurando o microfone do meu celular no ar, sussurrando: "Consegue ouvir isso? Nem eu. Esse é o som do silêncio... na Índia! Só posso imaginar que Gandhi deve ter tido um momento semelhante em 1930. Espero que sim!"

A parte engraçada é que esses momentos de silêncio eram frequentemente interrompidos por uma motocicleta passando ou pelo ruído branco de fios de alta tensão. Então, eu interrompia minha gravação até que outro minuto de silêncio chegasse.

Outra percepção me ocorreu em outro momento quando eu estava caminhando sozinho. Eu sou, por natureza, um solitário. Sinto-me completamente confortável sendo apenas eu comigo mesmo. Os indianos raramente estão sozinhos. Família, amigos e outras pessoas parecem estar sempre por perto. Eles parecem gostar do tumulto e do caos. Ou, se não gostam, pelo menos pode-se dizer que essa é a condição à qual estão acostumados. "Família conjunta" significa que os pais vivem com seus filhos, seus próprios irmãos e irmãs, e as esposas e filhos de seus filhos, às vezes 12 a 15 pessoas sob o mesmo teto. Uma vez disse a um amigo indiano que, se os norte-americanos vivessem assim, teriam que ter um quarto separado para o terapeuta da família.

Gandhi nunca caminhou sozinho na Marcha do Sal. Ele viajava com cerca de oitenta seguidores constantes. Quando saía de um vilarejo, os moradores o seguiam até a metade do caminho para o próximo vilarejo, onde o grupo era acompanhado pelos moradores locais, e os moradores anteriores voltavam para casa.

Foi um momento marcante para mim perceber que, embora eu pudesse tentar me tornar Gandhi, eu nunca "seria" Gandhi, nem gostaria de ser.

As paradas noturnas foram organizadas por uma empresa especializada em eventos. As acomodações eram, para ser gentil, rústicas. Um passo acima das cabanas de campo, não tinham camas confortáveis. As refeições eram preparadas na cozinha de alguém e trazidas aos hóspedes em uma sala de jantar comum. Eu me preocupava com a higiene. Talvez fosse apenas eu. Mas não conseguia imaginar ocidentais se sentindo confortáveis nesse ambiente.

Os últimos 13km da marcha foram os mais memoráveis para mim. Eu havia me separado de Debashish para viajar no meu próprio ritmo até a "linha de chegada" na Praia de Dandi. Mesmo assim, meu motorista muito protetor, Vijay, insistiu em me seguir de carro. Há uma estátua memorial dedicada a Gandhi e seus seguidores a alguns quilômetros da praia. Passei direto por ela, tão focado estava em chegar ao mar. O grande alívio e a libertação de caminhar pela longa praia até a água, rígido e cansado como eu estava, com os pés ardendo, foi um dos momentos mais gratificantes que já experimentei.

A viagem de cinco horas de volta a Ahmedabad pareceu interminável, mas a vontade de deitar em uma cama com um colchão de verdade e tomar um banho quente longo me fez parecer um cavalo que sente o cheiro do estábulo. *Om sweet om*, onde quer que fosse.

Antes de voltar a Mumbai, fui de Ahmedabad para Udaipur, Rajasthan, para ver a família Maharana Mewar, com quem eu tinha trabalhado quinze anos antes. Desfrutei do luxo no Palácio Shiv Niwas em uma suíte grandiosa por três dias, depois fiz uma viagem paralela para um dos hotéis do Grupo Mewar HRH, o Aodhi, um hotel butique rústico a 100m do Forte de Kumbhalgarh, cuja muralha de 36 km do século XV é a segunda mais longa do mundo (bem mais curta que a Grande Muralha da China, com 21.196km). Apreciei a caminhada até o topo e o percurso ao longo da muralha. Gandhi estava longe dos meus pensamentos... até que comecei a sair da área do forte. Vi uma multidão de pessoas cercando a polícia. Acontece que um assassinato fora cometido bem ali nos arredores. Não havia lugar aonde eu pudesse ir e as realidades da violência não deixassem uma sombra escura?

Voltando a Mumbai, antes de seguir para o oeste, depois para o sul, depois para o norte e depois mais para o oeste, eu tinha duas missões. Uma era completar uma série de entrevistas e experiências gastronômicas para o livro que eu estava escrevendo como ghost-writer para o aclamado e inovador chef Rahul Akerkar. Isso seria um teste para meu vegetarianismo. Falhei miseravelmente. O menu do chef em seu restaurante Qualia incluía vários pratos de carne e aves. Era minha obrigação profissional provar o menu degustação, não era? Havia muitas opções vegetarianas, especialmente porque a esposa de Rahul, Malini, é vegetariana. Mas, ei!

E havia um prato me chamando para experimentá-lo: guisado de peito de búfalo. Francamente, ele me conquistou com "peito". Veja, minha mãe — devo enfatizar, minha mãe *judia* — era famosa na família pelo peito que preparava, não de búfalo, mas da boa e velha carne bovina, de preferência o corte *flat*, ou *first*, de carne bovina. Esse prato é um alimento básico na mesa das festas judaicas europeias porque era um corte de carne acessível. Rahul, cuja mãe é judia-alemã, igualou facilmente o da minha mãe e eu não tive nenhum remorso ou culpa por experimentá-lo, pois senti que era uma homenagem à grande chef Lil Garfinkel.

Minha outra missão era visitar Mani Bhavan, a casa onde Gandhi viveu entre 1917 e 1934, anos cruciais em sua evolução como líder. Foi de Mani Bhavan que Gandhi iniciou o movimento satyagraha. Ele começou a usar a charkha regularmente aqui. Também decidiu se abster de beber leite de vaca para protestar contra o tratamento cruel e desumano desses animais. Em 1955, o prédio foi transformado em um memorial a Gandhi.

Há uma biblioteca com uma estátua do Mahatma onde as pessoas prestam homenagens. Uma escadaria repleta com fotos de Gandhi que retratam sua vida leva os visitantes ao primeiro andar, que tem uma galeria de fotos desde sua infância até seu assassinato, junto com recortes de jornais.

O quarto que Gandhi usou durante sua estada fica no segundo andar, onde, através de uma divisória de vidro, as pessoas podem ver duas de suas rodas de fiar, um livro e sua cama no chão. Bem em frente a esse quarto há um salão onde estão expostas as fotografias e as pinturas de sua vida.

Eu também planejava encontrar e entrevistar o bisneto de Gandhi lá, o primeiro de vários descendentes de Gandhi que teria o prazer de conhecer.

Nota para mim mesmo: da próxima vez que escrever um livro sobre uma pessoa famosa, não faça, sob nenhuma circunstância, uma entrevista com um descendente em uma biblioteca onde cerca de 40 mil volumes sobre ou escritos pelo referido famoso alinham as prateleiras de duas salas.

Agora museu e uma das mais importantes paradas de peregrinação para aficionados de Gandhi, Mani Bhavan foi onde encontrei Tushar Arun Gandhi, um dos bisnetos de Gandhi-ji, que tinha 57 anos na época da nossa primeira conversa. Literalmente cercado por livros, panfletos, papéis, documentos e outros materiais escritos por ou sobre Mahatma Gandhi, fiquei tão intimidado que quase desisti da entrevista. Essa coleção volumosa — muitos milhões de palavras — me fez pensar várias vezes se eu teria sequer uma sílaba para adicionar a esses trabalhos profundos. Quem era eu, achando que poderia escrever algo que trouxesse novas percepções ao legado do Grande Emancipador da Índia? Eu só poderia aspirar a me tornar algum meteoro esquecível e sem nome na esfera de Gandhi. Então pensei em algumas palavras frequentemente atribuídas a Gandhi (embora, como outras citações de Gandhi, não haja fonte conhecida que confirme se ele disse ou escreveu isso) que, embora não exatamente encorajadoras, pelo menos me deram alguma perspectiva e uma razão para superar meu medo: "Tudo o que você fizer será insignificante, mas é muito importante que você faça."

Então, preparei meu gravador enquanto Tushar se acomodava em um assento à minha frente, em uma mesa na área de leitura da biblioteca. Escolhi entrevistar Tushar primeiro, entre muitos outros descendentes vivos de Mohandas Karamchand Gandhi, especificamente porque ele é um paradoxo gandhiano.

Radical, ingrato, controverso, inútil, oportunista. Esses são apenas alguns dos epítetos lançados a Tushar — autor, palestrante e autoproclamado "gandhiano de confronto". Ele claramente incomoda algumas pessoas. Quando propus perfilá-lo para o *New York Times*, o chefe do escritório na Índia respondeu: "Perguntei a outros bem versados na Índia sobre suas opiniões. Ele parece mais um excêntrico do que qualquer outra coisa."

Como Tushar disse quando nos conhecemos: "Quando alguém me desafia, isso me impulsiona. Essa é a história da minha vida."

É uma história com muitos altos e baixos.

De muitas maneiras, ele é tão diferente de Gandhi quanto se pode imaginar. Em outras, ele segue os passos de seu bapu (pai, como em Pai da Nação da Índia): um defensor rebelde, franco e teimoso da justiça social e defensor dos oprimidos. Basta adicionar à descrição cerca de 60kg (Tushar pesava 110kg na época; o Mahatma pesava 50kg), uma barba desalinhada, uma risada cheia, carnívoro (o Mahatma era famoso por ser vegetariano) e um apreciador de bebidas alcoólicas de vez em quando.

Parece que toda vez que ele faz uma declaração pública há conjecturas a respeito de seu propósito. Ele quer aumentar suas aspirações políticas? É tudo sobre seu ego? Ou, alternativamente, ele é tão inseguro que, falhando em realizar algo real por conta própria, precisa se inflar nas colunas dos jornais e no tempo de TV?

"Cada vez que faço algo público, as pessoas fazem conjecturas sobre meu plano", disse ele.

> Meu plano é manter a mensagem de Gandhi-ji viva hoje porque estamos nos afastando de seus ideais. Estamos nos tornando radicalizados, materialistas de forma insustentável, desagregadores. Já acontecia no tempo dele. Ele lutou contra isso. Mas essas áreas nas quais ele se concentrou estão muito mais intensas agora. Pense na era Trump e no satyagraha — insistência na verdade; o homem tem sérios problemas com a Verdade. E vejo esse ethos permeando as sociedades do Oriente e do Ocidente. Então pense na Índia e no resto do

> mundo. Pense na ascensão global do terrorismo e no princípio gandhiano de Ahimsa — não violência. E isso se estende a todos os outros princípios.

Muitos discordam das táticas de Tushar para chamar a atenção para causas que ele acredita que o Mahatma também teria apoiado... e algumas que provavelmente ele não teria endossado. Seus confrontos o colocaram em apuros inúmeras vezes e continuam até hoje. Aqui estão apenas alguns exemplos:

- Em 1995, ao ouvir alguém difamar seu bisavô em um *talk show* de baixo nível da Fox Índia, a reação pública indignada de Tushar levou o Parlamento a denunciar o programa e emitir um mandado de prisão contra Rupert Murdoch e quatro outros funcionários da Fox, acusados de difamar o Mahatma.
- Em 2001, ele quase vendeu os direitos de reprodução da imagem de Mahatma Gandhi para a CMG Worldwide, a empresa que comercializa e gerencia direitos de propriedade intelectual, mas acabou desistindo do acordo, não sem antes alienar grande parte da família.
- Seu livro de 2007, *Let's Kill Gandhi: A Chronicle of His Last Days* — intitulado de propósito, segundo ele, como uma manobra de marketing incendiária — foi amplamente criticado, mas Tushar foi rápido em me dizer que já estava na quinta reimpressão.
- Em 2015, a polícia do Punjabi tentou acusar Tushar de fazer comentários "pejorativos" contra o falecido mártir revolucionário Bhagat Singh, que defendeu a violência durante a luta pela independência da Índia.
- Poucos meses após nossa reunião, e provavelmente por muitos meses ainda, Tushar se envolveu em outra polêmica. Quando a proibição governamental da venda de vacas abatidas levou a linchamentos por parte dos chamados "vigilantes das vacas" (extremistas hindus que principalmente visavam a minoria muçulmana que come carne bovina), Tushar entrou com uma petição privada no Supremo Tribunal para intervir. Ele havia participado de duas audiências, com uma terceira marcada para o fim do mês. Mas os linchamentos continuaram, contra os quais Tushar ainda luta.

Esses são os fatos relatados, mas eu queria ir além das manchetes para entender o que motiva esse homem como um descendente que carrega o nome e o legado do Mahatma, um fardo pesado e um padrão moral quase impossível de atingir.

Tushar Arun Gandhi, nascido em 17 de janeiro de 1960, é filho do jornalista Arun Manilal Gandhi, um ativista sociopolítico indo-americano que agora vive em Rochester, Nova York, onde está localizado o Instituto M. K. Gandhi para a Não Violência, que ele fundou. Ele é neto de Manilal Mohandas Gandhi, o segundo filho de Mahatma Gandhi e Kasturba Gandhi, que passou a maior parte da vida na África do Sul servindo como editor do *Indian Opinion*, um semanário gujarati em inglês.

Tushar é um homem corpulento que quase estourava a camisa de algodão fina e sem colarinho de mangas curtas que usava naquele dia. Ele costuma ser visto com uma barba espessa e cinza, e cabelo muito comprido, indo até os ombros ou preso em um rabo de cavalo, embora hoje seu cabelo esteja curto e a barba bem aparada. Ele se move lentamente e fala ainda mais devagar, de propósito. Mede as palavras, como se alguém fosse jogá-las de volta para ele se divergirem do credo de seu bisavô, uma experiência que Tushar já espera. Mas, de vez em quando, ele fala coisas que deixam claro que não dá a mínima para o que dizem sobre ele.

Para conectar os pontos de Bapu a Tushar, pedi que ele me levasse ao lugar no museu que mais o atrai, onde ele se sente mais próximo do bisavô, onde recebe a transmissão direta e a inspiração dele. Sem hesitação, ele se levantou e eu o segui. Enquanto subíamos dois lances de escadas estreitas, passamos por uma grande sala onde parei, momentaneamente hipnotizado. Observei crianças pequenas, uma a uma, se posicionarem na frente de um grupo de outros alunos, com uma longa mesa de professores atrás de cada orador. Em suas vozes agudas e pequenas, cada criança recitava passagens dos escritos de Mahatma Gandhi que havia memorizado. Com gestos fofos das mãos e em um estilo de cantiga decorada, elas recitavam com tanta compreensão quanto se poderia esperar. Tushar explicou que essa era uma competição anual patrocinada pelo Gandhi Smarak Nidhi de Mumbai, em associação com o Mani Bhavan Gandhi Sangrahalaya, duas organizações engajadas na propagação dos ensinamentos gandhianos. Será que elas — vencedoras ou não — realmente entendiam o que repetiam como papagaio? E mais importante, do ponto de vista de um educador, o que elas entendiam permaneceria na vida adulta? Elas seriam "a mudança"? Avançariam vivendo de acordo com os ideais de Gandhi, realizando sua visão de uma sociedade utópica, mesmo na próxima geração? Até agora, eu não vi isso... ainda.

Ponderando sobre isso, chegamos ao último andar e paramos em frente a um quarto com uma parede substituída por um vidro grosso. Este era o lugar onde Mahatma Gandhi viveu por dezessete anos, aprendendo a usar a roda de fiar charkha enquanto também desenvolvia seus pensamentos que se tornariam o movimento de independência da Índia. O quarto, preservado da maneira como o Mahatma viveu, era tão assustadoramente básico quanto os que eu havia visto anteriormente: um colchão de algodão fino no chão, uma mesa de escrita baixa ao lado, sua amada charkha perto da parede, uma pequena varanda de onde ele podia olhar através das árvores para a rua residencial arborizada.

Eu já havia visto esses quartos de museu antes. Na minha própria cidade natal de West Orange, Nova Jersey, fazíamos excursões escolares aos laboratórios originais de Thomas Edison, o estadunidense do fim do século XIX que inventou as lâmpadas elétricas, fonógrafos e filmes, agora o Thomas Edison National Historic Park. Naquela época, eu pressionava meu rosto contra a janela para ver o quarto, intacto como era quando Edison estava mexendo com seus fios e aparelhos. Era inspirador imaginar o homem, um mero mortal de carne e osso, bem ali na minha cidade natal, embora setenta anos antes, quase me convencendo de que eu poderia fazer qualquer coisa que eu decidisse.

Para Tushar, o quarto em Mani Bhavan tinha um significado diferente. "Este pode ser o quarto mais icônico da Índia", disse ele. "Em 1959, o líder dos direitos civis dos EUA, Martin Luther King Jr., foi um convidado do governo indiano, e o primeiro lugar que ele quis visitar foi bem aqui. Quero dizer, ele veio direto do aeroporto. Na época, o quarto tinha paredes de todos os lados. Então, como ele entrou sozinho, ninguém sabia exatamente o que fez, mas ele disse que meditou."

King ficou lá sozinho por horas, talvez meditando sobre como utilizaria a sabedoria que adquiriu com Gandhi para liderar milhares de manifestantes não violentos dos direitos civis em uma marcha de cinco dias de Selma para Montgomery, Alabama, fazendo campanha pelos direitos dos eleitores afro-americanos.

Tushar continuou:

> Finalmente, o diretor veio e disse que ele precisava sair porque estavam fechando. Mas o dr. King perguntou se poderia ficar ali mesmo, naquele quarto: "Eu quero viver na casa de Gandhi. Vocês podem tomar algumas providências para eu ficar aqui?" Claro que isso causou pânico em todos. Como um distinto convidado do estado, haviam sido feitos arranjos para ele ficar na melhor suíte do hotel Taj Mahal Palace, nas proximidades. Com sua insistência, no entanto, colocaram uma cama e algumas outras coisas em um quarto em frente a este. Quando ele saiu após três dias, King escreveu no livro de visitas: "Fiquei aqui e estive em comunhão com Gandhi. Sinto sua energia emanando daqui. Estou carregado para voltar e lutar pelos direitos do meu povo."

Houve outro famoso visitante estadunidense cinco décadas depois, continuou Tushar, para quem este quarto teve um significado muito especial. Em 2010, o então presidente dos Estados Unidos, Barack Obama, visitou, junto com sua esposa Michelle, a casa do homem que Obama credita como sua inspiração — não o dr. King, como se poderia suspeitar, mas o pequeno homem de óculos da Índia. Obama mantinha um retrato de Gandhi atrás da sua mesa quando era um jovem senador de Illinois. "Eu talvez não estivesse diante de vocês hoje como presidente dos Estados Unidos se não fosse por Gandhi e pela mensagem que ele compartilhou com a América e o mundo", disse ele a um grupo. E, quando perguntado com quem mais gostaria de jantar, Obama escolheu Mahatma Gandhi. A inscrição de Obama no livro de visitas de Mani Bhavan dizia: "Estou cheio de esperança e inspiração ao ter o privilégio de ver este testemunho da vida de Gandhi. Ele é um herói não apenas para a Índia, mas para o mundo."

Agora, estando lá com Tushar, comecei a bombardeá-lo com perguntas: "Qual é a sua memória mais antiga de vir aqui?"

"Devo ter vindo muito jovem. Meus pais traziam qualquer hóspede de outras partes da Índia ou visitantes estrangeiros aqui e eu vinha junto."

"Quais são seus sentimentos quando vem aqui?"

"Na verdade, embora eu honre este como um espaço histórico, não é aqui que eu me comunico melhor com meu bisavô, provavelmente porque nunca pude entrar no cômodo. Onde minhas emoções ficam à flor da pele, no entanto, é na Casa Birla em Deli, onde ele viveu os últimos 144 dias de sua vida e foi assassinado. A raiva latente e o desejo de retaliar violentamente se manifestam de maneira feia. Sinto-me mais próximo dele lá. Na minha cabeça, posso ouvi-lo dizendo para mim: 'Tushar, resista à violência. Lembre-se de que isso faz parte da nossa mensagem e do nosso legado.' Ainda assim, ironicamente, essa raiva me aproxima de um diálogo vivo com ele. Felizmente, ele sempre vence. Ele é como o anjo sentado no meu ombro, enquanto o diabo em mim no outro ombro tenta lutar e sempre perde."

Passei meus últimos dias na Índia em Mumbai para ver o chef Rahul de novo e fazer mais algumas pesquisas sobre Gandhi.

Era 3 de fevereiro de 2020. Em um momento, enquanto dirigíamos pela cidade, Rahul e sua esposa Malini estavam sentados na frente do SUV, e eu no banco de trás. Ambos são brilhantes em ciências: ela é bacharel em microbiologia pelo Imperial College em Londres e ele mestre em engenharia bioquímica pela Universidade Columbia, em Nova York. Eles discutiam sobre os primeiros relatos de um certo vírus que vinha da China para a Índia e o resto da Ásia, e depois seguiria para o oeste. Tudo isso passou sem que eu me atentasse; parecia conversa de nerds de ciência obcecados por uma cepa rara de algum microrganismo irrelevante. Ouvi a palavra "novo" e pensei que significava que era algo recente e que logo deixaria de ser novo, e, portanto, sem importância. Não prestei atenção nem me importei muito. Eu tinha "coisas maiores" na cabeça, como garantir que eu chegasse ao aeroporto em uma hora ridícula na manhã seguinte.

Despreocupado, segui para a África do Sul, com uma parada noturna em Istambul, onde encontrei Elizabet Kurumlu, uma guia turística turca que já havia me levado por Istambul em uma viagem anterior. Elizabet também é produtora de documentários. Quando ela viu alguns dos vídeos que eu havia gravado na Índia para possivelmente usar em um ensaio em vídeo sobre minha jornada, ela se ofereceu (ou será que fui eu quem a persuadiu?) para me acompanhar na etapa sul-africana e documentar minhas entrevistas e viagens em formato de vídeo. Quando nos encontramos naquele dia, 4 de fevereiro, fomos pegar um táxi, mas, quando ela viu quatro ou cinco pessoas da China saindo do carro, ela me afastou. Ela estava acompanhando as notícias sobre o mesmo vírus que Rahul e Malini haviam falado; Elizabet tinha lido que a origem do novo vírus era Wuhan, a capital da província de Hubei, na República Popular da China, a cidade mais populosa da China Central, com 11 milhões de habitantes. Liz estava sendo extremamente cautelosa apenas, mais do que eu teria sido. Mal sabia eu — ou o mundo. Mas depois que saí da África do Sul e voltei para São Francisco, em 11 de março de 2020, após mais de 118 mil casos em 114 países e 4.291 mortes, a Organização Mundial da Saúde declarou que o vírus chamado SARS-CoV-2 (comumente conhecido como Covid-19) era uma pandemia. Esse era o "novo coronavírus" sobre o qual eu tinha ouvido falar cinco semanas antes. O mundo entrou em "lockdown" e as máscaras se tornaram obrigatórias ou pelo menos altamente recomendadas. Negócios faliram. Todos conheciam alguém que morreu do vírus letal. No entanto, isso dividiu as pessoas — aquelas que negavam que era sério e não usavam máscaras daquelas que levavam a situação a sério e tomavam precauções extremas.

As pessoas queriam saber o que fazer, mas, quando ouviram as más notícias de especialistas, como o imunologista estadunidense Anthony Fauci, diretor do Instituto Nacional de Alergia e Doenças Infecciosas e conselheiro médico chefe do então presidente Donald Trump, muitas ainda estavam confusas e resistiram aos protocolos que poderiam salvar vidas. No fim, se é que existe um fim para tais doenças, cerca de 6,63 milhões de pessoas morreram de Covid até novembro de 2022.

Como eu estava escrevendo sobre Gandhi, era lógico ver se ele tinha algum conselho sábio, mesmo que hipotético ou teórico. Eu havia ouvido ou lido que ele quase sucumbiu à pandemia de gripe de 1918, comumente conhecida como gripe espanhola, que matou 50 milhões de pessoas no mundo. Na Índia, onde foi apelidada de Gripe de Mumbai ou Febre de Mumbai, até 18 milhões morreram, mais do que em qualquer outro país (não é de se admirar que Rahul e Malini estivessem preocupados). Muitos especialistas que analisavam a pandemia de Covid observaram como o mundo lidou com aquela gripe do início do século XX. Eu me perguntava como Gandhi conseguiu sobreviver, imaginando que sua abordagem seria um guia de como eu poderia enfrentar a situação.

Mas o que quer que eu tenha lido ou ouvido estava incorreto, segundo um de seus netos, Gopalkrishna Gandhi, e outros. O mais jovem Gandhi era um diplomata que ocupou o cargo como o 23º governador de Bengala Ocidental. Ele também é o diretor fundador do Centro Nehru da Alta Comissão da Índia em Londres. Escrevendo em abril de 2020 para o *Telegraph*, o jornal diário inglês indiano, Gopalkrishna corrigiu o registro: "[Gandhi-ji] estava, é verdade, doente, gravemente doente, a um batimento cardíaco de distância da morte, quando a pandemia varria o mundo. Mas ele não estava com aquela gripe mortal... mas com uma infecção abdominal feroz", que acabou sendo disenteria.

Gopalkrishna fez suas próprias "suposições" sobre como seu avô teria respondido à Covid: "Gandhi estava em seu melhor estado ao lidar com doenças e epidemias, encontrando algumas 'soluções' peculiares, mas muito específicas, práticas e exigentes, nas quais a imposição de regimes de higiene era central. Embora motivado por seu próprio senso agudo do funcionamento do corpo físico, ele era muito consultivo — buscando e considerando o conselho de praticantes médicos, tanto 'ocidentais' quanto 'tradicionais', mas mantendo-se bem longe de panaceias supersticiosas, ritualísticas ou irracionais."

Repetindo que ele estava apenas especulando, continuou com os seguintes pontos:

1. Reconhecendo a autoridade legítima e a consciência inerente dos governos, nós, os governados, devemos tratar o conselho de especialistas e autoridades, especialmente sobre higiene e desinfecção, com respeito e observar isso rigorosamente.
2. Da mesma forma e simultaneamente, reconhecendo a experiência integrada e o bom senso inerente de nós, os governados, o governo deve manter uma linha de ajuda aberta — não de nós, mas para nós — para buscar conselhos públicos sobre as medidas, especialmente em relação às restrições. Essas medidas devem considerar quem e como as restrições prejudicam as pessoas que elas pretendem ajudar. As regras são mais bem observadas quando têm aberturas para exceções genuínas, como para os sem espaço, sem emprego, sem família, os idosos, as pessoas com deficiência. Se Chelmsford pôde atender ao satyagraha de Kheda em meio à Primeira Guerra Mundial, isso não é pedir muito das nossas administrações.
3. Devemos substituir ícones comerciais, políticos e sectários completamente inúteis pelos verdadeiros heróis e heroínas dessa crise humana — médicos e trabalhadores da saúde, como enfermeiros e técnicos de laboratório, que são a corajosa e ameaçada Brigada de Incêndio para esta conflagração. E aqueles provedores de serviços essenciais que estão trabalhando com zelo incansável e perigoso.

Essas diretrizes parecem senso comum que qualquer pessoa seguiria logicamente. Não digo mais nada sobre isso, exceto que, embora tenha estado em situações precárias em espaços pequenos com muitas pessoas na Índia, na África do Sul e na Inglaterra, nunca contraí Covid.

Gandhi caminhava. Ele caminhava muito.

De acordo com muitos relatos, Mahatma Gandhi caminhava em média cerca de 18km todos os dias durante quase quarenta anos.

Uma pessoa típica pode percorrer aproximadamente um quilômetro em uma caminhada rápida de vinte minutos. Gandhi não era uma pessoa típica... pelo menos não em estatura física. Ele tinha 1,65m de altura, então seus passos seriam mais curtos que os meus, com 1,78m. Mas ele compensava o tempo caminhando mais rápido que o *Homo sapiens* típico. Ele caminhava em um ritmo de marcha atlética em todos os antigos clipes em tons de sépia que assisti da Coleção de Filmagens de Mahatma Gandhi, que abriga 152 vídeos de 1922 a 1948.

Se você é do tipo que monitora seus passos com um pedômetro, ele teria caminhado 22 mil passos por dia. Para Gandhi-ji, isso significa que ele passava cerca de três horas caminhando. Quem hoje tem tempo para isso? Gandhi faria você arranjar tempo. Ele uma vez criticou o venerável Gopal Krishna Gokhale, um líder sênior do Congresso Nacional indiano, que era como um mentor para ele, por não caminhar: "Você nem mesmo sai para caminhadas", ele fez Mahadev Desai, seu secretário pessoal, escrever em uma carta de 1930 que foi posteriormente publicada em *O Diário de Mahadev Desai*. "É surpreendente que você esteja sempre doente? O trabalho público não deixa tempo para exercícios físicos?", ele perguntou. Desnecessário dizer que a resposta de Gokhale, de que ele não tinha tempo, não convenceu Gandhi. Isso porque, não importava onde ele estivesse ou quão ocupado fosse, Gandhi nunca pulava suas caminhadas.

Ele percebeu a importância de caminhar desde cedo em sua vida. Enquanto estudava direito na Inglaterra, de 1888 a 1891, inicialmente ficou como inquilino de uma família inglesa. No entanto, encontrando-se com pouco dinheiro, decidiu cortar suas despesas pela metade. Ele alugou quartos independentes, escolhidos para que pudesse caminhar até seu local de trabalho em meia hora. Dessa forma, economizava nas tarifas de transporte público e conseguia caminhar de 12 a 16km por dia. Em *Minha Vida e Minhas Experiências com a Verdade*, ele escreveu: "Foi principalmente esse hábito de longas caminhadas que me manteve praticamente livre de doenças durante toda a minha estada na Inglaterra e me deu um corpo forte."

Quando voltou a Bombaim depois de sua temporada em Londres, ele morou em Girgaum, mas quase nunca pegou uma carruagem ou um bonde. Ele caminhava até o Tribunal Superior, o que levava 45 minutos, e voltava a pé também. Isso economizava dinheiro, já que ele não tinha muito trabalho. Na Inglaterra, ele gostava de caminhar no clima fresco e frio; em Bombaim, acostumou-se ao calor. Mesmo quando começou a ganhar dinheiro, manteve o hábito de caminhar.

Na África do Sul, ele fazia caminhadas regulares com seu amigo Hermann Kallenbach. Durante o satyagraha lá, liderou trabalhadores em greve em uma caminhada de 56km para escapar dos donos brancos de minas e plantações.

Mesmo quando estava se recuperando de uma cirurgia de apendicite em 1924, em Mumbai, ele caminhava por quarenta minutos na praia de Juhu todos os dias. Em Londres, em 1931, para a Conferência da Mesa Redonda, ele continuou a acordar às 4h, rezar por uma hora e depois caminhar pelas ruas desertas da cidade.

Claro, como detalhado anteriormente, a caminhada pela qual Gandhi é mais conhecido é a grande Marcha do Sal, realizada quando o Mahatma tinha mais de 60 anos. Ele caminhou um total de 386km durante 24 dias, do Ashram de Sabarmati até a Praia de Dandi, na costa, para infringir a lei do sal. Foi a caminhada que abalou os alicerces do império britânico na Índia.

Alguns seguidores fervorosos de Gandhi atribuem grande significado às suas caminhadas: "Caminhar quilômetros todos os dias era uma parte integral do seu ethos, e seu andar gracioso fazia parte de seu carisma", escreveu Madhav Nayar, um escritor que ensina história em uma escola curricular de Cambridge chamada Beyond 8, no *The Hindu*. "Caminhar refletia algumas crenças e filosofias gandhianas profundamente enraizadas. Em um nível, era uma tentativa de perturbar, se não desconstruir, os ritmos mecânicos do tempo industrial e se reconectar com o tempo natural. Representava o movimento para frente, o progresso e a marcha contínua do satyagrahi."

Eu costumava odiar caminhadas como um exercício físico. Ainda mais, odiava fazer trilhas, andando no calor e sendo seguido por mosquitos famintos. Em um acampamento de verão quando eu tinha cerca de 10 anos, tivemos que caminhar com mochilas. Eu quase me revoltei e fugi.

Então, minha epifania sobre caminhadas me atingiu na casa dos 40, enquanto trabalhava como escritor sênior para a Rodale Press, famosa por suas revistas de saúde e fitness, e respectivos livros. Lá, eu tinha que mergulhar fundo na extensa biblioteca da empresa de fatos e estudos baseados em ciência para corroborar qualquer afirmação feita pelos médicos que entrevistávamos. Para um capítulo de livro que fui designado a escrever, encontrei vários estudos mostrando que mesmo vinte minutos de caminhada rápida (não passeando) fazem bem ao corpo/mente. Achei isso bastante útil, porque na época eu tinha muito pouco tempo ou interesse em fazer um treino completo. Caminhar era ótimo porque tudo o que eu precisava era de um bom par de tênis, uma calçada ou trilha na floresta e o desejo de fazê-lo. Superar a falta de desejo seria a parte difícil.

Então, comecei a fazer caminhadas à tarde durante as pausas no trabalho. Até então, eu não sabia que a Rodale, localizada no bucólico leste da Pensilvânia, tinha uma série de trilhas em todo o terreno da empresa, projetadas justamente para esse propósito. Renascido como um caminhante iniciante, eu não precisava da ciência para comprovar os benefícios: isso clareava minha mente e me revigorava — literalmente aumentava minha frequência cardíaca. Sentia que estava fazendo algo por mim mesmo que não exigisse um simulador de escada, uma esteira, pesos, raquetes, bolas ou qualquer outro equipamento esportivo. Além disso, se escolhesse bem, as vistas, os cheiros e os sons estimulavam minha dopamina, o hormônio da felicidade.

Inspirado pelo meu próprio compromisso de adotar alguns dos rituais de Gandhi e meu desejo de encontrar um exercício que pudesse levar comigo ao redor do mundo, comecei a caminhar regularmente. No início, fiquei obcecado em manter meticulosamente um diário de quantos quilômetros e passos eu dava todos os dias. Aumentei minha resistência e estamina. Em poucos meses, eu estava alcançando 10 mil passos, que havia lido ser o ponto ideal para a saúde, equivalente a 8km, ainda assim apenas metade do regime diário de Gandhi. Cientistas da Universidade de Sydney e da Universidade do Sul da Dinamarca descobriram que caminhar 10 mil passos por dia reduz o risco de demência em cerca de 50%, o risco de câncer em cerca de 30% e o risco de doenças cardiovasculares em cerca de 75%.

Desisti da ideia de que estava competindo com O Homem. Não era uma corrida. Não havia medalhas nem pódios. Era apenas eu comigo mesmo, minha mente e meu corpo. Logo, comecei a ansiar por minhas caminhadas, espiando meu pedômetro apenas de vez em quando. Depois, elas se tornaram essenciais para minha vida diária. Agora, elas são minha sadhana, o termo sânscrito usado para prática espiritual diária, uma rendição disciplinada do ego, praticada com consciência e a intenção de crescimento espiritual, praticada sozinha e para o bem do indivíduo. Eu caminho e penso, respiro profundamente, absorvo tudo o que a natureza e a humanidade têm a oferecer quando estou no momento.

Aprendi a "caminhada consciente" em retiros que fiz na tradição da meditação mindfulness — pisar com cuidado, em silêncio e em câmera lenta, mantendo a consciência dos pés tocando o chão, do calcanhar até os dedos. Uma das minhas caminhadas conscientes mais memoráveis foi sob a tutela do falecido Thich Nhat Hanh, em seu centro de retiro, Plum Village, no sul da França. Quão feliz era caminhar pelos terrenos vagando com outros ao redor de lagoas de lótus e árvores frutíferas. "A meditação caminhando é, antes de tudo, uma prática para unir corpo e mente em paz", ele instruiu mais tarde em sua palestra.

Levo esse sentimento comigo ao caminhar pelas sombrias ruas da minha cidade, ou de qualquer outra; e, apesar das sirenes dos caminhões de bombeiros e carros de polícia, descubro que "a paz está em cada passo", como sugere o título de um de seus livros.

Capítulo 3

Verdade

A Resposta para Todas as Perguntas

Muitas pessoas, especialmente as ignorantes, querem punir você por falar a verdade, por estar correto, por ser você mesmo. Nunca se desculpe por estar correto ou por estar anos à frente do seu tempo. Se você está certo e sabe disso, diga o que pensa. Diga o que pensa. Mesmo que você seja minoria, a verdade ainda é a verdade.

Mahatma Gandhi

De verdade — a melhor maneira de começar — eu tive muita dificuldade para começar a escrever este livro porque sabia que precisava abordar a Verdade muito cedo, dado que Gandhi a colocou em primeiro lugar entre os princípios que prescreveu para si e os outros. Mas verdade… e Verdade… são questões elusivas e voláteis, dependentes de circunstância, definição e tempo. Escrever sobre a verdade, que muda de momento a momento, desta frase para a próxima, é uma ladeira escorregadia porque a última frase que acabei de escrever tem que resistir ao teste do tempo até você lê-la, e espero que além disso. Mas, como a verdade muda com o tempo, posso ter acabado de mentir.

Para reforçar minha confiança e iniciar todo este experimento, recorro ao conselho de um dos meus primeiros gurus da escrita, o autor estadunidense do século XX, Ernest Hemingway. Em suas memórias de 1964, *Paris É uma Festa*, ele escreveu: "Eu ficava de pé olhando os telhados de Paris e pensava: 'Não se preocupe. Você sempre escreveu antes e escreverá agora. Tudo o que tem que fazer é escrever uma frase verdadeira. Escreva a frase mais verdadeira que você conhece.'"

Então esta é a minha: Eu minto. Você mente.

Mentimos para proteger os sentimentos dos outros; para autoproteção, para evitar punição; para machucar os outros. E mentimos para nós mesmos — o que chamamos de autoengano. Isso pode ser o mais prejudicial, e não apenas para nós mesmos.

Não dizer a verdade, toda a verdade, e nada além da verdade é algo comum entre os seres humanos. Também é comum que haja algo imoral sobre mentir. Por que outra razão isso apareceria nos Dez Mandamentos, a bússola moral e ética judaico-cristã? O Alcorão, o texto religioso central do Islã, em muitos versículos também menciona a veracidade como mais do que falar com honestidade; para os muçulmanos, a veracidade é a conformidade do exterior com o interior e é a pedra angular do caráter de uma pessoa. Para os budistas que seguem o Nobre Caminho Óctuplo, a fala correta e o pensamento correto cobrem a verdade muito bem.

Alguns de nós falam a verdade e buscam a Verdade. Outros nem tanto.

Gandhi esperava que valorizássemos ambos — mas ele não quis dizer verdade necessariamente no sentido literal de dizer a verdade, em oposição a mentir descaradamente. Ele construiu sua filosofia moral em torno do conceito de Verdade. A mudança na sua declaração original de que "Deus é a Verdade" para "A Verdade é Deus" deveria ser suficiente para demonstrar como isso se tornou cada vez mais importante para ele. Ele usou o termo hindi *satya*, derivado do sânscrito *sat*, que se traduz de várias maneiras, como verdade absoluta, a verdadeira essência, realidade, imutável, aquilo que não tem distorção e aquilo que está além das distinções de tempo, espaço, pessoa, e permeia o universo em toda sua constância. *Sat* é um prefixo comum na literatura indiana antiga e frequentemente implica bom, verdadeiro, virtuoso, ser, existir, durar, essencial. Nos Vedas e nos sutras posteriores, o significado da palavra *satya* evolui para um conceito ético sobre a veracidade e é considerado uma virtude importante. Em termos de gramática, que muitas vezes revela mais do que qualquer outra coisa, *sat* é o particípio presente da raiz "ser". Ser ou não ser em verdade, essa não é a questão porque todos nós somos, isto é, todos nós existimos. Por essas definições e parâmetros, independentemente de dizermos a verdade ou acreditarmos em uma Verdade superior, *somos* a Verdade simplesmente por estarmos vivos.

Gandhi vivia a verdade por meio de suas ações, pensamentos e palavras, escritas e faladas. Em seus relacionamentos com as pessoas, em sua relação com o meio ambiente, com os animais de estimação, com sua prática espiritual, com tudo o que tocava sua vida. Seguir a verdade em todas essas ações e interações inevitável e irrevogavelmente o fez levar uma vida moral. Em seu artigo "Entendendo a Ideia de Verdade de Gandhi", o professor de filosofia R. C. Pradhan escreveu na revista *Social Scientist*, de Nova Deli: "A verdade é um elo moral entre uma ação e outra, na medida em que lhes confere as virtudes da honestidade, da sinceridade de propósito e do enraizamento nos princípios morais básicos. Uma ação é baseada na verdade desde que decorra dos princípios morais e seja realizada no espírito da verdade, ou seja, a adesão à verdade (satyagraha). Todas as ações baseadas na verdade constituem, segundo Gandhi, a vida moral, que é integrada na vida espiritual do homem."

O próprio Gandhi escreveu em sua autobiografia: "A verdade é por natureza autoevidente. Assim que você remove as teias de aranha da ignorância que a cercam, ela brilha, iluminada."

No entanto, ele também escreveu que estava longe da Verdade: "Sou apenas um buscador da Verdade. Afirmo ter encontrado um caminho para ela. Afirmo estar fazendo um esforço incessante para encontrá-la. Mas admito que ainda não a encontrei. Encontrar a Verdade completamente é realizar a si mesmo e seu destino, ou seja, tornar-se perfeito."

Ele escorregou e contou uma mentira, pelo menos uma vez, segundo um relato na coletânea do site do Bombay Sarvodaya Mandal/Gandhi Book Centre, uma instituição de caridade gandhiana. Quando jovem, ele roubou dinheiro de um dos seus irmãos e deu a outro irmão para ajudá-lo a pagar uma dívida. Sentindo-se culpado, Mohandas escreveu uma carta ao pai, confessando o roubo. Quando o pai chorou em vez de puni-lo, "o coração de Mohandas se afundou em vergonha e remorso. As lágrimas do pai o afetaram profundamente, e ele fez um voto silencioso de nunca mais cometer um ato injusto. Esse incidente marcou um ponto de virada em sua vida e ele se esforçou desde então para ser sempre bom e verdadeiro".

Antes de tentar seguir as diretrizes morais de Gandhi, começando com este mais importante dos seus pilares, eu precisei destrinchar as muitas variedades, variações e variáveis de ser verdadeiro e ser Verdade, então decidir quais seguir... ou não. Existem muitas: Verdade Absoluta, Verdade Suprema, verdade relativa, verdade contingente, e verdades objetivas, normativas, subjetivas e complexas. Sábios desde os tempos antigos, possivelmente desde o início dos tempos, tentaram defini-las, mas, onde quer que desembarquem nesse esforço volátil, concordam que verdade é o pilar central de qualquer sistema de crença, de qualquer organização social com consciência moral — em outras palavras, do que muitas pessoas chamam de religião.

Gandhi não achava que nós, mortais, tivéssemos qualquer chance de alcançar a Verdade Absoluta. Em um discurso de 1927 intitulado "Verdade e Não Violência", ele escreveu: "Só Deus conhece a verdade absoluta... O homem, um ser finito, não pode conhecer a verdade absoluta. A verdade relativa é tudo o que sabemos; só podemos seguir a verdade como a vemos. Tal busca pela verdade não pode desviar ninguém."

Ele foi bastante compreensivo conosco, seres humanos falhos, em nossa difícil jornada tentando permanecer no caminho da verdade. Como escreveu em sua autobiografia:

> Acredito que se, apesar das melhores intenções, alguém acabar cometendo erros, eles realmente não resultam em dano ao mundo ou, de fato, a qualquer indivíduo. Deus sempre salva o mundo das consequências dos erros não intencionais ou dos homens que vivem com temor a Ele... Aqueles que são propensos a ser enganados pelo meu exemplo teriam

> seguido por esse caminho de qualquer maneira, mesmo que não tivessem conhecimento da minha ação. Pois, em última análise, um homem é guiado em sua conduta por seus próprios impulsos internos, embora o exemplo dos outros às vezes pareça guiá-lo... É minha firme convicção de que nenhum dos meus erros conhecidos foi intencional. De fato, o que pode parecer um erro óbvio para um, pode parecer pura sabedoria para outro. Ele não pode evitar, mesmo que esteja sob alucinação. Ainda assim, deve ser com homens como eu que, talvez, estejam trabalhando sob grande alucinação. Certamente Deus os perdoará e o mundo deve suportá-los. A verdade se afirmará no final. A verdade nunca prejudica uma causa justa. A vida é uma aspiração. Sua missão é buscar a perfeição, que é a autorrealização. O ideal não deve ser rebaixado por causa de nossas fraquezas ou imperfeições. Estou dolorosamente consciente de ambas em mim. O grito silencioso diário vai para a Verdade para me ajudar a remover essas minhas fraquezas e imperfeições.

Tudo isso me deixou muito aliviado. Eu sou, de fato, dolorosamente imperfeito. Se alguém na sala quebrar algo, derramar algo, queimar algo, tropeçar em algo, disser algo que soa "inadequado" ou fizer algo socialmente desajeitado por acidente, esse alguém serei eu. As pessoas mais próximas e queridas sabem e me aceitam, apesar de tudo. "Perry é excêntrico", dizem por educação. Desajeitado, eu diria. Um acidente prestes a acontecer, eu diria. Então, as chances de eu alcançar o estado iluminado da Verdade Absoluta eram bem pequenas. Mas decidi, apesar de tudo, que tentaria.

Além disso, Gandhi fez a busca pela Verdade Suprema e Absoluta parecer simples, mas difícil, tão simples e tão difícil quanto tentar recolher uma poça de mercúrio do chão. Em seu livro *Satyagraha in South Africa*, ele escreveu: "Os instrumentos para a busca da Verdade são tão simples quanto difíceis. Podem parecer impossíveis para uma pessoa arrogante, e possíveis para uma criança inocente. O buscador da Verdade deve ser mais humilde que o pó. O mundo esmaga o pó sob seus pés, mas o buscador da Verdade deve se humilhar tanto que até o pó poderia esmagá-lo. Só então, e não antes disso, ele terá um vislumbre da Verdade."

"O próprio conceito de verdade objetiva está desaparecendo do mundo. Mentiras entrarão para a história", disse George Orwell em *1984*.

Para ser breve, as seguintes definições funcionais rodopiavam pela minha cabeça, tendo em mente que falar e pensar a verdade é o primeiro passo para estar na Verdade:

Verdade relativa. Verdade em referência a algo. Exemplo: a casa está do lado esquerdo da rua, dependendo de onde você está em relação à casa e à rua.

Verdade contingente. Verdade que depende de outra coisa. A casa pode estar do lado esquerdo da rua, dependendo de qual lado você está. Pode ser verdade que seja uma casa; pode não ser. Qualquer frase que inclua "pode" ou "se" provavelmente é uma verdade contingente.

Verdade objetiva. De acordo com a *Stanford Encyclopedia of Philosophy*, a verdade científica é objetiva, confirmada por provas que, por ideal, são universalmente aceitas. Uma declaração objetiva é factual; ela tem uma correspondência definida com a realidade, independentemente dos sentimentos ou dos preconceitos de qualquer pessoa. É "baseada em evidências", ou seja, rigorosamente avaliada em avaliações experimentais, ensaios clínicos randomizados e similares, e de preferência publicada em revistas especializadas.

Verdade subjetiva. A verdade subjetiva depende da opinião e da perspectiva. Frases que incluem as expressões características "eu acho" ou "eu sinto" provavelmente são subjetivas. Bons exemplos de verdade subjetiva estão disponíveis todas as noites nos *talk shows* na TV, em todos os lados do espectro político, mais bem representados pela Fox News à direita e pela CNN à esquerda.

Verdade Suprema e Verdade Absoluta. Essas duas não são simples de explicar ou distinguir. Pode até ser verdade, dependendo da tradição que você segue, que elas sejam intercambiáveis. Mas, considerando que Gandhi disse que pelo menos uma delas é inatingível, não me sinto tão mal por não conseguir diferenciá-las. De outra forma, se a verdade relativa é como geralmente vemos o mundo, um lugar cheio de coisas e seres diversos e distintos, então chegamos à Verdade Suprema quando vemos que não existem coisas ou seres distintos. Dizer que não existem coisas ou seres distintos não é dizer que nada existe; é dizer que não há distinções. O Absoluto é a unidade de todas as coisas e seres, não manifestada.

Em outra visão de mundo, todo conhecimento é composto por duas verdades. No século VI a.C., segundo um sutra budista, Siddhartha Gautama tornou-se o "iluminado" uma vez que compreendeu o significado das duas verdades — verdade convencional (relativa) e Verdade Suprema (Absoluta). O conhecimento da verdade convencional nos informa como as coisas são convencionalmente, fundamentando nossa prática epistêmica em seu adequado arcabouço linguístico e conceitual. O conhecimento da Verdade Suprema nos informa como as coisas realmente são, levando nossas mentes para além dos limites das convenções conceituais e linguísticas.

Tive um lampejo de entendimento assistindo, entre tantas coisas, ao filme de George Lucas, *Star Wars: Episódio III – A Vingança dos Sith*. Anakin Skywalker está tendo um colapso do lado sombrio em um confronto final com seu mentor, Obi-Wan Kenobi.

Anakin: — Se você não está comigo, então é meu inimigo.

Obi-Wan: — Somente um Sith lida com absolutos.

Em outras palavras, os Siths veem a vida como uma situação de tudo ou nada, preto ou branco, sem meios-termos.

Esclarecendo para aqueles que não estão familiarizados com *Star Wars* (não consigo imaginar quem), os Siths são os arqui-inimigos dos Jedi, o modelo de vilão *versus* herói. Os Jedi se consideram guardiões da paz. Agem com base em um código de abnegação, dedicando suas vidas intencionalmente à proteção da liberdade dos outros. Sua filosofia não deixa espaço para o ego. Sua *identidade* como Jedi é bem menos importante que sua *responsabilidade* como Jedi. Muito parecido com a maneira como Mahatma Gandhi via e vivia sua vida, e o que ele recomendava para todos. Por outro lado, para os Siths, suas emoções são a fonte direta de seu poder, que usam para ganho pessoal. Medo, raiva e paixão os guiam para manipular o mundo na forma como desejam. Eles acreditam que seu poder é o único que importa, e farão qualquer coisa, até mesmo dobrar a Força à *sua* vontade, para tomar esse poder para si. A antítese do modo de vida gandhiano.

O que isso tudo tem a ver com Gandhi e a verdade? A resposta está na Força mencionada anteriormente. Sua descrição me lembra do que acredito que Gandhi quis dizer quando afirmou "A Verdade é Deus." Basta substituir Força por Verdade ou Deus na seguinte explicação de um blogueiro de *Star Wars*: "A Força é uma energia que existe em todas as coisas. Ela *é* todas as coisas. Tudo o que vive no universo veio da Força, e tudo o que vive retornará a ela. Embora a Força contenha todas as coisas, ela é mais do que apenas um constructo cósmico; ela tem vontade própria. Ela deseja, quase puramente, o equilíbrio."

Parece Deus/Verdade para mim. Também soa como budismo: "Nada existe completamente sozinho; tudo está em relação com tudo o mais", disse Buda a seus discípulos. Não é surpreendente, já que o cineasta e criador da franquia *Star Wars*, George Lucas, é conhecido por ter se interessado pelo pensamento oriental e ter sido influenciado por ele ao escrever o roteiro, como mencionado em um artigo intitulado "Budismo Espacial: A Adoção de Motivos Budistas em Star Wars", publicado na *Contemporary Buddhism*. Esse artigo não foi escrito por um fã blogueiro, mas por Christian

Feichtinger, diretor executivo da Federação Astronáutica Internacional e assessor sênior de exploração na Agência Espacial Europeia.

Em resumo, acho que Gandhi teria avaliado *Star Wars* positivamente. Ele talvez até tivesse sido escalado como Yoda na adaptação de Bollywood.

Vejamos isso da perspectiva de outro filme norte-americano.

Sou um grande fã do filme cult de 1999, *Heróis Fora de Órbita*, uma paródia e homenagem aos filmes e às séries de ficção científica, em especial a série de TV *Jornada nas Estrelas*. Nunca imaginei (e, muito provavelmente, você também não) que esse filme apareceria em um livro que examina os princípios de Gandhi. No entanto, aqui está ele, e por um bom motivo...

Uma noite, assistindo ao filme pelo que devia ser a 23ª vez, me veio à mente como uma chuva de meteoros do espaço sideral: este é um filme sobre a Verdade. Nele, o elenco de uma série de televisão chamada *Galaxy Quest*, há muito cancelada, mas outrora bem popular, com um culto de seguidores, é levado para o espaço por alienígenas amigáveis que tinham uma cópia da série. Achando que a série, que eles chamam de "documentos históricos", é real, eles construíram uma nave espacial inteiramente baseada na que aparece no cenário. Mais significativamente, eles adotaram os valores, as virtudes, os credos e o slogan sempre repetido do programa.

Esses alienígenas são uma espécie pacífica do planeta Thermia, investidos na busca pelo conhecimento, avessos à violência, embora capazes de se defenderem se necessário. Eles também acreditam que os atores são verdadeiros heróis espaciais. Os thermianos são completamente desconhecedores do conceito de mentira.

A oficial de computação (interpretada por Sigourney Weaver) fica incrédula: "Ninguém no seu planeta se comporta de maneira contrária à realidade?", ela pergunta.

O comandante humano (interpretado por Tim Allen) tenta explicar aos alienígenas da forma mais simples possível: "Nós fingimos... Nós mentimos. No nosso planeta, fingimos para entreter."

Sim, é ficção científica... e uma paródia disso. Teria que ser — quem poderia imaginar uma sociedade onde a mentira não existe?

E se vivêssemos em um planeta onde todo o conceito de mentira fosse alienígena à nossa espécie? Será que teríamos precisado de um homem chamado Mohandas Gandhi para nos lembrar de seguir "o caminho da verdade"?

E se não precisássemos esconder nada — nossos motivos, nossos fracassos e falhas, nossas fraquezas, nossas próprias tendências de manipular ações ou declarações baseadas em evidências e observáveis para nossa vantagem maquiavélica? E se realmente acreditássemos uns nos outros — e pudéssemos acreditar uns nos outros? Em nós mesmos? Em um ser superior, seja qual for o nome que você dê a ele/ela? Que liberdade! Mas que fardo! Ser fiel aos seus valores o tempo todo, não apenas repetir frases de cartões de felicitações sobre moral, mas agir conforme elas, acreditar nelas, falar sobre elas — isso seria uma conquista sem precedentes na existência humana.

Quem sugeriria que poderíamos viver de forma tão justa na organização de qualquer sociedade? Bem, de fato, outros já ofereceram à sociedade uma proposta que pede aos humanos que façam exatamente isso. Os budistas chamam isso de Nobre Caminho Óctuplo das coisas "certas" a fazer em quase todas as situações: visão correta, pensamento correto, fala correta, ação correta, modo de vida correto, esforço correto, atenção correta e contemplação correta. Siddhartha Gautama, o Buda (tradução literal: "o iluminado"), sugeriu esse chamado Caminho do Meio aproximadamente 600 anos antes do nascimento de Jesus Cristo. Jesus, mais tarde, também tentou codificar basicamente os mesmos princípios em seu Sermão da Montanha. Seiscentos anos depois, o profeta Maomé, no Alcorão, ordena aos muçulmanos que digam a verdade mesmo que seja contra seus próprios interesses, que não trapaceiem nem traiam outras pessoas. Alá ordenou que os muçulmanos fossem verídicos em palavras e ações, em particular e em público.

Será que isso convenceu terráqueos suficientes a se tornarem como os thermianos? Não o suficiente para fechar contas secretas em bancos suíços ou acabar com a traição de cônjuges, impedir políticos de mentirem ou qualquer outra enganação que os humanos praticam diariamente. Diferentemente de *Galaxy Quest*, os humanos continuaram a afundar cada vez mais em mentiras e enganações, levando consigo qualquer vestígio de uma civilização construída sobre a verdade crível. É inacreditável para mim que eu tenha até mesmo que incluir o adjetivo *crível* depois de *verdade*, mas esse é o nível a que nossa crença na verdade caiu.

Os terráqueos mentem desde o início dos tempos. Encontramos o primeiro mentiroso do mundo na história de origem judaico-cristã do Jardim do Éden, onde e quando uma certa serpente (também conhecida como diabo) e uma certa mulher chamada Eva conspiraram em uma mentira para um certo homem chamado Adão sobre o fruto da Árvore do Conhecimento do Bem e do Mal. Ao comer "do fruto" e convencer Adão a comê-lo também, ambos ganham o conhecimento que os torna "como deuses", o que Deus não gosta, para dizer o mínimo.

Como é contado no Livro de Gênesis, o primeiro livro da Bíblia hebraica e do Antigo Testamento cristão, Deus os expulsa do jardim paradisíaco e amaldiçoa os dois — Adão a obter o que precisa apenas com suor e trabalho, e Eva a dar à luz com dor. Tudo isso porque a serpente enganou o jovem casal. A serpente também pagou: Deus a puniu, e a todos os seus descendentes, a rastejar sobre seu ventre e comer pó. É ladeira abaixo a partir daí, um pecado — não apenas um pecado, mas o Pecado Original, segundo aqueles de fé cristã — que todos os humanos carregam desde o nascimento. Não há maneira de nem mesmo "obras compensatórias" apagarem o pecado da nossa mentira.

Mesmo que aceitemos a história de Adão e Eva apenas como uma metáfora, ela fala muito sobre como encaramos mentiras e enganações — como tabus desde o início da humanidade.

Pesquisadores especulam que mentir como um comportamento surgiu não muito tempo depois do surgimento da linguagem. A capacidade de manipular os outros sem usar força física provavelmente conferiu uma vantagem na competição por recursos e parceiros, semelhante à evolução de estratégias enganosas no reino animal, como a camuflagem.

Yudhijit Bhattacharjee, "Why We Lie",
National Geographic Magazine, junho de 2017

Mentir pode começar cedo, como na infância, e os psicólogos de hoje consideram isso um comportamento normal do desenvolvimento cognitivo. Estudos revelaram uma ampla gama de razões para mentirmos, principalmente com o objetivo de autopreservação ou autopromoção, embora às vezes o ímpeto seja altruísmo ou polidez. Os objetivos principais incluem encobrir um erro ou uma transgressão, evitar situações ou pessoas indesejadas, obter benefícios financeiros ou pessoais, apresentar uma imagem positiva de si mesmo ou provocar humor. Curiosamente, um estudo na University College London mostrou, por meio de escaneamentos da amígdala (a parte do cérebro mais conhecida por seu papel no processamento das emoções, especialmente o medo), que a resposta emocional negativa de uma pessoa enquanto mente pode diminuir a cada nova mentira. Em outras palavras, o cérebro se acostuma ao estresse de contar uma mentira, o que então permite que o mentiroso continue com sua enganação sem desconforto adicional, mesmo que as mentiras se tornem mais significativas. Todos nós fazemos isso às vezes, mas o perigo é que mentir pode se tornar um hábito.

A desconsideração pelos fatos, a substituição da razão pela emoção e a corrosão da linguagem estão diminuindo o próprio valor da verdade.

Michiko Kakutani, *A Morte da Verdade*

Donald J. Trump, o 45º presidente dos EUA, não inventou a expressão "fake news", embora ele tenha alegado ser "quem criou o termo... e muito orgulhoso disso". Embora ele certamente a tenha popularizado a ponto de se tornar parte do nosso léxico, ele mentiu sobre esse fato, claro. O editor de mídia do BuzzFeed News, Craig Silverman, foi de fato a pessoa que popularizou o termo "fake news" antes que Trump colocasse suas mãos sujas nele. Silverman começou a usá-lo em 2014, enquanto dirigia um projeto de pesquisa no Tow Center for Digital Journalism da Universidade Columbia.

Voltando mais atrás, o termo realmente data do fim do século XIX, quando era usado por jornais e revistas para se gabar de seus próprios padrões jornalísticos e atacar os de seus rivais. Em 1895, por exemplo, a revista *Electricity: A Popular Electrical Journal* se gabava: "Nós nunca copiamos fake news", enquanto em 1896 um escritor de um jornal de San Jose, na Califórnia, criticava o editor de outro: "É seu hábito se entregar a fake news... Ele inventará notícias quando não conseguir encontrá-las."

Voltando ainda mais no tempo, a ubiquidade das fake news e da desinformação científica já era um problema sério para os principais pensadores da Renascença. Em seu *Novum Organum*, o filósofo Francis Bacon descreve pela primeira vez o fenômeno psicológico que está na base de tantas de nossas preocupações modernas sobre confiança e verdade — o que só muito mais tarde seria batizado de "viés de confirmação", um termo engenhoso que apenas filósofos e linguistas poderiam ter cunhado. Nossas mentes, ele observa, tendem a dar mais peso aos resultados "afirmativos" (ou positivos) do que aos negativos, então uma pessoa é mais propensa a "agarrar-se avidamente a qualquer fato, por mais insignificante que seja, que apoie sua teoria; mas questionará, ou convenientemente ignorará, os fatos muito mais fortes que a contradizem". No livro, Bacon considera os fatores que desviam o pensamento das pessoas, que incluem noções erradas aceitas de filosofias e ciências ruins, vários "sistemas agora em voga" e linguagem imprecisa: "A má e inadequada escolha de palavras obstrui maravilhosamente o entendimento."

Mas voltemos a Trump e por que isso importa no sentido gandhiano. A princípio, a mídia teve dificuldade em chamar suas mentiras de mentiras. Usavam palavras mais delicadas como *falso* ou *enganoso, desinformação* ou *errôneo, inverdade* ou esta convolução: *inconsistente com os fatos*. Por que a hesitação? Um debate nas redações seguia assim: uma declaração presidencial, por mais flagrantemente falsa que fosse, poderia ser considerada uma "mentira" uma vez que, por definição, a palavra implica consciência da falsidade e intenção de enganar? No sentido mais estrito, como os jornalistas poderiam saber o que se passa na cabeça de Trump, mesmo quando ele diz coisas claramente falsas repetidas vezes? Além disso, chamar um presidente de mentiroso, embora possa ser verdade, seria quase traição em alguns mundos, com certeza de muito mau gosto, até mesmo um sacrilégio. A verdade é — ou deveria ser — preciosa assim.

Fatos alternativos entraram em nossa conversa coletiva graças (ou não) a Kellyanne Conway, conselheira do presidente dos EUA, durante uma entrevista na TV em que ela defendeu a declaração falsa do secretário de imprensa da Casa Branca, Sean Spicer, sobre os números de comparecimento à posse de Donald Trump como presidente dos EUA. Como ela disse a Chuck Todd no programa *Meet the Press* da NBC: "Você está dizendo que é uma falsidade e Sean Spicer, nosso secretário de imprensa, deu fatos alternativos para isso."

E não são apenas notícias falsas; é também ciência falsa (fabricada por negacionistas das mudanças climáticas e antivacinas), história falsa (promovida por revisionistas do Holocausto e supremacistas brancos), norte-americanos falsos no Facebook (criados por trolls russos), seguidores e "curtidas" falsos nas redes sociais (gerados por robôs).

Mentir tornou-se tão desenfreado durante a administração Trump que o *Washington Post* rastreava as mentiras diariamente e as publicava. Ao final de seus quatro anos de mandato, Trump havia acumulado 30.573 mentiras durante sua presidência, com uma média de 21 declarações incorretas por dia. Como resultado do que alguns chamaram de natureza patologicamente mentirosa de Trump, um efeito cascata varreu a sociedade, fazendo as pessoas sentirem que, *se o presidente dos Estados Unidos pode mentir... e sair impune... então eu também posso.*

Em seu livro de 2018, *A Morte da Verdade: Notas sobre a Mentira na Era Trump*, a ex-crítica literária chefe do *New York Times*, Michiko Kakutani, tem como alvo principal Donald Trump, mas deixa claro que Trump não inventou a mentira. Em vez disso, ela culpa todos, escrevendo: "Trump é emblemático de dinâmicas que vêm fervendo sob a superfície da vida cotidiana há anos, criando o ecossistema perfeito no qual Veritas, a deusa da verdade... poderia ficar mortalmente doente."

O comentarista de mídia da CNN, Brian Stelter, alertou que o jornalismo baseado em fatos se tornará uma "espécie em extinção". A CNN chegou ao ponto de veicular uma série de comerciais promocionais para a rede de TV a cabo no outono de 2017, principalmente por causa da desconfiança generalizada na simples reportagem de notícias. Com um fundo branco austero atrás de uma maçã inegavelmente vermelha, o narrador diz: "Isto é uma maçã. Algumas pessoas podem tentar dizer que é uma banana. Elas podem gritar 'Banana, banana, banana' repetidas vezes. Elas podem colocar banana em letras maiúsculas. Você pode até começar a acreditar que é uma banana, mas não é. Isto é uma maçã."

Essa síndrome de mentir, por sua vez, tem levado a possíveis problemas de saúde e vidas mais curtas entre as pessoas que mentem. Pesquisas relacionaram contar mentiras a um risco maior de câncer e obesidade, ansiedade, depressão, vício, jogo compulsivo, baixa satisfação no trabalho e relacionamentos ruins, de acordo com Deirdre Lee Fitzgerald, doutora e professora assistente de psicologia na Eastern Connecticut State University em Willimantic. Mentir é estressante; é oneroso tanto física quanto emocionalmente, com uma mentira levando a outra e a um ciclo exaustivo de mentiras que se torna cada vez mais difícil de acompanhar.

Encobrir enganações passadas também pode ser traumático para nações inteiras. A preocupação com a verdade levou mais de quarenta países nas últimas três décadas a estabelecer comissões de verdade e reconciliação. O pensamento gandhiano tem sido creditado por contribuir para a comissão da verdade na África do Sul após o apartheid, como uma influência poderosa para Nelson Mandela e Desmond Tutu. Infelizmente, ou previsivelmente, esses processos têm sido usados de forma cínica como ferramentas para governos se legitimarem, fingindo que lidaram com uma história dolorosa quando, na verdade, apenas adiaram o problema.

> As pessoas têm direito à verdade, assim como têm direito à vida,
> à liberdade e à busca da felicidade.
>
> Epiteto, filósofo grego do século I d.C.

Refletindo sobre a preponderância das evidências de que a Verdade está perdendo a batalha pela verdade, justiça e algo concreto em que possamos confiar, algo próximo a uma realidade em que todos possamos concordar, e também percebendo que a humanidade mente desde o início da "criação", perguntei-me que esperança havia para a verdadeira Verdade. O que as duas verdades têm a ver uma com a outra? Porque, acredito, o simples ato de dizer a verdade é o primeiro passo para estar na Verdade. É especialmente crítico ser verdadeiro sobre e com nós mesmos enquanto buscamos a Verdade que Gandhi esperava que buscássemos. Grande fã de Shakespeare, o Mahatma teria lido e sido influenciado por este trecho de *Hamlet*:

> Sobretudo: sê fiel a ti mesmo,
> E deve seguir-se, como a noite ao dia,
> Que não poderás ser falso para com ninguém.
>
> Ato 1, Cena 3

No entanto, o próprio Gandhi não depositava toda sua confiança em Shakespeare. Em seu livro *Towards New Education*, ele escreveu: "Toda a sua erudição, todo o seu estudo de Shakespeare e Wordsworth seriam em vão se, ao mesmo tempo, você não construísse seu caráter e alcançasse domínio sobre seus pensamentos e suas ações."

Ahá! Domínio sobre meus pensamentos e ações. Aí está o problema.

Meu relacionamento ambivalente com a verdade e a Verdade remonta à época em que comecei a respirar. Menti para meus pais quando molhei a cama em uma idade muito precoce. "Eu não fiz isso", aleguei, mesmo diante de evidências verificáveis em contrário. Menti quando fiz uma pequena cabana de toras com fósforos de madeira no meu quarto, o quarto com o piso de madeira, e acendi um fósforo no meio da cabana apenas para saborear a chama, o que deixou uma marca queimada no chão. Tentei literalmente encobrir a mentira movendo um tapete para ocultar o incidente. Achei que tinha me safado até que um dia, enquanto estava na sala, ouvi um grito do meu quarto: "PERRY, venha aqui agora mesmo!" Acho que ainda tentei mentir para sair dessa, mas não havia saída. De novo, evidências visuais.

Então, sempre um aprendiz rápido, aprendi a mentir sobre coisas que não poderiam ser detectadas ou visualmente contrariadas. Quando meus pais me perguntavam como eu estava indo na escola, eu respondia: "Bem", quando a verdade era "Não tão bem". Minha mentira estava segura... até que meu boletim chegava e me desmascarava. Porém, continuei assim até o dia em que me formei na faculdade, com notas apenas aceitáveis.

Outras mentiras se seguiram. Grandes mentiras. Pequenas mentiras. Mentiras inconsequentes: "Eu perdi 5kg" (quando na verdade perdi apenas 1,5kg). Mentiras consequentes: "Sim, eu enviei o cheque" (quando eu nem sequer o tinha escrito). E a que me tornei bastante habilidoso: "Sim, meu artigo está indo bem" (quando na verdade eu estava sofrendo para escrever o primeiro parágrafo). Eu menti sobre quando — e para quem — perdi minha virgindade. Contei minha versão inventada tantas vezes sobre o que de fato aconteceu, com quem e quando, que comecei a acreditar na minha própria mentira. A mentira se tornou a verdade, e ninguém percebeu.

Eu minto sobre minha altura o tempo todo. Já disse que tenho 1,78m quando na verdade tenho 1,76m. Esses dois centímetros podem parecer uma linha tênue insignificante e lastimável, mas é o que os homens fazem. Um estudo de perfis de sites de namoro, publicado no *Personality and Social Psychology Bulletin*, descobriu que a altura é uma das mentiras mais frequentes que os homens contam. Em meu primeiro livro, *No Mundo dos Homens*, relatei estudos que mostraram que os homens têm algum incentivo financeiro para mentir: um estudo concluiu que homens com 1,83m ou mais ganhavam 8% a mais do que homens com 1,67m ou menos. Agora, dada a realidade fisiológica de que, à medida que a cartilagem entre nossas articulações se desgasta, a coluna vertebral encurta, tenho sorte se tiver 1,75m — mas estou pouco inclinado a verificar.

Eu menti sobre minha idade em sites de namoro. Eu me safava porque herdei bons genes do meu pai, que parecia jovem até os 70 anos. Minha justificativa para não compartilhar minha idade real: "Bem, eu já vi caras da minha idade que parecem muito mais velhos e têm menos energia do que eu." Isso também acabava inevitavelmente explodindo na minha cara quando qualquer pessoa inteligente o suficiente para me buscar no Google poderia descobrir minha verdadeira idade.

Eu minto para a Receita Federal. Não exatamente minto, mas digamos que eu dou uma ajeitada. Exagero? Subestimo (a renda), superestimo (as despesas)? Embelezo? Pago o que meu contador, um amigo querido que conhece minhas finanças por dentro e por fora, pode justificar no limite, mais ou menos dentro dos limites da verdade.

Eu minto para as pessoas que perguntam: "Como você está?" Eu respondo: "Bem." A verdadeira resposta é muito mais sutil, e a maioria das pessoas não quer um relatório verdadeiro sobre minha condição.

Essas são todas mentiras superficiais que empalidecem em comparação com as mentiras que conto a mim mesmo. Que estou indo bem. Que minhas finanças não estão tão ruins. Que estou bem sem alguém significativo na minha vida. Que estou realizado profissionalmente e aceito a realidade de que posso continuar sendo apenas um escritor de segunda linha. Que estou bem com minha calvície, herdada honestamente de meu pai. Eu costumava dizer que era muito feliz com meu corpo, embora desejasse ter pelo menos 1,83m de altura e ser 3kg mais magro, com um queixo mais forte e sobrancelhas mais grossas. Porém, sou abençoado por ter o que todos concordam serem olhos azuis brilhantes como os de um bebê, um traço genético recessivo que apenas 8% da população mundial têm.

Eu minto sobre minha autoconfiança. Entro em uma situação social com bravata, desmentindo a verdade de que me falta crença em mim mesmo. Segredo: quando estou travado na escrita, pego os antigos recortes e links dos meus trabalhos publicados antes, muitas vezes bons trabalhos, para me convencer de que, se já que fiz isso uma vez, posso fazer de novo.

Eu minto para mim mesmo sobre o quanto estou fazendo pela humanidade com minha escrita, aliviando assim a necessidade de ser voluntário no

Boys Club, e justificando essa alegação absurda porque tanto da minha escrita, na minha opinião, ajuda as pessoas onde importa de fato: em ganhar conhecimento e percepção sobre sua natureza e como alcançar isso. *Mas, Perry, você não conhece escritores que encontram tempo para fazer trabalho voluntário além de escrever?*

Mas eu reservo minha Maior Mentira, que acontece todos os dias quando acordo. Você provavelmente faz isso também... Abrimos os olhos e nos reinventamos a cada dia, empurrando a mentira de que nós — essa amálgama de carne e ossos, órgãos e veias, esse cérebro pensante e essa coisa sutil que chamamos de alma — somos alguém. Especificamente, Alguém. Colocamos nossa armadura — jeans e camisetas, ternos, saias e outras roupas — e apresentamos uma personalidade, que é um composto de como nos percebemos, como queremos nos perceber e como os outros nos percebem — ou como achamos que as pessoas nos veem. É tudo uma fabricação, uma projeção de um ego inseguro, não nossos verdadeiros eus. Imagino que esse tipo de pensamento nunca ocorreria a Gandhi. Ele acordava Gandhi; ele ia para a cama Gandhi.

Há momentos em que dizer a verdade deu errado para mim? Com certeza. Há aquele velho ditado sobre o dilema que alguém enfrenta quando a pessoa amada pergunta se a roupa a faz parecer gorda. A resposta correta, mesmo que seja uma mentira, deve sempre ser: "Você está ótima. *Você* gosta da roupa? Como ela faz *você* se sentir? Daqui você parece fabulosa." Descobri isso depois de alguns erros.

Quando eu disse a verdade, nem sempre funcionou tão bem em algumas circunstâncias. Em algum lugar do meu DNA, eu acreditava que era meu dever, quase minha obrigação moral, dizer o que eu pensava sobre alguém. Meu pensamento era: "Isso pode machucar a princípio, mas será bom a longo prazo." Não funcionou direito, nem para mim nem para a pessoa. Uma vez, com minha nova namorada, perguntei à amiga dela o que ela fazia com os leves pelos que vi crescendo acima do lábio superior. Antes que eu pudesse continuar explicando que minha irmã tinha feito depilação a laser em seus próprios pelos faciais indesejados, minha namorada revirou os olhos e se encolheu de vergonha pela amiga, e com raiva por mim. Mais tarde, ela me repreendeu. Comecei a moderar minha chamada obrigação de expressar julgamentos críticos não filtrados que vêm à cabeça e que não deveriam sair da minha boca. Mais recentemente, aprendi a detectar essas coisas antes mesmo de chegarem à minha cabeça.

> O homem que mente para si mesmo e acredita em sua própria mentira chega a um ponto em que não consegue distinguir a verdade dentro de si ou ao seu redor e, assim, perde todo o respeito por si mesmo e pelos outros. E, não tendo respeito, deixa de amar.
>
> Fiódor Dostoiévski, *Os Irmãos Karamázov*

Como eu mudaria isso, parar de ser um mentiroso habitual para me tornar um defensor fervoroso da verdade? Os profetas apostavam contra mim.

Os primeiros passos foram fáceis. Sim, corrigi minha idade nos sites de namoro. Fui honesto sobre meu peso, para os outros e para mim mesmo. Acrescente minha altura a essa lista.

A partir daí, ficou mais difícil. Eu disse às pessoas como me sentia, não o que achava que elas queriam ouvir. Logo percebi que minha honestidade as deixava desconfortáveis. *E agora, o que eu digo?* Eu quase podia ouvi-las pensando. *Devo confessar, reclamar e lamentar como o Perry acabou de fazer?*

Tentei domar minha natureza passivo-agressiva (veja o Capítulo 4, "Não Violência", para mais sobre essa tentativa). Quando estava com dificuldades em uma tarefa e um editor perguntava: "Como está indo?", eu não dizia mais "Está indo bem", como tinha sido meu padrão nos últimos anos eternos.

Então, virei a lente para mim mesmo, e para meu Eu. Comecei a tirar um tempo para olhar no espelho e avaliar minha saúde, minhas emoções, minha mente e minha alma sem os óculos cor-de-rosa — *e* sem os óculos sujos também. Muitas vezes menti para mim mesmo sobre onde estou. Romanceio minha situação para ajudar a me amar ou me odiar, conforme meus humores e circunstâncias mudam. Por que não posso simplesmente olhar — sem julgamento — para meu nariz longo e meu queixo inexistente, para a inevitável calvície que poucos além de mim veem (ou é isso que eu minto para mim mesmo)? Por que não posso apreciar meu corpo sem me repreender pelos 2kg que eternamente digo a mim mesmo que vou perder? Por que não consigo ver meus brilhantes olhos azuis? A sabedoria arduamente conquistada refletida nas rugas ao redor desses olhos? Meu sorriso caloroso? Por que às vezes olho no espelho e juro que poderia ser confundido com meu ídolo do cinema, Paul Newman? Por que não posso saborear o fato de que posso ficar de pé, respirar e ter pensamentos relativamente coerentes? E esta grande questão: por que não posso olhar para o corpo do meu trabalho de escrita e aceitar que não sou um escritor de primeira linha, em vez de aceitar e abraçar que ganhei a vida todos esses anos com algo que nunca teria tido a coragem de sonhar que poderia fazer?

Para as respostas a todas essas perguntas, voltei-me para a Verdade de Gandhi. Por sorte, ele nos dá uma margem de manobra:

> Mas como se pode realizar essa Verdade, que pode ser comparada à pedra filosofal ou à vaca da abundância? Com devoção sincera e indiferença a todos os outros interesses da vida, responde o Bhagavad Gita. No entanto, apesar de tal devoção, o que pode parecer Verdade para uma pessoa frequentemente parecerá não verdade para outra. Mas isso não deve preocupar o buscador. Onde há um esforço honesto, será percebido que o que parecem ser verdades diferentes são como as incontáveis e aparentemente diferentes folhas da mesma árvore. O próprio Deus não aparece a diferentes indivíduos de diferentes formas? No entanto, sabemos que Ele é um só. Mas Verdade é a designação correta de Deus. Portanto, não há nada de errado em cada homem seguir a Verdade de acordo com sua própria luz. De fato, é seu dever fazê-lo. Então, se houver um erro por parte de alguém que está seguindo a Verdade, ele será automaticamente corrigido. Pois a busca da

> Verdade envolve *tapas* — autossacrifício, às vezes até a morte. Não pode haver lugar nela nem mesmo para um traço de interesse próprio. Em tal busca altruísta pela Verdade, ninguém pode perder seu rumo por muito tempo. Direto ao tomar o caminho errado, ele tropeça e, assim, é redirecionado para o caminho certo. Portanto, a busca da Verdade é a verdadeira *bhakti* (devoção). É o caminho que leva a Deus. Não há lugar para a covardia nem para a derrota. É o talismã pelo qual a própria morte se torna o portal para a vida eterna.

Certo, a conquista da Verdade não será uma rota fácil para mim, mas não pelos motivos que eu imaginava. Eu pensava que meu histórico espiritual tornaria isso bem complicado para mim: criado como judeu, a religião de um único Deus; explorei o hinduísmo, a religião de, dizem alguns, milhões de deuses e deusas; e agora praticante do budismo, na verdade não uma religião, como Buda explicou, mas uma psicologia da felicidade na qual a crença judaico-cristã em Deus é inexistente. Gandhi dá muito espaço para as muitas diferentes variedades de crença. Mas não, meus problemas serão sobre a fé em si — não apenas fé em Deus de qualquer persuasão, mas na minha própria disposição de não deixar pedra sobre pedra em minha busca pela Verdade.

Mais tarde, no Capítulo 10, sobre fé, mergulharei mais fundo em como, ou se, posso encontrar meu caminho até lá.

Por agora, e talvez para sempre, preciso confiar na minha Verdade. O que pensei ter aprendido com meu estudo do budismo é que a verdade está sempre evoluindo. O que é verdade neste momento pode não ser verdade no próximo. Estudar Gandhi me ensinou um nível mais profundo de verdade. Isso me trouxe de volta a uma linha que me lembrei do meu anuário da Rutgers College, uma citação de uma canção do século XIX intitulada "In a Quaint Old Jersey Town": "Sempre mudando, mas eternamente a mesma."

Quem sou eu? Onde estou? Por que estou aqui?

Estas são as perguntas iniciais que qualquer pessoa com uma mente curiosa fará a si mesma se tiver um mínimo de desejo por autoconhecimento. São as mesmas perguntas que estão no cerne das grandes religiões, das investigações científicas e das buscas pessoais sinceras. Elas também são as perguntas que impulsionam minha busca pela minha Verdade.

Elas frequentemente surgem em momentos críticos da vida e em várias fases do desenvolvimento humano, como quando os pequenos percebem que não fazem parte ou não estão ligados à mãe. Psicólogos identificam o quarto ou quinto mês de vida do bebê como a fase chamada diferenciação, quando o bebê se torna consciente de que a mãe é um ser separado. O psiquiatra suíço Carl Jung chamou de "individuação" — o momento em que as pessoas se tornam conscientes de si mesmas —, um passo importante na descoberta de seu propósito e do significado da vida.

Meu primeiro momento de "eu sou eu" veio em uma idade precoce. Introspectivo, mesmo quando criança, eu observava meus pensamentos e me maravilhava com as coisas estranhas e aparentemente incontroláveis que aconteciam dentro da minha cabeça. Eu me perguntava: *meus pensamentos eram únicos?* A princípio, decidi que eram. Ninguém mais poderia estar fazendo esses jogos mentais bizarros e incontroláveis. Então, com o passar do tempo, concluí que, embora as pessoas tivessem pensamentos diferentes dos meus, eles eram notavelmente semelhantes. Caso contrário, por que elas ririam ou chorariam com as mesmas coisas que me emocionavam?

A partir disso, passei a acreditar que quem eu sou — além de uma amálgama de bilhões de células, mais tecido, ossos, músculos e órgãos, o corpo em si um exemplo fenomenal de "mim mesmo" — é o que eu penso.

Então, perguntamos: onde estou? O que é este mundo em que nasci? O que o mantém unido fisicamente? Como todos nós estamos relacionados uns aos outros na complexa e entrelaçada teia social da humanidade? Saímos do útero e entramos em um mundo estranho de ar, dor, risos e outras pessoas que se parecem conosco, mais ou menos. Em círculos cada vez maiores, movemo-nos corajosamente dos mamilos da mãe para os braços do pai, depois do berço para o quarto, para a casa, para a rua e a cidade, para o estado e o país. Lemos como grandes cientistas explicam o mistério de tudo: Sir Isaac Newton (gravidade), Edwin Hubble (cosmos), Charles Darwin (seleção natural, também conhecida como origem das espécies), Galileu Galilei (estrelas e planetas), Aristóteles (biologia).

Então surge o que eu e Gandhi consideramos a Grande Pergunta: Por que estou aqui? Qual é o meu propósito? Uma medida disso é o que faço neste mundo e pelo mundo.

Por muito tempo, começando na primeira série, com cerca de 6 anos de idade, minha identidade — o que eu achava que era meu propósito e significado na vida, meu USP, ou ponto de venda único, como dizem os indianos — era ser baterista. Minha mãe diz que toquei bateria ainda no útero, usando o interior da sua barriga como meu bumbo. Isso não é extraordinário por si só, como muitas mães atestariam, mas minha mãe afirma que meus chutes vinham em um tempo regular de 4/4 — com uma batida sincopada.

Um momento formativo da minha identidade veio na quinta série, quando a professora precisava de alguém para ficar na frente da classe e tocar uma clave para manter o ritmo enquanto a turma cantava uma canção infantil boba. Ela e todos os outros apontaram para mim. Adorei; foi meu momento definidor. Eu era alguém; o cara que mantinha tudo unido, ritmicamente falando, mas na minha mente também metaforicamente. Eu conseguia detectar a palavra bateria ou baterista em qualquer texto corrido. Fui selecionado como um dos cinco percussionistas para tocar com a orquestra estadual de ensino médio de Nova Jersey. Também fui capitão da linha de bateristas da banda marcial da Rutgers University e toquei com um trio de jazz durante a faculdade e outras bandas após a graduação (continuo tocando em bandas até hoje como um *hobby*).

Aos 22 anos, porém, não via um futuro viável como baterista profissional em tempo integral. Foi então que comecei a considerar mais seriamente a escrita, na qual havia alguma indicação de que eu poderia juntar palavras de maneira coerente e inteligente. No entanto, mesmo após oito anos como redator em jornais e revistas, eu não via isso como meu tão desejado propósito até que meu primeiro livro, *No Mundo dos Homens*, foi publicado.

As quase cem cartas comoventes que recebi de homens compartilhando suas próprias experiências me tocaram tão profundamente que percebi que, se minha escrita pudesse ajudar os outros a se entenderem, isso seria um serviço às pessoas, um propósito para minha existência.

Foi só então que olhei para trás — para a tarefa de casa na segunda série que rendeu adesivos de três estrelas, para a redação que escrevi no ensino médio que me deu a oportunidade de ser um estudante de intercâmbio em outra escola da cidade, para os cartões engraçados que escrevia para meus pais, para a redação que escrevi para ser aceito na pós-graduação e, principalmente, para o grande orgulho que senti nessas conquistas — e vi os sinais por toda parte em retrospecto, mas dos quais eu estava alheio, pois minha visão estreita permanecia focada em ser "o baterista".

Quando, onde e como Gandhi encontrou seu propósito? Se eu pudesse descobrir isso, talvez fornecesse uma chave para como eu e outras pessoas poderíamos abrir a porta que nos leva mais fundo ao nosso próprio propósito.

Segundo a maioria dos relatos, para Gandhi, esse chamado aconteceu em 7 de junho de 1893, em Pietermaritzburg, na África do Sul, e o despertou para o que se tornaria o caminho e o trabalho de sua vida. O então jovem advogado de 24 anos, sentado em um vagão de trem exclusivo para brancos com um bilhete válido, foi expulso sem cerimônia e com força porque o funcionário do trem presumiu que ele fosse negro, violando assim as leis de segregação. Sentado sozinho na pequena e escura sala de espera onde foi isolado, ele deve ter se sentido profundamente humilhado e ferido. Esse momento crucial ficou tão marcado na história da vida de Gandhi que agora existe um pequeno museu na estação de Pietermaritzburg, marcando o início de sua não violência ativa. Indignação justa é pouco para descrever como um homem de princípios morais deve ter se sentido.

É provável que isso tenha acendido nele uma chama de indignação e protesto, mas o neto de Gandhi, Arun Gandhi, tem uma visão diferente sobre o incidente: "Não foi o momento de revelação para ele", afirmou quando o visitei em sua casa em Rochester, Nova York.

> Embora muitas pessoas pensem que foi o momento em que ele percebeu a importância da não violência e tudo mais, eu acho que foi apenas a gota d'água. Isso estava se acumulando: suas experiências na Índia com os preconceitos contra os intocáveis, depois suas experiências na Inglaterra, onde ele sofreu alguns preconceitos e viu todo o ódio e coisas acontecendo. E ele percebeu que isso ia mais fundo. Toda essa negatividade que vemos em nossas vidas hoje é mais profunda do que parece, tornou-se parte de nossa natureza. Quando esse incidente em Maritzburg aconteceu, confirmou seus sentimentos. Ele definiu isso como uma cultura de violência.

Isso me fez perceber que o propósito não surge em um único "eureca". Ele pode se construir ao longo do tempo, como acredito que aconteceu com Gandhi. Tudo o que preciso fazer é tirar as viseiras e procurar as pistas ao longo do caminho.

Pode-se dizer que o propósito da vida é encontrar seu propósito e, ao fazer isso, encontrar sua Verdade. Mas há um benefício adicional: um estudo de onze anos financiado pelo National Institutes of Health provou uma alta correlação entre propósito e longevidade. A pesquisa mostra que pessoas que conhecem seu propósito de vida e sabem por que acordam de manhã, que conseguem expressar ter objetivos claros, tendem a ter vidas mais longevas e melhores. Isso ocorre porque indivíduos que entendem o que lhes traz alegria e felicidade tendem a ter uma "visão correta". Eles estão envolvidos em atividades e comunidades que lhes permitem imergir em um ambiente gratificante e satisfatório.

Em outro projeto financiado pela *National Geographic*, o pesquisador Dan Buettner identificou comunidades ao redor do mundo com uma alta porcentagem de centenários — pessoas que vivem até 100 anos ou mais — que ele chama de Zonas Azuis. A ideia de por que acordam de manhã é parte integrante de sua cultura. Os okinawanos chamam isso de "ikigai"; os nicoyanos da Costa Rica chamam de "plano de vida". Esse forte senso de propósito pode reduzir suas chances de ter Alzheimer, artrite e derrame.

Como, então, encontrar o propósito está relacionado à verdade e a levar uma vida moral? Se estou interpretando Gandhi corretamente, seu propósito *é* sua Verdade, seu verdadeiro ser, o motivo pelo qual você pousou neste planeta, neste uniforme, com esta personalidade, envolto neste ego. Encontrar o propósito será testado contra sua própria Verdade, isto é, talvez você siga em uma direção, pensando que é seu propósito, mas perceba que não está se concretizando como esperava e que não está satisfazendo você no nível mais profundo. Talvez suas razões fossem mais sobre fama, glória e como isso "parecia" para os outros. Você pode descobrir que esse caminho está cheio de arame farpado, obstáculos e contratempos.

Os sinais de alerta me advertindo contra a vida de um baterista profissional vieram quando não passei em algumas audições. Ou quando os membros de um grupo de jazz com o qual eu fazia turnê pararam para ouvir uma banda em um clube, e o líder da nossa banda me disse que gostaria que eu tocasse como o baterista daquele grupo e que eu estava atrasando nossa banda. Um golpe duro para meu ego, mas um passo necessário para eu focar o meu verdadeiro chamado. Tocar bateria, no entanto, continua sendo uma ocupação gratificante, absolutamente agradável e essencial para toda a minha identidade — só não é meu Grande Propósito na vida. Em outras palavras, você tem que revirar muitas pedras para encontrar seu propósito e, às vezes, o propósito fala mais alto do que aquilo que sua mente deseja.

No entanto, se seu propósito é destruir relacionamentos, propriedades, civilidade e paz, e basicamente ser um estraga-prazeres, isso não estaria de acordo com uma abordagem gandhiana. Mas esses propósitos desprezados são imorais e repreensíveis? Em um mundo de realidades relativas, não. Quem pode dizer que isso é bom e aquilo é ruim? Esse julgamento pertence apenas ao Grande Juiz — não a nós, humanos com preconceitos... e todos temos algum preconceito.

O mundo dos negócios captou a ideia de propósito ao enfatizar o "propósito moral" como um fator crítico na identidade da marca de uma empresa. Nikos Mourkogiannis, professor honorário visitante de prática na Cass Business School, é frequentemente citado por outros ao defini-lo assim: "Um valor que, quando articulado, apela ao senso inato que algumas pessoas têm do que é certo e do que vale a pena." No local de trabalho, fazer a si mesmo as seguintes perguntas pode ajudar a revelar se seu trabalho está alinhado com um propósito moral: qual é a razão maior para o meu trabalho? Quem ou o que estou ajudando ao fazer bem o meu trabalho? No meu papel, como estou causando um impacto positivo no mundo? Qual é o significado das minhas responsabilidades?

Um mundo em que cada um de nós segue seu propósito moral seria um lugar muito melhor do que o que temos agora. Confiaríamos que qualquer decisão fosse fundamentada em sua própria Verdade, e não em um motivo egocêntrico. Sem princípios morais, seríamos reduzidos a uma cultura caótica, como aconteceu com os meninos britânicos deixados em uma ilha sem supervisão de adultos no romance de William Golding de 1954, *O Senhor das Moscas*, no qual o comportamento das crianças degenerou em selvageria.

Além disso, pesquisas ao longo dos anos demonstraram como um conjunto de valores morais é central para quem somos. Um estudo na *Journal of Personality and Social Psychology* descobriu que o "caráter moral" é o elemento mais importante na "formação de impressão" quando estamos conhecendo uma nova pessoa. Em outro estudo, na revista *Cognition*, os pesquisadores declararam que os traços morais "são considerados a parte mais essencial da identidade, do eu e da alma", mais do que qualquer outra faculdade mental. Em outras palavras, nossos valores morais são uma parte fundamental de quem somos e de como interagimos com os outros.

Os princípios morais são as diretrizes que nos ajudam a decidir como lidar com diferentes situações que podem surgir na vida. Eles são, simplesmente, comportamentos de bom senso, na verdade quase óbvios... pelo menos se vivêssemos na Utopia.

Imagine, como John Lennon imaginou em sua icônica canção "Imagine", um mundo cheio de pessoas que dizem a verdade, que vivem a Verdade, que seguem os melhores princípios morais. Ele nos pede para imaginar pessoas vivendo o presente, em paz, compartilhando como uma só, uma "fraternidade humana". Conclui dizendo que alguns podem pensar que ele é um sonhador, mas que ele não é o único. Eu, por exemplo, estou com ele. Acho que Gandhi também era um sonhador. Só me pergunto o quão perto desse sonho os dois, um nascido em 1869, o outro em 1940, pensariam que chegamos nos anos que se passaram ao olhar para o mundo de hoje.

Como ser Gandhi... Honestamente

Essas são aspirações nobres, mas como alguém as sustenta diante de tentações, desvios, distrações, falhas na disciplina e da simples fraqueza humana? Como se responsabilizar pelos elevados princípios morais que você definiu? Não é complicado. Se você tem dificuldade em descobrir sua Verdade e seu propósito, não espere até ter 30 anos, como eu e Gandhi. Aqui está uma lista de tarefas para iniciar sua tentativa:

- **Defina metas por escrito.** Pesquisas da Universidade Dominicana em San Rafael, na Califórnia, mostram que as pessoas têm 42% mais chances de alcançar suas metas se as escreverem. Faça um inventário interno. Pense sobre seus ideais, princípios, padrões e morais. Em seguida, pense em seus talentos físicos, emocionais e mentais, suas forças e habilidades. Limpe sua mente e chegue ao que você realmente quer contribuir para o mundo. Você saberá que está chegando perto quando tiver uma forte reação emocional a algo que escreveu. Crie sua declaração de propósito pessoal. Siga seu instinto para incorporar o que gosta de fazer e onde pode compartilhar seus talentos.
- **Encontre um parceiro.** Encontre alguém com quem você possa comunicar seu propósito de vida, junto com um plano para realizá-lo. Pode ser um amigo, um

membro da família, um cônjuge ou um colega. Use a honestidade deles como uma caixa de ressonância para seu plano de ação.

- **Ouça seus instintos.** Deixe seu instinto falar, especialmente quando você está prestes a fazer algo que não se encaixa no seu código moral pessoal.
- **Converse com um profissional.** Fale com um terapeuta ou um psicólogo. Eles podem ajudar a lembrá-lo de suas crenças essenciais para tomar decisões morais com base nelas. Eles podem ajudar você a se perdoar quando não atingir essas expectativas. Eles podem oferecer um espaço imparcial e sem julgamentos para explorar tudo isso.
- **Siga a regra de ouro.** Trate os outros da maneira como você gostaria de ser tratado, com uma boa dose de empatia.
- **Diga a verdade.** Defenda o que você quer. Compartilhe o que os outros podem precisar para tomar suas próprias decisões.
- **Cumpra sua palavra.** Não faça promessas que não pode cumprir. Faça o que diz que fará. Siga adiante. Coloque suas habilidades em ação. Use suas paixões como trampolim para a vida. Além (ou talvez por causa) da satisfação que vem de fazer o bem, pessoas que agem assim têm taxas mais baixas de câncer, doenças cardíacas e depressão, além de menores custos com saúde.
- **Exiba os momentos dos quais você se orgulha.** Dedique um lugar na sua casa para exibir suas paixões, conquistas e as coisas das quais você se orgulha. Toda vez que passar por esse lugar, será recompensado com uma onda de orgulho e uma lembrança de como você se encaixa no mundo.

Capítulo 4

Não Violência

Como Fazer Amor, Não Guerra

Quando entro em desespero, lembro que, ao longo da história, o caminho da verdade e do amor sempre venceu. Houve tiranos e assassinos, e por um tempo eles podem parecer invencíveis, mas, no final, sempre falham. Pense nisso – sempre.

Mahatma Gandhi

A música "War" foi uma das mais populares já escritas, de acordo com muitas listas de melhores músicas, primeiro cantada por Edwin Starr, e depois regravada por The Temptations e Bruce Springsteen. A letra resume de forma sucinta o desfecho da guerra: muitas mortes e uma mudança de poder ou território, ou ambos, até que outra guerra estoure.

Gandhi teria arrasado se tivesse cantado a música. O refrão poderia ter sido uma frase atribuída a ele: "Olho por olho deixa o mundo inteiro cego."

E o que essa música ou, aliás, os esforços de Gandhi (e algumas centenas de estudos realizados por organizações e instituições ao redor do mundo com "paz", "não violência" ou "Gandhi" em seus nomes), conquistaram ao acabar com a guerra? Olhe ao redor do mundo hoje e você terá que concordar: nada.

Gandhi foi otimista demais e possivelmente delirante ao pensar que poderia liderar um movimento que não só defendia a paz, mas também estabelecia um plano para alcançá-la. As pessoas ouviram... por um tempo. Então alguém jogou uma pedra, ofendeu ou, de propósito, esbarrou no "inimigo".

O ciclo da violência não tem fim. Precisa de provas? Olhe as manchetes de qualquer jornal, na TV ou em outros meios de comunicação em qualquer dia de qualquer ano.

Eu sempre tive empatia por todas as minorias marginalizadas e oprimidas, vítimas de violência extrema, até mesmo genocídio, como uma pessoa cuja religião tem sido alvo de perseguição e atividades antissemitas desde pelo menos a época do político e filósofo romano Cícero (106–43 a.C.). Na minha própria experiência de protesto, a vez que mais me aproximei da violência foi em 1969 em Washington, DC, quando a polícia nos bombardeou com gás lacrimogêneo no Dupont Circle. Fazíamos parte do meio milhão que participou do que foi chamado de Moratória para Acabar com a Guerra no Vietnã. Quando as nuvens de fumaça se aproximaram, meus amigos e eu, assim como todos os outros, corremos desordenadamente em todas as direções. Parecia uma ameaça à vida, mas meus pensamentos foram para os homens e as mulheres nas selvas do Vietnã enfrentando circunstâncias verdadeiramente ameaçadoras — e muitas vezes fatais.

Os vietnamitas sofreram profunda e emocionalmente, como uma sociedade de devotos budistas (lembre-se do monge budista Thich Quang Duc, que se imolou em protesto contra a guerra, um ato que em si violava os princípios budistas que proíbem o assassinato de seres vivos) e como uma cultura.

Só em 1995 o Vietnã divulgou sua estimativa oficial de mortos na guerra: até 2 milhões de civis de ambos os lados e cerca de 1,1 milhão de combatentes do Vietnã do Norte e do Viet Cong. O exército dos EUA estimou que entre 200 mil e 250 mil soldados sul-vietnamitas morreram na guerra. Em 1982, o Memorial dos Veteranos do Vietnã foi inaugurado em Washington, DC, com os nomes de 57.939 membros das forças armadas dos EUA que morreram ou estavam desaparecidos como resultado da guerra. Nos anos seguintes, adições à lista elevaram o total para mais de 58.200 (pelo menos 100 nomes no memorial são de militares que eram, na verdade, cidadãos canadenses). Entre outros países que lutaram pelo Vietnã do Sul em menor escala, a Coreia do Sul teve mais de 4 mil mortos, a Tailândia cerca de 350, a Austrália mais de 500 e a Nova Zelândia umas três dúzias.

Gandhi frequentemente usava a palavra *ahimsa*, uma palavra do sânscrito que significa "não violência", para fundamentar sua política de protesto não violento. O termo deriva da raiz *himsa*, que significa "causar dor", e do prefixo *a*, que significa "não". Em um sentido mais amplo, *ahimsa* significa "amor e compaixão universais". Praticar ahimsa envolve abster-se de causar dor física e psicológica a qualquer ser vivo. Ahimsa é perdão, amor divino e sacrifício. Ahimsa, em suma, é ser não violento em pensamento e ação, no corpo e na alma.

Parece que estamos mais distantes do que nunca desse ideal.

Gandhi cunhou a palavra *satyagraha* depois que um parente seu venceu um concurso de nomeação que Gandhi patrocinou em seu jornal *Indian Opinion* na África do Sul em 1906. Ele modificou a palavra vencedora para *satyagraha*, uma combinação das palavras sânscritas *satya* (que significa "verdade") e *agraha* (que significa "insistência educada" ou "manter-se firme"). *Satya* é derivado da palavra *sat*, que significa "ser".

Para Gandhi, satyagraha ia muito além da mera resistência passiva: "A verdade (satya) implica amor e a firmeza (agraha) gera e, portanto, serve como sinônimo de força", ele escreveu em *Satyagraha in South Africa*. "Assim, comecei a chamar o movimento indiano de Satyagraha, ou seja, a Força que nasce da Verdade e do Amor ou não violência, e abandonei o uso da expressão 'resistência passiva' em relação a isso, a tal ponto que mesmo em escritos em inglês muitas vezes evitávamos e usávamos a palavra 'satyagraha' em si ou alguma outra expressão equivalente em inglês."

Ele também a chamava de "força do amor" ou "força da alma".

Nos anos seguintes, ele contestou a proposição de que sua ideia de desobediência civil foi adaptada dos escritos de Henry David Thoreau, especialmente do ensaio de 1849, *A Desobediência Civil*:

> A afirmação de que eu derivei minha ideia de desobediência civil dos escritos de Thoreau está errada. A resistência à autoridade na África do Sul estava bem avançada antes de eu receber o ensaio de Thoreau sobre desobediência civil. Mas o movimento era então conhecido como resistência passiva. Como era incompleto, eu cunhei a palavra *satyagraha* para os leitores gujaratis. Quando vi o título do grande ensaio de Thoreau, comecei a usar sua frase para explicar nossa luta aos leitores ingleses. Mas descobri que até mesmo desobediência civil não conseguia transmitir todo o significado da luta. Portanto, adotei a frase resistência civil. A não violência sempre foi uma parte integral da nossa luta.

Gandhi diferenciou satyagraha e resistência passiva em uma carta de 1920:

> Eu usei "resistência passiva" e "satyagraha" como termos sinônimos muitas vezes, mas à medida que a doutrina do satyagraha se desenvolveu, a expressão "resistência passiva" deixou até de ser sinônima, já que a resistência passiva admite violência, como no caso das sufragistas, e tem sido universalmente reconhecida como uma arma dos fracos. Além disso, a resistência passiva não necessariamente envolve adesão completa à verdade em todas as circunstâncias. Portanto, é diferente de satyagraha em três aspectos essenciais: satyagraha é uma arma dos fortes; não admite violência sob nenhuma circunstância; e sempre insiste na verdade.

Na minha opinião, satyagraha, embora estranha a muitos ouvidos, é melhor do que a maioria das pessoas adotou ao seguir o caminho gandhiano para a paz. Os rótulos "não violência" e "não violento" são um pesadelo para a identidade de marca de um publicitário. Uma das regras da introdução às Relações Públicas é nunca usar as palavras *não, não pode, não vai, não é, nunca*, ou até mesmo os prefixos *não, des* ou *anti* — qualquer palavra negativa. Por quê? Usar essas palavras nos força a primeiro pensar no que devemos nos afastar, plantando assim a ideia de violência de volta em nossas cabeças. Temos que imaginar como a violência se sente, se parece, soa, cheira. Alguns podem sugerir que isso é uma coisa boa, como esfregar o nariz de um cachorro em suas próprias necessidades. Eu discordo, e aparentemente Gandhi também. Mas qual é a única palavra que expressa o oposto de violência? *Paz? Harmonia? Amor? Kumbaya?*

Desvio terminológico não é desculpa para o fracasso da sociedade em alcançar a visão de Gandhi de um mundo em paz. Mas, se eu fosse seu publicitário, eu começaria uma campanha de rebranding.

No portal de Gandhi, há uma história intitulada "A Primeira Lição de Gandhi sobre a Não Violência". Lembra-se da história de Gandhi sobre a mentira que mencionei no Capítulo 3? Ela vem da mesma história. Continuando, um filho questiona a mãe, e ela responde na sequência:

"Mas, mãe, por que o pai dele chorou tão amargamente? Por que ele não bateu em Mohandas ou o puniu de outra maneira?"

"Porque, meu filho, a coragem e a sinceridade de Mohandas o comoveram profundamente. Se ele tivesse batido no menino, isso não teria sido tão eficaz quanto seu próprio sofrimento gentil. E esse sofrimento e esse amor deixaram uma impressão em Mohandas muito mais profunda do que qualquer surra poderia ter deixado."

Isso é citado da seguinte forma: "A primeira lição de Mohan sobre a não violência. E mais tarde foi essa mesma arma com a qual ele lutou contra os britânicos e conquistou a liberdade para seu país."

Esse momento — um primeiro despertar para ele em termos de não violência — ficou indelével em seu ser. Essa memória não só se tornou parte de sua identidade, como também plantou a semente de uma estratégia que mais tarde se transformou na base do protesto não violento contra todos os opressores. No nível emocional importante e formativo, isso deve tê-lo deixado terrivelmente culpado, envergonhado e arrependido, ainda mais por ter decepcionado o pai. Esse remorso foi exacerbado mais tarde quando Gandhi contou como deixou o leito de morte do pai para ter relações sexuais com sua esposa Kasturba.

Talvez seu compromisso com a não violência tenha vindo de uma tentativa ao longo da vida de absolver essa culpa. Eu não sou o primeiro a especular sobre isso. O jornalista e autor Mark Kurlansky escreveu o seguinte em um ensaio publicado na primavera de 2008 na revista budista *Tricycle*: "Gandhi parece ser um banquete freudiano, começando com sua culpa ao longo da vida por ter mantido relações sexuais com a esposa no momento da morte do pai. Sua vida foi uma ilustração constante da tese de Freud de que não podemos ser felizes porque nossa natureza inerente é contrária às demandas de nossa consciência ou, como Freud colocou, nosso ego está em guerra com nosso superego."

Pode-se argumentar que o compromisso de Gandhi em levar uma vida não violenta estava intimamente entrelaçado com sua devoção à fé hindu (especialmente o jainismo), sua dieta vegetariana, sua escolha de ficar em silêncio uma vez por semana, sua escolha de desapego aos bens materiais — tudo isso muitas vezes é indicativo de uma vida livre de comportamento violento. Muitas vezes! Além de seus esforços públicos, Gandhi viveu como um asceta, distante em sua vida pessoal das influências que promovem o pensamento e a ação violentos.

Eu, por outro lado, não vivi a vida de um asceta e fui exposto à violência apenas por viver em cidades urbanas norte-americanas. Meu tipo de violência é um dos piores, embora não tenha vindo da culpa relacionada ao meu pai. Ela fervilha e ruge sob a superfície, mal contida sob meu charme enganosamente doce, então, de repente, ataca com a faca afiada do sarcasmo. Essa violência inflige mais dor porque você nunca sabe quando esperá-la, e por isso está despreparado e vulnerável.

Disseram-me que eu era cinético desde antes do nascimento, chutando a barriga da minha mãe por dentro, como já mencionei. Mas o que não mencionei foi que eu estava tentando sair com raiva. Simplesmente não havia espaço suficiente lá para um feto cinético, e eu não conseguia conter minha frustração com toda a experiência de ficar no útero. Frustração e impaciência com desejos não realizados muitas vezes levam à violência. *Quero sair!* Esse foi meu primeiro ato de rebeldia contra o sistema. Eu estava expressando minha raiva contra a máquina da existência, conceitos dos quais não tinha consciência na época, nem poderia expressar em meu estágio de desenvolvimento pré-natal de outra forma que não fosse chutando. Qualquer grupo minoritário que foi oprimido, suprimido, impedido, cuspido (literal e figurativamente), espancado, zombado, alvejado com jatos d'água, ou foi vítima de genocídio ou outras atrocidades sistêmicas pode se identificar.

Ao entrar na fase infantil, eu descontava minha raiva em panelas e frigideiras no chão da cozinha, irritando minha mãe enquanto ela cozinhava. Aos 10 anos, durante os verões entediantes nos subúrbios dos EUA, eu liberava minha natureza violenta nascente em aranhas de perna longa (também chamadas de opiliões) que encontrava no pedaço quente de cimento entre as telhas e o gramado. Pegava uma pela perna, levava para o pátio dos fundos e arrancava uma perna de cada vez do abdômen, observando com grande maravilha enquanto as pernas continuavam a se contorcer mesmo depois de removidas do resto do corpo. Na minha mente, justificava isso como a curiosidade de um futuro entomologista. Mas também me sentia como Dennis, o Pimentinha, fazendo bullying, dominando e atormentando criaturas vivas que não eram consideradas seres sencientes. Essa última parte salvava minha consciência. Mal sabia eu que elas *eram* seres sencientes no sentido budista. Nem por um momento pensei que estava cometendo um ato violento. Mas eu estava.

Eu era o garoto que derrubava todas as peças do tabuleiro — Scrabble, Banco Imobiliário, xadrez, damas — quando via que perderia. Odiava minha irmã e meu pai por me vencerem e a frase "use as palavras" ainda não havia entrado no vocabulário dos meus pais. Minha raiva e minha vergonha sequestravam minha amígdala, como diria o autor/psicólogo de *Inteligência Emocional*, Daniel Goleman.

Eu tinha uma hostilidade interna que descontava, por exemplo, em minha indefesa irmã Sue, três anos mais velha, mas pequena e sem nenhum senso de humor quando eu a chutava no banco de trás do carro até ela gritar: "Mãe, o Perry tá me chutando!" Então ela arranhava meu braço. Eu estava sempre arranhado, mas isso não me detinha.

Meu pai me comprou um saco de pancadas e luvas, com a esperança de que eu extravasasse minha violência de forma socialmente aceitável. Essa era a versão dele de socar um travesseiro, uma abordagem psicológica para liberar a raiva chamada teoria da catarse ou, mais coloquialmente, "botar para fora". Popular nos anos 1970, foi amplamente desacreditada nas décadas seguintes. De fato, em um estudo de 2002, o psicólogo Brad Bushman e colegas da Universidade Estadual de Iowa descobriram que liberar a raiva reforça os impulsos agressivos.

Mais tarde, não graças ao meu pai, descobri a arte do sarcasmo, que os psicólogos considerariam um "mecanismo de defesa por sublimação". Eu prefiro entender isso de uma maneira diferente — como um ataque preventivo antes que o outro cara sequer pense em respostas espirituosas. É uma cobertura para a insegurança e um dos exemplos mais claros de comportamento passivo-agressivo.

O próprio Gandhi utilizava o sarcasmo para cutucar e provocar, repreender e embaraçar. O melhor exemplo seria quando, em uma viagem a Londres, um jornalista ocidental lhe perguntou: "O que você acha da civilização ocidental?" Gandhi respondeu: "É uma boa ideia." Isso foi durante o período em que os governantes britânicos da Índia tratavam seus súditos coloniais de maneira muito pouco civilizada.

Em sua obra-prima, "Masters of War", do álbum de 1963 *The Freewheelin' Bob Dylan*, o cantor folk norte-americano por excelência apresenta o argumento mais forte para a futilidade e a inutilidade das guerras, sancionadas e financiadas por políticos e grandes interesses financeiros.

A guerra, no campo de batalha militar, está longe de ser o único perpetrador de violência. Quase todos os dias desde que comecei a escrever isto, mais um ato devastador de violência armada na América tem dominado as manchetes, deixando uma nuvem de tristeza e medo sobre a cabeça de todos. Esses incidentes criaram zonas de guerra nos ambientes cotidianos de escolas, igrejas, sinagogas e supermercados.

"O mundo está preso na cultura da violência, uma cultura que se infiltrou tão profundamente em nós que tudo sobre nós é violento. Nossos esportes, nosso entretenimento, nossa linguagem, nossos relacionamentos, nossas religiões — tudo é violento."

Essas foram as palavras mais perturbadoras que ouvi em meses de viagens globais seguindo os passos de Gandhi e além. Foi triste ouvi-las de qualquer pessoa, mais ainda quando ditas por um homem que escreveu para o *Times of India* por trinta anos e fundou uma organização dedicada ao estudo da não violência. Mas a parte mais impactante foi que essas palavras saíram da boca de Arun Gandhi, um dos cinco netos de Mahatma Gandhi.

Alguns anos antes, cheguei a uma conclusão semelhante à de Arun — de uma perspectiva antropológica sociocultural — quando estava em frente a uma vitrine no Chhatrapati Shivaji Maharaj Vastu Sangrahalaya em Mumbai (quando ainda era chamado de Museu do Príncipe de Gales da Índia Ocidental). Encarei a vitrine, vendo as armas de guerra mais antigas conhecidas desde o início dos tempos registrados. *Esse negócio de assassinato existe há muito tempo, pensei, desde que o homem conseguiu distinguir a si mesmo e sua gangue tribal do outro,* qualquer *outro.* O outro era seu inimigo, seu concorrente por comida ou bebida ou território ou, no caso dos machos, pela portadora de seus descendentes. Minha mente viajou para a cena de abertura do filme *2001: Uma Odisseia no Espaço*, de Stanley Kubrick, que saiu em 1968, quando 2001 parecia estar a anos-luz de distância. A cena cativante mostra o momento em que os macacos descobrem que ossos secos poderiam ser usados para matar e afastar outros desconhecidos, no caso, um grupo tentando beber do mesmo poço. Todos entendem a representação metafórica quando um osso que o macaco joga no ar se transforma em uma nave espacial 50 milhões de anos depois.

A violência assume muitas formas. Um informe do Centro de Controle e Prevenção de Doenças, talvez mais conhecido como CDC, inclui entre elas a violência entre parceiros íntimos, violência sexual, maus-tratos infantis, bullying, comportamento suicida, abuso e negligência de idosos. Infelizmente, a incidência da maioria dessas formas de violência tem aumentado. O ex-presidente dos EUA, Donald Trump, quase sozinho trouxe o bullying para o centro das atenções antes, durante e depois de seus quatro anos na Casa Branca, com suas diatribes verbais contra inimigos, apesar do slogan antibullying "Be Best" ["Seja Melhor"] de sua esposa Melania. Quanto à questão de saber se seu estilo agressivo levou à violência real perpetrada por seus seguidores no Capitólio dos EUA em 6 de janeiro de 2020, após ele perder a eleição presidencial, tire suas próprias conclusões. Pessoalmente, não tenho dúvidas de que, *ipso facto*, ele foi o catalisador. Na esteira daquele dia, cinco pessoas morreram, 139 policiais ficaram feridos e aproximadamente US$30 milhões em danos foram causados ao edifício.

O assédio sexual está bem no topo dessa lista de violências. E os sinais indicam que está crescendo. A Comissão de Igualdade de Oportunidades de Emprego dos EUA relatou um aumento significativo no número de denúncias de assédio sexual que recebeu nos dois anos após a popularização do movimento #MeToo. Se esse aumento foi resultado de mais conscientização e mais coragem para denunciar os ataques, que assim seja. Você consegue imaginar o que acontecia antes do movimento?

O assédio sexual e o estupro estão aumentando na Índia, de acordo com uma compilação do Escritório Nacional de Registros de Crimes desse país. O relatório mostrou um aumento de 13,2% nos crimes gerais contra mulheres em 2021 em comparação com o ano anterior — crimes que incluem estupro, molestamento, ataque com ácido, crueldade por parte do marido ou seus parentes e violência doméstica, entre outros.

Os princípios e as técnicas não violentos tornados famosos na luta de Gandhi pela independência na Índia foram obviamente influentes nas décadas que se seguiram. Sabemos que a não violência e a desobediência civil foram pilares centrais para o dr. Martin Luther King Jr. e Nelson Mandela em suas lutas por igualdade e justiça. Mas e quanto às tentativas modernas de mudar o status quo? Será que os conceitos gandhianos provaram ser bem-sucedidos mais recentemente? Se não, o que deu errado?

Um movimento dramático que tomou conta da mídia norte-americana e da consciência coletiva em setembro de 2011 foi o Occupy Wall Street, quando manifestantes ocuparam parques e outros locais — primeiro em Nova York, logo depois em outras cidades — para protestar contra a influência do dinheiro corporativo na política, os resgates bancários após uma crise financeira global e a crescente desigualdade econômica entre o 1% mais rico e os outros 99% da América. A intenção era ser como os *sit-ins* dos direitos civis dos anos 1960, manifestações pacíficas sem intenção de violência. Em novembro de 2011, o Departamento de Polícia de Nova York expulsou à força os manifestantes originais.

Durante o auge do movimento em outubro de 2011, um representante do Occupy, Guillaume Marceau, foi citado no *Economic Times* (um jornal indiano em língua inglesa). "O espírito de Mahatma Gandhi é tremendamente sentido aqui. Occupy Wall Street é um movimento não violento", disse Marceau. Ele acrescentou que o Occupy Wall Street se baseava na "liderança técnica e espiritual dos líderes clássicos da não violência, como Gandhi". Marceau também disse à Forbes Índia: "A comunidade aqui fez grandes esforços — bem-sucedidos — para reafirmar todos os dias seu compromisso com a não violência."

No entanto, com centenas de protestos em todo o mundo e sem uma liderança central, o Occupy inevitavelmente teve confrontos com a polícia. Mesmo que a agressão tenha se originado das forças de segurança, algumas respostas acaloradas dos manifestantes dificultaram a manutenção do paradigma de protesto pacífico aos olhos da opinião pública. No fim das contas, o movimento que começou com tanto otimismo ingênuo terminou abruptamente com uma ação da polícia de Nova York no meio da noite. O prefeito Michael Bloomberg ordenou a ação em que manifestantes foram presos e evacuados, e suas propriedades sumariamente descartadas. Embora as mensagens sobre a disparidade econômica tenham alcançado uma ampla faixa da América por meio do Occupy e se espalhado pelo mundo, o movimento é considerado um fracasso, pois seus principais objetivos não avançaram com seus esforços.

Da mesma forma, testemunhamos o que parecia ser uma força sem precedentes do movimento Black Lives Matter após o assassinato de George Floyd no verão de 2020. À medida que as ruas se enchiam de manifestantes ao redor do mundo, parecia que uma nova página na história estava sendo virada e o próximo passo seria um processo de reparações reais. Em vez disso, os manifestantes foram pintados como "arruaceiros" por vozes conservadoras, e uma reação negativa surgiu. Um dos piores e mais sangrentos confrontos ocorreu em Portland, Oregon. O movimento também se espalhou pelo mundo com uma variedade de diferentes grupos. O legado de Gandhi foi varrido do movimento, enquanto manifestantes vandalizavam estátuas dele, acusando-o de racismo.

Então, por que o protesto não violento parece estar falhando em nossos dias, quando foi uma ferramenta tão poderosa para Gandhi e seus seguidores? Um dos criadores do Occupy Wall Street, Micah White, escreveu um artigo em 2017 para o jornal *The Guardian* intitulado "Occupy e Black Lives Matter Falharam. Podemos Ganhar Guerras ou Ganhar Eleições." Ele escreve: "Os ativistas assumem que, se conseguirmos colocar cidadãos suficientes nas ruas, nós, o povo, exerceremos magicamente uma autoridade popular sobre os representantes eleitos. É uma bela história. Mas não é mais verdade... a soberania do povo está morta e todo protesto é uma luta desesperada para reviver o cadáver. É hora de tentar um método diferente."

A resposta de White não é realmente travar uma guerra, mas colocar pessoas em posições de poder que possam implementar mudanças. A ideia é respaldada pela onda extraordinária de mulheres e pessoas não brancas concorrendo a cargos eletivos desde 2020.

A lição pode ser que confiar apenas na tradição do protesto não violento não é uma solução para todos os problemas sociais. Como Gandhi esperava, o autogoverno seria um componente importante para nos manter unidos. Ele incentivava a participação na democracia por todas as pessoas, incluindo mulheres, ricos e pobres, e todas as raças e castas.

A não violência não é apenas a ausência de algo; devemos incorporar esforços para ações positivas também. Seja um protesto global seja a transformação interna de uma pessoa, não alcançamos mudanças apenas identificando e removendo o que é prejudicial; devemos preencher esse espaço vazio com opções melhores. Gandhi resumiu isso dizendo que, em uma democracia, bons fins não podem vir de meios questionáveis.

Enquanto culturas, nações, tribos e outros povos lutam em guerras intermináveis impulsionadas pela xenofobia, o medo ou o ódio ao que é percebido como estrangeiro ou estranho em um país, eu escolhi seguir um novo caminho de concepção da paz interna.

Meu caminho pessoal para a paz interior começou ao desligar a CNN e outros meios de comunicação televisivos, que transmitem tanta violência e rancor… e isso apenas nos programas de debates. Boicotei os debates presidenciais norte-americanos de 2020, que colocaram o bulldog Donald Trump contra o poodle Joe Biden. Eu sabia que seria um banho de sangue feio, quase violento, uma briga de cachorros. Com o passar dos dias, diminuindo lenta, mas seguramente, como se fosse um vício, no começo senti falta de acompanhar as notícias, até sentia falta da adrenalina de amar odiar assistir a notícias ruins e perturbadoras. Então, uma espécie de paz tomou conta de mim. Descobri que minha vida podia continuar sem falar sobre notícias e política com amigos, conversas que também me agitavam. Eu podia continuar, e até melhor. A vida parecia seguir em frente sem minha participação. É triste, porém, o fato de que, quando voltei a assistir, as notícias não haviam melhorado. Inevitavelmente, como tem sido o caso hoje, haviam piorado. Mas agora eu podia testemunhar isso de uma distância segura, de forma mais objetiva e com menos ansiedade.

Retirar-se das conversas e das influências da violência é uma solução temporária e possivelmente necessária para lhe dar espaço para encontrar a paz interior. Uma vez encontrada, essa paz será sua ferramenta para reentrar em um mundo brutal com mais clareza e intencionalidade. Houve momentos, como li, que Gandhi fez algo semelhante ao não ler jornais por breves períodos de tempo. Ele também tirava um dia de silêncio toda semana para esse propósito.

Em seguida, parei de assistir a jogos de futebol americano e outros esportes de contato físico. Fui um fã fervoroso do meu San Francisco 49ers por muitos anos, e de qualquer outro time onde morei (os New England Patriots, os New York Football Giants) e percebi que tinha me dessensibilizado à violência física exibida no campo. Minha mãe acabou estando certa: quando assistíamos ao esporte juntos, a cada tacada violenta, ela lamentava "a desumanidade do homem para com o homem".

Na verdade, o futebol americano costumava ser ainda mais brutal. Segundo o *Washington Post*, pelo menos 45 jogadores morreram entre 1900 e 1905, muitos por ferimentos internos, pescoços quebrados, concussões ou costas quebradas, atribuídas à "brutalidade desnecessária". Em 1905, após um clamor público, o presidente Theodore Roosevelt convocou reformas nas regras do jogo, com o intuito de tornar o esporte mais seguro, embora os capacetes não tenham sido obrigatórios até décadas depois, em 1939.

E, ainda assim, o futebol continuou a atingir níveis críticos de traumatismo craniano e concussões entre os jogadores, levando o presidente Barack Obama a pedir novas mudanças em 2014 devido às lesões na cabeça relacionadas ao esporte. Um estudo publicado no *Journal of the American Medical Association* (JAMA) em 2017 descobriu que 99% dos ex-jogadores da National Football League (NFL) cujos cérebros passaram por autópsia foram diagnosticados com encefalopatia traumática crônica (CTE), uma condição cerebral progressiva com sintomas incluindo perda de memória, confusão, julgamento prejudicado, problemas de controle de impulsos, agressão, depressão, ansiedade, tendências suicidas, doença de Parkinson e, no final, demência progressiva.

Depois de ter abandonado a NFL nos últimos dois anos, com certeza houve momentos em que senti falta da camaradagem com amigos e do espírito comunitário de torcer pelos heróis locais. Mas sinto falta da adrenalina misturada com testosterona, da indulgência excessiva na comida e na bebida do dia do jogo, e da raiva justa toda vez que meu time sofre uma má decisão ou uma oportunidade perdida? Talvez um pouco, mas é principalmente sobre como eu meço as mudanças sazonais ao redor do esporte, sentindo a passagem do tempo e da luz do sol do fim do verão ao outono, até os dias escuros do Super Bowl.

A violência em campo também, infelizmente, transbordou para a vida pessoal dos jogadores, pois a CTE foi associada a incidentes de agressão e violência doméstica em atletas profissionais. Estudos têm mostrado que a violência no jogo também aumenta a probabilidade de atos violentos por parte dos espectadores. É comum que os fãs briguem nas arquibancadas, direcionando violência uns aos outros e até mesmo aos dirigentes e atletas. Centenas de fãs morreram ou ficaram feridos durante as celebrações das partidas de futebol.

O futebol não é o único esporte no qual aceitamos a violência e a agressão como parte do jogo. O hóquei é notório por seu contato pesado, e jogadores já foram processados por agressões no gelo que beiravam o crime. Regular a violência durante um jogo geralmente foi deixado para as ligas esportivas profissionais e seus dirigentes. Para deter a violência e as lesões graves, a indústria se baseia em penalidades, multas e suspensões como punição após o fato.

Um jogador de hóquei, por exemplo, pode ser penalizado por inúmeras infrações, incluindo: empurrar na borda, usar a extremidade do taco para golpear, acertar com o corpo, atingir o adversário abaixo da cintura, atingir com o taco, cotovelada, briga, acertar com o taco acima dos ombros, segurar o adversário, usar o taco como gancho, joelhada, empurrão e soco com o jogo parado, atingir partes do corpo com o taco, dar estocada no adversário e fazer o adversário tropeçar com o taco. No futebol americano, as penalidades podem resultar de falta no passador e no *kicker*, violência desnecessária, segurar, atingir o oponente com a coroa do capacete e rasteira. Se um arremessador de beisebol atinge intencionalmente o rebatedor, ele pode ser expulso. No basquete, as faltas flagrantes 1 e 2 foram introduzidas na temporada de 1990-1991 para lidar com o contato "desnecessário" ou "excessivo". Ainda assim, essas ações parecem ter pouco impacto geral no jogo seguinte.

Como não sou fã de esportes de inverno no gelo, golfe ou ginástica, o único em que me fixei, no qual os competidores estão longe uns dos outros no campo, foi o tênis. Na verdade, ele tem um efeito calmante e relaxante sobre mim, o vai e vem das longas trocas de bola me hipnotizando como a prática meditativa de observar minha respiração entrar e sair. Nos últimos anos, até mesmo o tênis tem sido assolado por seus próprios tipos de violência, com o aumento das violações do código por abuso de raquete, obscenidades audíveis e conduta antidesportiva. As coisas ficaram tão fora de controle que, em abril de 2022, a Associação de Tenistas Profissionais instruiu sua equipe de arbitragem a adotar uma postura mais rigorosa ao julgar violações do código de conduta.

Os esportes não são os únicos "jogos" que incentivam comportamentos violentos. A violência nos videogames também é uma área de preocupação — um contribuinte para a violência potencial com o qual Gandhi nunca teve que lidar ou sequer imaginar. Jogar videogames participativos, como os infestados de violência *Doom*, *Wolfenstein 3D* ou *Mortal Kombat*, pode aumentar pensamentos, sentimentos e comportamentos agressivos em ambientes de laboratório e na vida real, conforme relatado em estudos na edição de abril de 2000 do *Journal of Personality and Social Psychology* da American Psychological Association (APA). Isso acontece mais em jogos violentos interativos que exigem que o jogador se identifique com o agressor.

Um dos principais pesquisadores, o psicólogo Craig A. Anderson, escreveu: "Os videogames violentos fornecem um fórum para aprender e praticar soluções agressivas para situações de conflito. A curto prazo, jogar um videogame violento parece afetar a agressão ao estimular pensamentos agressivos. Os efeitos a longo prazo provavelmente serão mais duradouros também, à medida que o jogador aprende e pratica novos scripts relacionados à agressão que podem se tornar cada vez mais acessíveis para uso quando surgem situações de conflito na vida real."

Em um estudo publicado na *JAMA Pediatrics*, a revista médica mensal revisada por pares da American Medical Association, o professor de psicologia Douglas Gentile, da Iowa State University, e um especialista nos efeitos da mídia em crianças e adultos, mostrou que crianças que jogam videogames violentos repetidamente começam a pensar de maneira agressiva, o que pode influenciar seu comportamento real.

Em 2020, a Índia baniu o jogo de luta *PUBG Mobile* por ser muito violento. A medida foi motivada, em parte, por histórias de suicídios e automutilação por usuários, além de relatos de pais sobre os hábitos viciantes dos filhos em torno do jogo. Por sorte, o videogame é um vício que eu nunca tive.

Nasci em Nova York, fui criado em Nova Jersey e também morei muitos anos em Boston e arredores. Qualquer pessoa que seja dessas regiões ou que tenha passado algum tempo por lá sabe que xingar era uma parte vital do meu vocabulário coloquial. Uma exclamação adjetival bem colocada vem naturalmente e é muito adaptável a todos os tipos de momentos e interações. Basta assistir a alguns episódios da série da HBO *The Sopranos* — sobre a fictícia família da máfia que vivia em North Caldwell, Nova Jersey, que de fato fica a apenas 10km de onde cresci — para confirmar isso.

Xingamentos, palavrões, profanidades, linguagem vulgar, palavras de baixo calão, linguagem ofensiva, expletivos, obscenidades, palavras ofensivas, praguejamentos, maldições se você quiser ser mais erudito, e o velho e bom recurso, palavras sujas. Seja qual for o nome que você prefira dar a elas, essas expressões contêm uma energia agressiva, até mesmo violenta, quando são proferidas.

Alguns estudos examinaram a correlação entre o uso de obscenidades e a violência. Em um deles, por exemplo, pesquisadores da Brigham Young University (BYU) descobriram que estudantes do ensino fundamental II que assistiam TV e jogavam videogames com palavrões eram mais propensos a usar palavrões e, por sua vez, eram mais inclinados a ser fisicamente violentos e agressivos na forma como tratavam os outros. Os resultados foram publicados no periódico revisado por pares *Pediatrics*, da American Academy of Pediatrics.

"Palavrões são como um degrau", disse a pesquisadora Sarah Coyne, da BYU. "Você não vai ao cinema, ouve uma palavra feia e depois sai disparando. Mas, quando os jovens ouvem e depois experimentam palavrões por si mesmos, isso pode iniciar uma trajetória descendente em direção a um comportamento mais agressivo."

"A prática tola e perversa de xingamentos e palavrões profanos é um vício tão mesquinho e baixo que toda pessoa sensata e de caráter detesta e despreza", opinou George Washington, o primeiro presidente dos EUA.

Há poucas pesquisas que mostram uma alta correlação entre o uso de palavrões e a violência. Em uma dissertação, Seth Adam Gitter, aluno de doutorado na Florida State University, escreveu: "A ausência de evidências não prova o fato, no entanto. Há uma possibilidade distinta de que a linguagem profana, mesmo que passageira, possa influenciar o comportamento das pessoas de maneiras indesejáveis."

Quando uso uma dessas palavras, sinto um pico — de adrenalina, de raiva, de força e de poder — e, por fim, uma tendência à violência, mesmo quando não é manifestada. Sinto-me mais macho, para simplificar. Eu domino a pessoa com quem estou falando, mostro meu lado mais sombrio e, com sorte, a intimido ou, pelo menos, demonstro verbalmente que sou capaz de uma raiva impetuosa.

Estudos confirmam essa impressão. Pesquisas mostram que usar palavrões ativa a amígdala e que os palavrões costumam preceder ou acompanhar a agressão física em crianças.

Com isso em mente, uma das maneiras que escolhi para reduzir, senão eliminar completamente, a violência da minha própria vida foi reduzir, senão eliminar completamente, essas palavras do meu vocabulário. Não foi muito difícil. Há muitas alternativas, incluindo *poxa vida, caramba, puxa, ahhh droga, ahhh não, mas queeee...*

Descobri que essa mudança de linguagem, como os linguistas chamam, me fazia sentir uma pessoa mais gentil e amável. Na companhia de outros homens usando palavrões, isso me fazia sentir quase santo, até mesmo piedoso. E, para ser honesto, um pouco menos masculino. Isso me desafiou a usar minha bem documentada habilidade criativa com palavras para encontrar formas diferentes de expressar meus sentimentos. Existem muitas. Então, o que eu diria em vez de "P*** que pariu"? Peraí, *que pariu* também faz parte do palavrão?

Procurei online por conselhos que pudessem me ajudar a parar de xingar. Uma fonte mostrava três maneiras: arrume um amigo que também tenha o hábito de xingar, alguém que possa ficar como responsável; evite os gatilhos que fazem você xingar (mas como fazer isso, na prática?); ou use o frequentemente utilizado "pote do palavrão", no qual você deposita uma quantia de dinheiro cada vez que viola a regra, com o valor arrecadado indo para a caridade ou um item necessário que todos possam compartilhar.

Tendo começado a dominar o uso dessas palavras na companhia de outros e a sentir meu lado mais suave e menos agressivo, tentei então bloqueá-las do meu monólogo interno. Você sabe o que quero dizer. Quando derrama café no banco do carro: "Ahhhh m****!" Quando você esquece de pagar uma conta a tempo: "Perry, seu filho da p***!" Quando você bate o dedão do pé: "P****!"

Essa tentativa foi muito difícil para mim. Culpe Nova Jersey, Boston e o jeitão fdp de Nova York.

"Paus e pedras podem quebrar meus ossos, mas palavras nunca me machucarão."

Você com certeza já ouviu e provavelmente usou esse ditado, com a intenção de aumentar a resiliência, evitar retaliações físicas e difundir atos de violência iminentes.

Mas isso não é verdade. Palavras podem e machucam. Muito depois do olho roxo, da costela machucada ou de algo pior ter cicatrizado, aquele insulto cheio de xingamentos feito a você continuará ecoando dentro da sua cabeça, convencendo-o de que estavam certos. Muitas vezes, essas avaliações cruéis do seu caráter são intencionais, às vezes dissimuladas (por exemplo, usando sarcasmo e uma linguagem passivo-agressiva, nos quais eu tenho medalhas de ouro olímpicas), e, muitas outras, não intencionais, pelo uso preguiçoso ou ignorante da língua que você fala.

Os palavrões, como mencionei, têm sua própria carga de violência. Mas todas as palavras, imprudentes e usadas de forma descuidada, ditas com pressa emocional ou estrategicamente programadas para atingir nos seus piores momentos, podem deixar feridas e cicatrizes tão profundas quanto as feitas por paus e pedras, armas e facas. Essas feridas podem machucar tanto o emissor quanto o receptor da comunicação.

Culpado desse tipo de violência e buscando maneiras de minimizar o dano colateral verbal que estava causando aos outros e a mim mesmo, tive a sorte de me deparar com uma tarefa como consultor de mídia para uma organização cuja missão eu não sabia nada sobre. Ela se chama BayNVC, um grupo de Oakland, Califórnia. NVC, que significa comunicação não violenta (também conhecida como comunicação consciente), é uma abordagem baseada em princípios de não violência, introduzida pela primeira vez na década de 1960 por Marshall Rosenberg, um psicólogo norte-americano cujo livro de autoajuda *Comunicação Não Violenta* é considerado uma autoridade sobre o assunto. Mais tarde, ele fundou o Center for Nonviolent Communication, uma organização internacional sem fins lucrativos. Hoje, há cerca de novecentos treinadores de NVC ao redor do mundo.

A NVC evoluiu a partir de conceitos usados na terapia centrada na pessoa, que basicamente é uma terapia de conversa. Ela sustenta que a maioria dos conflitos entre indivíduos ou grupos surge de falhas de comunicação sobre suas necessidades devido a uma linguagem coercitiva ou manipuladora que visa infundir medo, culpa, vergonha e intimidação — modos de comunicação linguisticamente violentos que desviam a atenção da clareza das necessidades, dos sentimentos e das percepções, perpetuando assim o conflito. Portanto, a NVC primeiro tenta criar empatia na conversa, estabelecendo um ambiente para facilitar a discussão sobre soluções que atendam às necessidades de todas as partes. O objetivo é a harmonia interpessoal, tendo a cooperação como desfecho final. Ela rejeita formas coercitivas de discurso; seu objetivo é reunir fatos com a observação sem avaliação, expressando genuína e concretamente sentimentos e necessidades, e formulando pedidos eficazes e empáticos. Examinando isso, alguém poderia colocá-la sob o guarda-chuva da psicolinguística ou da psicologia da linguagem, o estudo da inter-relação entre fatores linguísticos e aspectos psicológicos.

A organização lista três aplicações práticas desse estilo de comunicação: (1) autoempatia, explicada como "conectar-se de forma compassiva com o que está acontecendo dentro de nós", notando nossos pensamentos e julgamentos sem julgamento, e observando as necessidades que nos afetam; (2) recebimento empático, que é conectar-se "com o que está vivo na outra pessoa e o que tornaria a vida maravilhosa para ela", uma compreensão do coração em que vemos a beleza na outra pessoa, a energia divina nela, focando ouvir as observações, os sentimentos, as necessidades e os pedidos subjacentes; e (3) expressão honesta, em termos de observação, sentimento, necessidade e pedido.

Usar esses componentes juntos minimiza as chances de as pessoas se perderem em especulações potencialmente desconexas sobre o que você quer delas e por quê. Muito pouco desse jargão psicológico fazia sentido para mim. Havia uma vibração de New Age que fazia meus olhos se revirarem e meu cérebro se embaralhar, apesar do fato de que eu fiz parte do movimento New Age nos meus 20 e 30 anos. Mas eu precisava prestar atenção se queria mudar meu comportamento. Havia algumas evidências de que funcionava: uma análise profissional publicada em 2013 de treze estudos sugeriu um aumento na empatia subsequente à aplicação da NVC.

Eu aceitei o trabalho e fui conhecer Miki Kashtan, cofundadora e principal treinadora do BayNVC. Nascida e criada em Israel, Miki é uma mulher intensa, com uma franqueza direta e sem rodeios. Em nossa primeira conversa, ela foi bastante assertiva e brilhante. Escritora prolífica, é autora de vários livros e de inúmeros materiais de treinamento, desenvolvimento e blogs. Ela pensava tão rápido que interrompia algumas das minhas perguntas e respondia ao que já sabia que eu perguntaria. Era curta e abrupta, ia direto ao ponto. Porém, senti um coração sincero e um compromisso genuíno em ajudar os outros a encontrar formas não violentas de comunicação humana.

Como ela diz em sua biografia no site da Peace Alliance: "Cresci em Israel, um dos pedaços de terra mais atormentados do mundo. Agora dedico minha vida a tornar a guerra obsoleta. Eu sou o Rosto da Paz."

Participei de algumas sessões em grupo e achei a experiência e o método extremamente desafiadores, mas benéficos a longo prazo. Parecia que tudo o que saía da minha boca quebrava algumas diretrizes básicas da NVC. No começo, isso me fazia parar a cada palavra ou frase, examinando-a de todos os lados para possíveis significados e efeitos. Fiquei espantado com a quantidade de coisas que eu dizia e que ofendiam alguém, com o quanto de comportamento violento sai inadvertidamente da boca de todos. Aos poucos, à medida que eu pré-visualizava o que diria antes de deixar as palavras saírem, comecei a reformular meus pensamentos com muito mais empatia pelos outros... e, depois de um tempo, até senti empatia por mim mesmo.

Miki encontra esses problemas em relacionamentos e no local de trabalho, onde ela tem atuado como consultora para organizações. Em um ensaio no *New York Times*, ela escreveu:

> Colaborar para alcançar um objetivo comum exige enfrentar a dissidência. Na maioria dos locais de trabalho, no entanto, falar livremente é arriscado. Diferenças de poder e hábitos de passividade levam muitas pessoas a ficar em silêncio. Repetidamente, tenho visto a colaboração promover um ambiente onde todos são livres para contribuir com todo o seu potencial. Com essa liberdade e um senso de propósito comum, as pessoas se expandem em novas direções de forma voluntária... Às vezes, a colaboração exige a transformação

de hábitos profundos de desconfiança. Embora a colaboração — ou "trabalhar juntos" (*collaborare* em latim) — não seja fácil, torna-se mais fácil quanto mais acolhemos as diferenças e até mesmo os conflitos em prol de um todo maior. Os resultados são maior confiança, aumento da produtividade e rica criatividade.

Essa ideia de comunicação não violenta está em toda a obra de Gandhi, em seus discursos e filosofia, antecipando e orientando o trabalho de Marshall Rosenberg, Miki Kashtan e centenas de treinadores ao redor do mundo.

Como ser Gandhi... Não Violentamente

É quase impossível se desligar da enxurrada de imagens e ações violentas que a sociedade nos impõe, seja pessoalmente seja nas notícias, influenciando de forma negativa nossa capacidade de permanecer calmo e pacífico. No entanto, existem algumas coisas que você pode fazer e não fazer.

Por exemplo, não bata em um travesseiro; sente-se nele — como em uma almofada de meditação, também conhecida como zafu. Esse é possivelmente o mais antigo método conhecido pela humanidade para minimizar o estresse, que gera violência na mente. Como muitas pesquisas provam, o simples ato de observar sua respiração em silêncio, como o Buda fez com a meditação vipassana (a palavra em páli que significa "ver as coisas como são de fato", literalmente "visão especial", e agora também chamada de insight), reduz a frequência cardíaca, a frequência respiratória e a pressão arterial, aumentando a autoconsciência, a paz interior e a calma.

O exemplo mais radical que testemunhei do poder da meditação até mesmo com criminosos endurecidos foi quando visitei a Prisão Tihar em Deli, Índia, onde os presos que participaram de retiros de vipassana de dez dias dentro das instalações mostraram ocorrências reduzidas de reincidência. Ou seja, uma vez de volta à sociedade, sob a influência calmante da meditação, eles eram menos propensos ao comportamento violento que os levou à prisão em primeiro lugar. Eles literalmente se re-formaram.

Além disso, diga não tanto quanto possível à violência que entra na sua vida — notícias de tiroteios em escolas, histórias sobre estupro, letras de rap cheias de raiva e palavrões lançados como punhais contra as pessoas, esportes definidos pela violência, como boxe, luta livre, hóquei e futebol americano, pessoas que você encontra e que explodem com raiva quase violenta, e pensamentos em sua própria mente que castigam você.

Capítulo 5

Gandhi no Reino Unido

A Mistura Cultural da Grã-Bretanha

Em 2 de outubro de 2021, no 152º aniversário de Mahatma Gandhi, tive a sorte de estar em Londres após uma espera frustrante de dezoito meses devido à Covid. Por que eu estava em Londres ou na Inglaterra? Em 1888, aos 19 anos, Gandhi deixou sua cidade natal, a cidade portuária de Porbandar (com menos de 100 mil habitantes na época), e embarcou em um navio para Londres, onde passaria os próximos três anos estudando direito no Inner Temple, formalmente conhecido como a Honourable Society of the Inner Temple.

Londres era a maior cidade do mundo naquela época (seguida apenas da cidade onde nasci, Nova York). Em 1851, mais de 38% dos londrinos tinham nascido em outro lugar. A Grande Londres tinha uma população que ultrapassava 3 milhões na última década do século XIX. Esse número saltou para mais de 7 milhões em 1910. Durante o mesmo período, o fluxo de imigrantes aumentou de um fluxo constante para um rio furioso de imigração humana.

Os primeiros registros significativos de indianos chegando ao Reino Unido datam dos séculos XVIII e XIX, quando a Companhia das Índias Orientais contratou muitos indianos para servirem como tripulantes. O primeiro grande influxo de imigrantes indianos ocorreu no fim da Segunda Guerra Mundial e na dissolução do Império Britânico. Muitos vieram como trabalhadores nas indústrias têxtil e ferroviária. O número de residentes nascidos na Índia aumentou quase 45% durante os primeiros dez anos do século XXI. Hoje, os indianos são a maior minoria étnica no Reino Unido, com uma população de 1,5 milhão, ocupando a sexta posição entre as comunidades da diáspora indiana.

Para o jovem Mohandas, o choque cultural inicial ao chegar foi quase insuportável. Mas sua visão focada o ajudou a superar isso. Sua missão singular, além de passar no exame de advocacia, era adaptar-se e adotar os modos do Ocidente. Ele ganharia essa experiência por meio desse virtual epicentro do mundo, no país que havia colonizado a Índia em 1858 e governado por quase cem anos, muitas vezes sem consideração pelo bem-estar dos habitantes da "joia da coroa".

O relacionamento entre indianos e ingleses sempre me intrigou. Alguns dizem que os indianos reverenciam todas as coisas britânicas porque foram sistematicamente doutrinados — poderíamos dizer burocratizados até a insensibilidade e a submissão, com a ajuda do poder militar da Inglaterra. Outros dizem que a Índia, com sua história de monarquias régias, conseguia se identificar com a mesma tradição na Inglaterra. Há ainda aqueles que aparentam gostar dos britânicos, mostrando a rigidez que aprenderam com seus senhores, enquanto em privado os desprezam com vingança no coração. De qualquer modo, por que um povo forçado a se sentir diminuído comparativamente estimaria a Inglaterra em tão alta conta e um jovem aspirante a advogado viajaria a Londres para ser certamente submetido a sucessivas humilhações?

Estava tentando conhecer seu inimigo? Essa famosa frase vem do general chinês Sun Tzu, do século VI, em sua obra *A Arte da Guerra*. A citação completa, a propósito, é assim: "Conheça seu inimigo e conheça a si mesmo; em cem batalhas, você nunca será derrotado. Quando você ignora o inimigo, mas conhece a si mesmo, suas chances de vencer ou perder são iguais. Se ignorar tanto seu inimigo quanto a si mesmo, você certamente será derrotado em todas as batalhas." Gandhi estaria desde já pensando em uma batalha pela independência?

Enquanto ele sofria para se adaptar à comida, vestimenta e etiqueta ocidentais, sentia-se desajeitado. Seu vegetarianismo se tornou uma fonte contínua de constrangimento; seus amigos avisavam que isso arruinaria seus estudos e saúde. Felizmente, ele encontrou o único restaurante vegetariano da cidade, além de um livro que oferecia uma defesa racional do vegetarianismo. Embora tivesse crescido em um lar que seguia a estrita tradição hindu dos vaishnavas, o entusiasmo que desenvolveu pelo vegetarianismo ajudou a tirar o jovem tímido da concha e deu-lhe um novo equilíbrio e propósito. Ele se tornou membro do comitê executivo da Sociedade Vegetariana de Londres, participando de suas conferências e contribuindo com artigos para sua revista.

Com meu chapéu de repórter de testemunha ocular, um pequeno caderno espiral que cabe em qualquer bolso e meu fiel celular para gravar entrevistas e tirar fotos e vídeos, eu saí para ver por onde Gandhi andou e tentar imaginar como ele vivia, comparando o então dele com o nosso agora.

Preparando-me para ir a Londres e viajar pelos passos de Gandhi, encontrei um artigo no *Times of India* promovendo um passeio a pé inédito conhecido como "Gandhi walk", financiado por um cavalheiro chamado Ajay Goyal, um empreendedor global, investidor, filantropo e escritor nascido na Índia que se estabeleceu em Londres. Foi uma grande descoberta, até auspiciosa, pois me lembrou exatamente de como encontrei Shantum Seth quando comecei a pesquisa para meu último livro, *Buda ou Desapego*. Shantum organiza passeios "nos passos de Buda" e seu site apareceu primeiro quando pesquisei essa frase no Google.

O problema era que o artigo sobre os passeios de Gandhi foi publicado em 2007, cerca de doze anos antes de eu iniciar a busca, e minhas melhores pesquisas no Google e as do meu pesquisador de primeira linha baseado na Índia, Prarthi Shah, não conseguiram encontrar o artigo nem o sr. Goyal. Então agendei um dia com Shaju Nair, um guia Blue Badge de Londres que é de Kerala, um estado tropical verdejante que eu amo, localizado na Costa Malabar, no sudoeste da Índia, famoso por suas águas tranquilas com retiros de Ayurveda e temperaturas durante todo o ano variando entre 29°C e 33°C. Eu ficava pensando que o sr. Nair, um homem simpático e competente, devia querer mesmo viver na Inglaterra para deixar um país que, justificadamente, se autodenomina O País de Deus. Por outro lado, talvez as infames chuvas de Londres o fizessem se sentir em casa, devido às pesadas monções que Kerala recebe duas vezes ao ano.

O sr. Nair me levou em um tour pela Londres de Gandhi, incluindo onde ele dormiu, onde estudou direito e onde se hospedou em visitas após seus anos na África do Sul e na Índia. Eu estava muito interessado no primeiro lugar onde ele ficou ao chegar. O número 20 da Baron's Court Road em West Kensington é onde ele ficou hospedado como estudante de direito em seus primeiros meses na Inglaterra. Parece uma simples casa geminada de vários andares. Não pudemos entrar porque está ocupada. A única identificação é uma das duas únicas placas azuis relacionadas a Gandhi (esquema do Reino Unido de marcos históricos) do Greater London Council, indicando que Gandhi "morou aqui como estudante de direito". A outra placa azul para Gandhi está do lado de fora do Kingsley Hall, na Powis Road, onde ele ficou por vários meses em 1931. Foi quando veio discutir a independência da Índia na segunda Conferência da Mesa Redonda realizada em Londres. Gandhi havia recusado ficar em acomodações mais luxuosas nessa viagem, preferindo ficar no Kingsley Hall, que era um centro comunitário em um bairro não tão chique. Ele foi recebido por uma grande multidão (há algumas antigas imagens dele em uma varanda cumprimentando os bem-intencionados). Foi visitado lá por celebridades como Charlie Chaplin e George Bernard Shaw.

Demorou um pouco para o sr. Nair encontrar a pessoa certa para nos deixar ver o interior do prédio no Kingsley Hall. O cavalheiro que por fim nos encontrou lá, David Baker, era o zelador do prédio e um sujeito bastante excêntrico. Por dentro, o prédio estava uma bagunça. O sr. Baker me levou até o quarto onde Gandhi dormiu. Não havia mesa nem qualquer outra indicação de que Gandhi havia ficado lá. Foi bastante decepcionante e me lembrou de alguns dos lugares desarrumados onde Gandhi ficou na Marcha do Sal. Em seguida, ele me levou à área do jardim externo, que achei mais interessante. Gandhi plantou uma árvore no jardim em 1931, embora tenha sido destruída na Segunda Guerra Mundial. Em 1983, Richard Attenborough usou o jardim para uma cena em seu filme *Gandhi*, decorando o prédio antes de filmar. Hoje, o Kingsley Hall é um centro para jovens, grupos de mulheres e outras necessidades da comunidade. A Fundação Gandhi mantém um escritório no último andar, que o sr. Baker me mostrou. Parecia não estar sendo usado.

No aniversário de Gandhi, peguei um táxi até Tavistock Square, no bairro londrino de Camden. Era uma manhã tipicamente nublada e a chuva estava prestes a cair. Um pequeno grupo de pessoas estava lá, talvez trinta a cinquenta, incluindo membros da diáspora indiana, parlamentares e líderes comunitários. O evento anual é organizado pela Alta Comissão da Índia em Londres e apoiado pela India League, que remonta à luta pela liberdade da Índia. Um dos ilustres convidados que conheci foi a prefeita de Camden, a conselheira Sabrina Francis.

Os participantes se reuniram no centro da praça, em frente à estátua bastante austera de Gandhi, que foi inaugurada em 1968, marcando o centenário do nascimento dele em 1869. É a única estátua que vi dele nos três países que visitei em que ele está sentado e parece bastante sombrio, com a testa franzida. Circulei ao redor dela várias vezes, devagar, estudando cada ângulo do homem.

O evento incluiu uma recitação sobre quem foi Gandhi e o que ele significou para o mundo, tributos florais e o canto do bhajan favorito de Gandhi, "Vaishnava Jan To", por estudantes indianos em Londres. A cerimônia foi concluída com uma oração budista pela paz conduzida por monges.

Em outras partes do parque, há um busto de Virginia Woolf, a amada escritora de Bloomsbury que morou na Tavistock Square, nº 52, nas décadas de 1920 e 1930. Também há um memorial para outros britânicos de destaque histórico. Pedras ao redor do parque são adornadas com placas, como a Pedra Comemorativa dos Objetores de Consciência, com uma mensagem que o próprio Gandhi teria admirado: "Para todos aqueles que estabeleceram e mantêm o direito de se recusar a matar. Sua visão e coragem nos dão esperança." No entanto, ele provavelmente não teria apreciado o Starbucks do outro lado da rua e outros exemplos de capitalismo desenfreado.

Refletindo sobre as diferenças entre a experiência de Gandhi em Londres e minhas observações atuais, tive uma conversa fortuita e um tour improvisado com Munsur Ali, um cineasta e político local nascido em Bangladesh e criado em Londres. O sr. Ali nunca teve a intenção de entrar na política, mas sentiu-se compelido a se envolver após surgirem grandes planos de reurbanização em sua comunidade.

O sr. Ali, agora na casa dos 40, morava na mesma área de Brick Lane — na verdade, no mesmo apartamento — desde os 2 anos de idade. Ele me descreveu as ameaças que permeavam suas lembranças de infância. "Cresci em uma era muito racista. Nós crescemos sendo constantemente abusados racialmente... Eu tenho uma cicatriz de quando tinha 13 anos e fui cortado por dois homens adultos com uma foice de corte de café." Seu bairro de Brick Lane era o coração da comunidade bengalesa. Ele disse: "Os bengaleses vieram porque tinham medo dos abusos e dos ataques raciais diários, então só se sentiam confortáveis em áreas com outros membros da comunidade."

Às vezes, isso significava ocupar prédios bombardeados e em ruínas, mas Brick Lane também contava com ótimas lojas halal, lojas de roupas bengalesas, uma forte comunidade judaica e um crescente senso de unidade. Após o sr. Ali se formar na universidade e começar sua carreira no cinema, uma grande reurbanização habitacional começou onde ele morava. "Quando soube das reurbanizações", ele me contou em seu estúdio de filmagem, "eu quis garantir que meus amigos e vizinhos não fossem prejudicados". Isso começou com a mobilização das pessoas e, por fim, levou à sua eleição como membro do conselho.

O sr. Ali descreveu sua motivação para defender as pessoas da sua comunidade, muitas das quais enfrentavam barreiras linguísticas e não tinham conhecimento sobre seus direitos. "É fácil ser marginalizado porque podem oferecer algo um pouco melhor do que você tem, mas na verdade você tem direito a muito mais. A menos que você saiba como comparar, pensa que aquilo é algo, mas na realidade você tem direito a muito mais do que aquilo, porque não lhe contaram a história completa... Você toma uma decisão com base no nível de informação que tem."

Fizemos um passeio de carro rápido até Brick Lane, onde o sr. Ali apontou orgulhosamente uma grande variedade de negócios, a histórica Mesquita Jamme Masjid, obras de arte comemorativas e arquitetura. Em meio aos sons do trânsito, construção e idiomas estrangeiros para meus ouvidos, a área estava viva e em crescimento. Nos últimos anos, Brick Lane se tornou um ponto focal para protestos contra a gentrificação e a "hipsterificação". Os moradores locais se opõem a bares da moda, butiques e turistas substituindo os negócios e famílias que estabeleceram a área, carinhosamente conhecida como "Banglatown".

O sr. Ali disse estar feliz em ver mais pessoas se educando, aspirando a ter negócios e entendendo seus direitos. Não há nada inerentemente errado com a mudança econômica, em sua visão. No entanto, ele alertou: "Progresso envolve as pessoas. Quando exclui as pessoas, então é uma invasão."

Caminhando por essa estreita rua, fiquei impressionado com meu jovem guia, que trabalhava para empoderar seus vizinhos. Não pude deixar de pensar no impacto de outro homem que viajou do sul da Ásia para Londres em seu caminho para fazer a diferença.

Curioso para aprender sobre outras comunidades onde a cultura indiana cruzou fronteiras e prosperou, procurei online por comunidades fora da Índia com as maiores densidades e porcentagens de pessoas com herança indiana/sul-asiática. Encontrei a cidade de Leicester, na Inglaterra. Eu não sabia nada sobre esse lugar que ficava a cerca de 160km ao norte de Londres.

Mahatma Gandhi nunca esteve em Leicester; o mais próximo que ele chegou foi a cidade de Darwen, a 210km mais ao norte. Ele a visitou em 1931 a convite de uma família proprietária de uma fábrica que queria que ele visse as dificuldades que a indústria têxtil de East Lancashire estava sofrendo devido ao boicote liderado por Gandhi aos produtos britânicos.

Portanto, não parecia haver motivo para eu ir a Leicester se eu ainda tentava seguir literalmente os passos do Mahatma. No entanto, o que há lá é uma estátua de Gandhi que eu também tinha lido que havia sido alvo de protestos e vandalismo, um tema que eu acompanhava com crescente preocupação à medida que os relatos dos incidentes também aumentavam, mesmo desde que comecei meu experimento de seguir os passos de Gandhi. A de Leicester seria apenas uma das muitas estátuas de Gandhi atacadas ao redor do mundo, desde meu estado, Califórnia, até a África do Sul e Gana, e a Índia, além de muitos países europeus e Nova York. Uma petição online foi registrada em Ottawa, Canadá, pedindo a remoção de uma estátua de Gandhi do campus da Universidade Carleton. No Reino Unido, mais de 6 mil pessoas assinaram uma petição online para derrubar a estátua de Gandhi em Leicester. Essas petições descrevem Gandhi como um racista, que chamou os africanos de "selvagens" e "kaffirs" durante seus vinte anos vivendo e trabalhando na África do Sul.

Outro fato significativo me impeliu a visitar a cidade, e não foram os Foxes (apelido do Leicester City Football Club), o time profissional que superou as chances e venceu a Premier League 2015–2016. Na verdade, nos anos 1970, com a rápida chegada de imigrantes do sul da Ásia e de várias nações africanas, que os britânicos nativos claramente não apreciavam, as tensões raciais eram tão altas e violentas que a cidade estabeleceu o primeiro comitê de relações raciais da Grã-Bretanha em 1976. Um anúncio publicado pelo conselho da cidade em 1972 no *Uganda Argus* (agora chamado *New Vision*), um jornal diário de Kampala, piorou ainda mais as tensões. A manchete em letras maiúsculas dizia: "UM ANÚNCIO IMPORTANTE EM NOME DO CONSELHO DA CIDADE DE LEICESTER, INGLATERRA..."

O anúncio então afirmava (em letras maiúsculas): "O Conselho da Cidade de Leicester, Inglaterra, acredita que muitas famílias em Uganda estão considerando se mudar para Leicester. Se VOCÊ está pensando em fazer isso, é muito importante que saiba que AS CONDIÇÕES ATUAIS NA CIDADE SÃO MUITO DIFERENTES DAQUELAS ENCONTRADAS PELOS PRIMEIROS COLONOS." O anúncio citava problemas com habitação, educação, serviços sociais e de saúde, todos "já sobrecarregados ao máximo". Então vinha este aviso severo: "PARA SEU PRÓPRIO INTERESSE E DE SUA FAMÍLIA, VOCÊ DEVE ACEITAR O CONSELHO DO COMITÊ DE REASSENTAMENTO DE UGANDA E NÃO VIR PARA LEICESTER."

Contextualmente, em 1972, o ditador ugandense Idi Amin havia expulsado 60 mil membros da minoria asiática do país, dando-lhes noventa dias para sair.

O aviso teve um espetacular efeito contrário, como me contou o proprietário de Leicester, Dharmesh Lakhani, quando estive com ele em seu restaurante, Bobby's. É praticamente um centro comunitário para todos os indianos ao longo do que é conhecida como a Golden Mile da Belgrave

Road, que atravessa como uma flecha reta o centro da cidade, começando no Belgrave Circle e depois desviando para Melton em uma direção e Loughborough em outra, indo para o norte.

"Meus pais, indianos ugandenses, estavam entre os milhares que leram o anúncio e ficaram curiosos para descobrir por que o conselho se daria ao trabalho de colocar um anúncio nos jornais de Uganda — então decidiram vir até Leicester para descobrir. É assim que os indianos são; queremos o que é proibido! Viemos e nunca mais fomos embora."

A Golden Mile — a propósito, a origem do nome é frequentemente atribuída erroneamente à abundância de lojas que vendem joias de ouro indianas, mas na verdade vem do início dos anos 1970, quando uma sucessão rápida de semáforos amarelo-âmbar começou a aparecer ao longo da Belgrave Road — é agora conhecida por seus autênticos restaurantes indianos, lojas de saris e joalherias, o mais próximo que a Grã-Bretanha chega de um bazar indiano. É também o centro onde ocorre o maior festival de Diwali fora da Índia todo ano.

Por fim, a maioria branca se tornou minoria quando os não brancos de origens indianas, africanas e caribenhas (muitos dos quais tinham suas próprias heranças remontando à Índia) chegaram a cerca de 70% da população, fazendo de Leicester a primeira cidade na Inglaterra a alcançar tal marco demográfico. Agora, os funcionários da cidade e os empresários a chamam de uma cidade harmoniosa e diversa, graças em parte aos esforços ao longo do caminho para amenizar as coisas.

Em minha pesquisa sobre a petição para remover a estátua de Gandhi em Leicester, li uma resposta de Claudia Webbe, membro do Parlamento por Leicester East. Um trecho de sua citação:

> Eu me solidarizo com os protestos do Black Lives Matter aqui em Leicester e em todo o Reino Unido. Continuarei a apoiar todos aqueles ao redor do mundo que estão protestando de

> forma segura e pacífica contra os sistemas de opressão racista. Acredito que os pedidos para remover a estátua de Mahatma Gandhi em Leicester são uma distração desse movimento crucial. Reconheço que, como muitas pessoas de sua época, Gandhi disse e fez algumas coisas questionáveis em sua vida. No entanto, Gandhi fez parte da criação de um movimento histórico anti-imperialista da mesma forma como Martin Luther King Jr. criou um movimento revolucionário pelos direitos civis. Sua forma de protesto pacífico, como o Black Lives Matter hoje, foi uma força poderosa para a mudança. [...] Gandhi... continua sendo um herói para muitos da comunidade asiática de Leicester e para milhões ao redor do mundo.

A sra. Webbe nasceu e foi criada em Leicester por pais de ascendência africana que migraram da ilha caribenha de Nevis para o Reino Unido. Ela estudou relações raciais e étnicas na Birkbeck, Universidade de Londres. Em meados da década de 1990, Webbe também fundou e presidiu a Operação Trident, uma iniciativa liderada pela comunidade para combater os efeitos desproporcionais da violência armada nas comunidades negras. Ela foi a primeira mulher membro do Parlamento por Leicester East.

Quando conversei pessoalmente com a sra. Webbe em seu escritório político na Uppingham Road, ela esclareceu a ameaça real à estátua de Gandhi na cidade. Nunca houve um protesto ou vandalismo; houve apenas uma petição online assinada por 6 mil pessoas. Havia rumores de que um grupo, possivelmente não de Leicester, iria vandalizar a estátua ou organizar algum tipo de evento ao seu redor. No entanto, líderes e cidadãos de Leicester, de descendência indiana e não indiana, organizaram seu próprio contraprotesto formando uma corrente humana em torno da estátua, ligada por uma fita branca, seguida de algumas declarações.

A originadora da petição em 2020 foi uma mulher da cidade de Derby, a cerca de 64km ao norte, uma cidade industrial onde 80% dos 260 mil residentes são brancos. Por fim, o Conselho da Cidade de Leicester conseguiu que ela encerrasse a petição.

Uma porta-voz do conselho da cidade disse: "Embora esta petição ainda não tenha sido submetida a nós, essas representações serão consideradas como parte de uma conversa mais ampla sobre o contexto, a relevância e a adequação de nomes de ruas, estátuas e monumentos na cidade. Em uma cidade culturalmente diversa como Leicester, é importante que respeitemos as histórias de todas as nossas comunidades e compreendamos o contexto das referências históricas que fazem parte da nossa paisagem urbana e ambiente construído."

Foi ou uma tempestade em um copo d'água ou um desastre evitado.

Ironicamente, cerca de uma semana depois que me encontrei com Claudia Webbe, uma notícia surgiu de que ela havia sido condenada por assediar outra mulher e foi posteriormente expulsa do Partido Trabalhista. Tomei isso como um lembrete de que todos somos humanos. Ela defendeu o legado e o trabalho de Gandhi enquanto enfrentava uma crise pessoal que ameaçava o seu próprio.

Além de exemplos como este de pessoas perdendo sua bússola moral e ética pessoal, o que pode acontecer mesmo enquanto defendem Gandhi, o que ouvi sobre Leicester ser agora uma comunidade harmoniosa parecia ser verdade para mim. Como é tão frequente e parece ser parte da natureza humana (assim como os pássaros que se juntam), as comunidades étnicas estabelecem seus nichos dentro do contexto da sociedade maior. Não somos um povo homogêneo, por mais utópica que seja a ideia. Conheço muito bem a cidade onde nasci, Nova York. É comumente referida como o "caldeirão" da América, mas no distrito de Queens, onde meus pais e avós nasceram e viveram, dizem que são faladas 130 línguas: espanhol, russo, coreano, urdu, farsi, grego, chinês, vietnamita, tagalo, entre outras. O distrito pode ser a mistura étnica mais concentrada do mundo.

Pegue o trem nº 7 até o final da linha em Flushing e você pode muito bem ter sido deixado em várias capitais asiáticas. O centro do Queens étnico é Astoria, uma colisão de culturas grega, hispânica, árabe e da Europa Oriental. A cada quatro quarteirões, você é bombardeado com diferentes cheiros, sons e línguas. Mas cada comunidade basicamente permanece em si. Eles se casam dentro do próprio grupo e jantam em seus restaurantes étnicos locais, e os dois mundos só se encontram quando vão ao centro da cidade para trabalhar.

Descobri que isso também é verdade não apenas em Leicester, mas em Londres e em muitos outros centros urbanos na Inglaterra. Não tenho certeza se essa era a Utopia que Gandhi tinha em mente, mesmo que sua visão fosse um sonho que nunca poderia se tornar realidade.

Na minha opinião, Gandhi não recebe o devido reconhecimento no Reino Unido. Embora haja algumas estátuas dele espalhadas pela Inglaterra — duas em Londres, uma em Leicester, uma em Manchester —, o fato de haver apenas duas placas azuis e de os lugares onde viveu não serem bem cuidados sugere que ele foi e continuará sendo uma figura marginalizada por lá. Poderia ser porque ele era indiano? Só estou perguntando.

Quase literalmente, Gandhi não deixou uma marca grande o suficiente no Reino Unido e isso me deixou preocupado e triste. Esse país, que deixou uma marca tão grande nele, agora o vê como um asterisco, uma nota de rodapé em sua própria história.

Dito isso, a eleição do primeiro primeiro-ministro britânico de origem indiana, Rishi Sunak, eleito em outubro de 2022, é um sinal de mudança de atitude. Nascido na cidade portuária de Southampton, filho de pais de descendência indiana — seu pai nasceu e foi criado no Quênia, e sua mãe no que hoje é a Tanzânia — ele é um testemunho do mantra de Gandhi "Seja a mudança".

Em 2020, quando era chanceler, ele escreveu ao Comitê Consultivo da Casa da Moeda Real apoiando uma campanha chamada We Too Built Britain, que busca a representação de ícones não brancos na moeda britânica. A imagem de Gandhi, assim como as do espião britânico de origem indiana Noor Inayat Khan e da enfermeira jamaicana-britânica Mary Seacole, estavam na lista de personalidades. Gostaria que ele tivesse sido eleito enquanto eu estava lá para poder ouvir pessoalmente mais de suas opiniões.

Os ventos da mudança são inevitáveis e estão sempre em constante movimento.

Capítulo 6

Simplicidade

Não É Tão Simples em Tempos Complicados

Você pode ter a oportunidade de possuir ou usar coisas materiais,
mas o segredo da vida está em nunca sentir falta delas.

Mahatma Gandhi

Eu sempre escuto o que posso deixar de fora.

Miles Davis, trompetista de jazz

Para viver uma vida pura e altruísta, não se deve considerar nada
como próprio no meio da abundância.

O Buda

George Carlin, o falecido e grande comentarista cômico norte-americano, que mirava sua língua afiada nas injustiças e na pura esquisitice do comportamento humano e nos rituais sociais (e antissociais), fez um número sobre coisas. Ele desabafou da seguinte forma:

> Tudo o que você precisa na vida é um lugarzinho para suas coisas, sabe? Todo mundo tem um lugarzinho para suas coisas. Isso é meu, isso é seu, aquilo será dele ali. É só isso que

> sua casa é — um lugar para guardar suas coisas. Se você não tivesse tantas coisas, não precisaria de uma casa. Uma casa é apenas uma pilha de coisas com uma cobertura. Você pode ver isso quando está decolando em um avião. Você olha para baixo; vê que todo mundo tem uma pilha de coisas. E, quando você sai de casa, tem que trancá-la. Não quer que alguém passe e pegue algumas das suas coisas. Eles sempre pegam as coisas boas. Nunca se importam com aquela porcaria que você está guardando. Tudo o que eles querem são as coisas brilhantes. É isso que sua casa é, um lugar para guardar suas coisas enquanto você sai e consegue... mais coisas! Às vezes você tem que se mudar, tem que conseguir uma casa maior. Por quê? Não tem mais espaço para suas coisas.

Imagino Bapu rolando nos corredores, ou mais precisamente em seu túmulo, ao reconhecer essa necessidade humana de se apegar às coisas. Ele mesmo ficou famoso ao escrever em *Trusteeship*: "Temos o suficiente para as necessidades de todos, mas não para a ganância." E continuou:

> Eu sugiro que somos ladrões, de certa forma. Se eu pego algo que não preciso para meu uso imediato e guardo, estou roubando isso de outra pessoa. Atrevo-me a sugerir que é a lei fundamental da Natureza, sem exceção, que a Natureza produz o suficiente para nossas necessidades diárias, e, se todos pegassem apenas o suficiente para si e nada mais, não haveria pobreza no mundo, não haveria mais pessoas morrendo de fome. Mas, enquanto tivermos essa desigualdade, estamos roubando.

O próprio Gandhi viveu conforme sua esperança de pegar "o suficiente para si e nada mais". A maioria das pessoas é medida pelo que — e especialmente quanto — deixou para trás. Gandhi costuma ser medido por quão pouco deixou para trás. Como descrito anteriormente, um memorial está localizado no quarto onde ele viveu seus últimos 144 dias. Antes disso, o complexo de Nova Deli do rico industrialista Ghanshyam Das Birla, o museu conhecido como Gandhi Smriti (Lembrança de Gandhi), é um estudo notável sobre o desapego e a não posse. Design zen antes de ser legal. Uma exibição montada mostra os restos mundanos de Gandhi: seu bastão de caminhada, óculos, estojo de óculos, relógio de bolso, uma colher, uma faca e um garfo e, curiosamente, uma foice. O quarto que vemos está exatamente como ele deixou: vazio, exceto por um colchão no chão, um travesseiro, uma almofada, uma cópia do Bhagavad Gita e uma pequena mesa de escrita.

Para Gandhi, a simplicidade era parte integrante de uma filosofia mais espiritual e economicamente prática, uma maneira de viver com nuanças éticas e humanitárias. Nos aspectos econômicos e políticos, no panorama geral, ele pretendia ajudar a Índia e os indianos a romper as correntes de dependência que a Inglaterra tinha sobre esse país subcontinental. Isso fazia parte da sua estratégia de incentivo à popularidade da fiação com um charkha; assim como a marcha para Dandi a fim de encorajar os indianos a se rebelarem contra o pagamento de impostos à Inglaterra pelo próprio sal deles. No lado pessoal, ele era muito frugal por necessidade e tendência — ainda mais quando vivia em Londres durante seus anos de faculdade de direito.

Na visão de Gandhi, adotar a filosofia do menos é mais é uma decisão moral se você acredita, como eu, que temos a obrigação moral de proteger o planeta, a santidade de nossas mentes e nossos corpos. Simplificar ao extremo exige reduzir-se ao essencial, forçando você a escolher o que realmente importa. Ao fazer isso, Gandhi argumentava, você inevitavelmente chega às questões centrais de todas as grandes crenças: quem sou eu? Por que estou aqui? Qual é o meu propósito? E Gandhi acrescentaria mais uma: o que eu preciso do mundo material nessa autoexploração?

As respostas a essas perguntas, por sua vez, voltam ao código moral de Gandhi, que, nos dias de hoje, poderia ser resumido como "viver de forma leve na Terra", uma frase que entrou no nosso léxico nos anos 1970, com o primeiro Dia da Terra e, mais tarde, com a criação da Agência de Proteção

Ambiental (1970), a Lei do Ar Limpo (1970), a Lei da Água Limpa (1972) e a Lei das Espécies Ameaçadas (1973), entre outras.

Se a influência de Gandhi em nós para vivermos de forma mais simples tivesse seu maior impacto, seria em duas áreas, e não são o seu armário e a sua mesa de trabalho. Elas são os recursos naturais limitados do planeta e o valor ilimitado para a sua mente. Não precisamos de Al Gore para nos dizer que quanto mais fabricamos e produzimos, mais cultivamos e comemos, mais compramos, adquirimos, consumimos e descartamos.

As ideias de Gandhi sobre viver de forma mais simples foram diretamente inspiradas por pioneiros na área. Entre os mais influentes estava o filósofo francês do Iluminismo do século XVIII, Jean-Jacques Rousseau, que elogiava a vida simples em obras como *Discurso sobre as Ciências e as Artes* e *Discurso sobre a Origem e os Fundamentos da Desigualdade entre os Homens.*

Há vários componentes que impulsionam o crescente interesse em um movimento que incentiva o menos, não o mais. Basta olhar ao redor. Trânsito, cidades superlotadas, escassez de vários produtos essenciais, terras e espaços disponíveis para cultivo diminuindo, aluguéis exorbitantes, poluição do ar, falta de espaço para adicionar mais um aplicativo ao seu supostamente inteligente smartphone, o custo de tudo isso para o seu bolso e, não por acaso, para o meio ambiente. Mas talvez o custo mais significativo seja para o seu bem-estar, para o espaço limitado em sua mente para equilibrar sua vida cada vez mais complexa.

Os dias da série de TV *Lifestyles of the Rich and Famous* dos anos 1980 de Robin Leach, e seu bordão "desejos de champanhe e sonhos de caviar", levaram o desejo de ascensão a novas alturas aspiracionais... e depois a profundezas de pesadelo à medida que a realidade se instalava, as taxas de hipoteca subiam, a dívida do cartão de crédito disparava, a inflação aumentava, o mercado de ações caía, o boom das pontocom se transformava no colapso delas, a fabricação e a produção diminuíam e, em alguns casos, desapareciam graças aos avanços tecnológicos modernos que substituíam humanos por chips. *Consumo* se tornou mais um palavrão do que um sonho.

Mas não foi apenas a economia que alimentou o fogo desse movimento. A insatisfação com o que todas essas coisas materiais trouxeram, ou mesmo a promessa do que trariam, estourou a bolha da esperança e nos deixou exauridos, enganados e deprimidos — emocionalmente falidos.

O sucesso de 1992 do cantor de rock Bruce Springsteen, "57 Channels (and Nothin' On)", fazia referência a quantos canais de TV a cabo estavam disponíveis na época — em contraste com os sete canais básicos antes disso — lamentando que, mesmo com tantas opções de visualização, havia tão pouco que valia a pena assistir. Hoje, meu Xfinity oferece cerca de mil canais diferentes — e, ainda assim, há muito pouco que valha meu precioso tempo. Esse exemplo é outra representação do dilema do excesso que deu força ao movimento da simplicidade.

O movimento do "demais" gerou uma superabundância... de tralha. Estamos afogados em tralha. As garagens das pessoas estão tão cheias de "coisas" que alugar unidades de armazenamento se tornou a norma. Existem 48.500 unidades de armazenamento nos EUA, mais do que as localizações de McDonald's e Starbucks combinadas, segundo uma estimativa.

O que acontece com muita dessa tralha quando percebemos que não a queremos mais ou ficamos sem espaço? Descartamos. O consumidor norte-americano médio produz até 5kg de lixo por dia. São 1.640kg por ano. Esses números são maiores que as médias dos residentes em outros países. Na Europa, a quantidade média de lixo gerada por uma pessoa em um ano é pouco mais de 453kg. Todos os anos, os aterros nos EUA adicionam mais 140 milhões de toneladas de resíduos.

O que não descartamos, guardamos por muito tempo. Eu achava que meu apartamento estava cheio de tralha; então assisti a um episódio de *Acumuladores*, uma série de TV no canal A&E, que abriu meus olhos para o quão ruim as coisas se tornaram para algumas pessoas que simplesmente não conseguem desapegar. De fato, o acúmulo compulsivo agora é categorizado como "transtorno de acumulação compulsiva", reconhecido pela Classificação Internacional de Doenças e pelo *Manual Diagnóstico e Estatístico de Transtornos Mentais*, a Bíblia da Associação Americana de Psiquiatria.

O hábito de comprar demais, que leva a possuir coisas demais, gerou uma indústria de crescimento próprio composta por pessoas que querem ajudar a organizar sua casa. A revista *Fast Company* estimou que o mercado de organização doméstica foi avaliado em US$11,8 bilhões até 2021. Uma de suas superestrelas é Marie Kondo, a consultora de organização japonesa, que ficou popular internacionalmente com seu livro de 2011 *A Mágica da Arrumação* e sua série da Netflix de 2019 *Marie Kondo: A Magia da Arrumação*. Mas ela afirmou que, quando mudou seu foco de procurar coisas para descartar para coisas que a faziam feliz, isso de fato a fez mais feliz. "Identificar as coisas que te fazem feliz: esse é o trabalho de arrumação", escreveu ela — coisas que, segundo ela, "despertam alegria", uma expressão que ela repete como um mantra. Em japonês, é *tokimeku*, ou em português, "vibrar, pulsar, palpitar". De acordo com o Celebrity Net Worth, o império de Kondo valia US$8 milhões antes dela desacelerar para ser mãe.

O que alguns fizeram em suas próprias casas, muitos outros fizeram com o planeta Terra: transformaram-no em um depósito de lixo. Nos últimos 125 anos, as emissões globais de carbono provenientes de combustíveis fósseis aumentaram significativamente. Desde 1970, as emissões de CO_2 aumentaram cerca de 90%. A queima de combustíveis fósseis e as emissões das chaminés das fábricas, por exemplo, contribuíram com quase 80% do total das emissões de gases de efeito estufa. A segunda maior contribuição vem da agricultura, do desmatamento e de outras mudanças no uso da terra. As emissões de aviões também desempenham um papel, embora não tão grande quanto se poderia pensar.

Há alguns sinais de que o mundo está lentamente começando a alcançar as ideias de Gandhi sobre simplicidade — sinais na proliferação do que se tornou conhecido como o movimento de simplicidade voluntária, minimalismo, *downshifting* ou mesmo vida simples. (A gente se pergunta: se é tão simples, por que tantos nomes diferentes?)

Esses sinais incluem revistas dedicadas a ajudar as pessoas a descobrir como ter menos e aproveitar mais o pouco que têm, como a *Simplify Magazine*, uma publicação digital mensal gratuita, e a revista impressa *Real Simple*, fundada em 2000 "para a mulher moderna e ocupada, oferecendo ideias inspiradoras e soluções práticas para ajudá-la a simplificar sua vida". Uma edição especial da *Real Simple* de 2021 foi intitulada "O Poder do Menos". Poder para "aliviar o estresse", "organizar seus pensamentos", "desperdiçar menos todos os dias", conforme as chamadas da capa nos informam sobre o conteúdo da revista. Por que sempre tem que ser sobre poder? Mas, só para tornar as coisas mais complicadas ao invés de mais simples, em 2010 a *Real Simple* adicionou alguns aplicativos. Os aplicativos tornam mesmo a vida mais simples? Ou prendem você em labirintos dos quais poderia facilmente passar sem? É óbvio que a *Real Simple* também quer prender você no labirinto do consumo, com o menu da sua revista online direcionando você para uma página de "compras".

Você consegue imaginar o quão poderoso Gandhi teria sido em mobilizar suas forças se ele tivesse um aplicativo? Na verdade, agora existe um aplicativo para Mahatma Gandhi, uma biografia interativa completa, repleta de fotografias e vídeos raros, feita apenas para o iPad e disponível para download na Apple App Store.

Oh, querido Bapu, veja o que você gerou. E falando em Oh... a revista *O, the Oprah Magazine*, entrou na festa e lançou uma edição especial em agosto de 2020 com a chamada na capa gritando: "Deixe Ir!" Outras chamadas prometem nos mostrar "como desestressar, organizar, recarregar, encontrar seu centro, enfim relaxar". A *National Geographic* dedicou uma revista inteira em 2021 à "Sustentabilidade Simples", escrita principalmente por Kris Bordessa, fundadora de um blog chamado *Attainable Sustainable* e autora de um livro com o mesmo título.

Essas publicações são em grande parte voltadas para mulheres; a *Real Simple* afirma que 90% de seus 7,6 milhões de leitores são mulheres. Naturalmente, o conteúdo editorial reflete o que os editores acham que as mulheres querem e precisam para alcançar um estado de simplicidade tão almejado. Esse pensamento pode ser o pior tipo de estereótipo de gênero.

Infelizmente, o movimento predominante na sociedade hoje é tudo sobre mais, mais e mais. Porém, mais nunca parece ser o suficiente. Há milhares de anos, os budistas identificaram essa característica humana como o que chamam de fantasma faminto. Fantasmas famintos, ou *pretas* em sânscrito, são seres atormentados por um desejo que nunca pode ser saciado. Você conseguiu o escritório do canto, mas agora quer a cobertura. Você encontrou o amor perfeito para a sua vida, mas vê um amor ainda mais perfeito. Você se gabou do seu BMW, mas então surgiu o Tesla para seduzi-lo.

Diante dessa tendência e coincidindo com a tendência de querer ser simples, algumas empresas tentam capitalizar ao reconhecer que os consumidores estão divididos entre comprar coisas e saber que não precisam dessas coisas. Um exemplo perfeito é a mensagem mista transmitida pelo site de reservas de viagens Expedia em um comercial de TV de 2022, que estreou no extravagante evento norte-americano conhecido como Super Bowl, um culto dominical com uma congregação internacional de cerca de 112 milhões de telespectadores na TV e no streaming, segundo a NBCUniversal (NBCU). Foram as melhores avaliações do jogo em cinco anos, disse a NBCU, o que "revelou o desejo reprimido de comprar, consumir, comer, beber e esquecer alegremente os últimos dois anos" (referindo-se à Covid).

No comercial, o ator escocês Ewan McGregor, que interpretou, entre outros papéis, Obi-Wan Kenobi em vários filmes de *Star Wars*, caminha por um estúdio de gravação onde equipes filmam comerciais glamourosos para carros, perfumes, TVs e afins, enquanto diz: "Coisas! Nós amamos coisas e há algumas coisas realmente ótimas por aí. Mas duvido que algum de nós vá olhar para trás na vida e pensar, 'Eu queria ter comprado um SUV um pouco mais esportivo, comprado uma TV ainda mais fina ou encontrado um perfume mais na moda. Queria ter descoberto um salgadinho mais crocante, encontrado uma cerveja light mais leve ou tido um smartphone ainda mais inteligente.' Você acha que algum de nós vai olhar para trás na vida e se arrepender das coisas que não comprou... " Então ele passa por uma porta para uma praia gloriosa e deserta e continua, "ou dos lugares que não visitou?".

Sim, é uma pergunta retórica porque a Expedia quer que você responda: *Sim, talvez eu deva viajar. Como faço para reservar?* Isso se encaixa diretamente na agenda nada oculta da Expedia de encorajá-lo a gastar dinheiro reservando passagens aéreas, quartos de hotel, aluguéis de carros e todas as suas outras necessidades de viagem via Expedia. Sem surpresa: a Expedia ganha a maior parte do seu dinheiro reservando acomodações em grande quantidade a um preço barato e depois vendendo-as para seus usuários com uma margem de lucro.

A Expedia não está sugerindo que você não compre "coisas" — está sugerindo que você compre as coisas dela. Em resumo, viajar em si é um produto — um produto agora disponível para a classe média e ascendente. No passado, era domínio apenas das classes altas, que podiam gastar considerável renda disponível e/ou discricionária em viagens "ao exterior", como é tão graciosa e colonialmente referido, e muitas vezes mais pelos direitos de se gabar do que pela real experiência.

Uma vez me sentei sozinho em uma mesa muito próxima a um casal bem-vestido em um pequeno restaurante badalado à beira-mar em Nova Jersey. Eles estavam revisando sua lista de viagens dos sonhos. Ela disse que não tinha visitado o Taj Mahal na Índia e que isso certamente deve ser imperdível, certo? Ele disse que já tinha ido e que não era nada demais. O sítio do Patrimônio Mundial da UNESCO, uma das Novas Sete Maravilhas do Mundo, o mausoléu de mármore do século XVII que Shah Jahan construiu em devoção à sua esposa falecida e o estimado testemunho de amor — não é nada demais? Enquanto eles percorriam sua lista, percebi que a experiência de estar nesses lugares era muito menos significativa do que a capacidade de contar a outros em alguma festa que eles estiveram lá.

Isso contraria o comercial da Expedia e fala diretamente sobre meus pensamentos em relação à esperança de Gandhi de que vivamos a vida não apenas de forma mais simples, mas também com nossos valores no lugar certo; que valorizemos mais aonde vamos e o que fazemos uma vez lá, do que o acúmulo de experiências pelo simples prazer de acumular. Enquanto hotéis e destinos promovem "experiências autênticas e nativas" (uma sequência de clichês que leio com muita frequência em sua literatura), com pesquisas para substanciar as prioridades dos viajantes, ainda me pergunto quanto do turismo de lazer foi comodificado entre a classe média.

O Buda, a Expedia e Gandhi não foram os únicos a reconhecer a necessidade humana pela ganância. Ela aparece nos lugares mais estranhos na cultura popular. Hungry Ghosts [Fantasmas Famintos] também é o nome de um duo de rock de Portland, Oregon. E *Hungry Ghosts* é o título do quarto álbum de estúdio, lançado em 2014, da banda norte-americana de rock OK Go. The Cure, uma banda inglesa essencial do pós-punk (também chamada de gothic rock, new wave e alternativa), lançou uma música em 2008 intitulada "The Hungry Ghost" que aponta que nunca satisfaremos o fantasma faminto que espreita dentro de nós.

Estou especulando que os membros do The Cure, todos agora com um patrimônio líquido estimado em milhões, chegaram a essa música honestamente: eles tinham tudo o que poderiam querer materialmente e, mesmo assim, se sentiram vazios. Pelo menos podemos esperar que a experiência tenha levado a algum novo entendimento de que ter demais não alcança nada para a alma.

É a preocupação com a posse, mais do que qualquer outra coisa, que impede os homens de viver livre e nobremente.

Bertrand Russell, *Princípios de Reconstrução Social*

O economista e sociólogo norueguês-americano Thorstein Veblen cunhou o termo "consumo conspícuo" em seu livro *A Teoria da Classe do Lazer*, publicado pela primeira vez em 1899. Ele alertou contra essa tendência, acelerada pela Revolução Industrial, de uma sociedade cada vez mais materialista, na qual as pessoas se esforçam para adquirir mais bens e ser admiradas por sua riqueza pessoal.

Não há evidências entre os cerca de quatrocentos livros que Gandhi leu, listados online e arquivados em Mani Bhavan, em Mumbai, de que ele tenha estudado as obras de Veblen. Gandhi teria 30 anos quando esse livro foi publicado; certamente teria se beneficiado da leitura e concordado com as teorias, mas ele estava bastante ocupado na época, envolvido na África do Sul com o Natal Indian Ambulance Corps, que criou como uma equipe de carregadores de maca durante a Segunda Guerra dos Bôeres. Ainda assim, o Mahatma foi um visionário ou, desde cedo, percebeu a tendência crescente, resistindo ao impacto inevitável da industrialização.

As implicações são profundas e afetam quase todos os aspectos de nossas vidas. Em um artigo sobre o movimento da simplicidade voluntária publicado no *Journal of Consumer Culture*, Samuel Alexander e Simon Ussher, os dois codiretores do Simplicity Institute, um centro de educação e pesquisa baseado em Ohio, escrevem:

> O consumo excessivo nas sociedades afluentes é a raiz ou a causa contribuinte de muitos dos problemas mais urgentes do mundo, incluindo a degradação ambiental, a pobreza global, o pico do petróleo e o mal-estar do consumidor. Isso sugere que qualquer transição para uma sociedade sustentável e justa exigirá que aqueles que estão consumindo em excesso mudem para estilos de vida materialmente muito mais 'simples'. O Movimento de Simplicidade Voluntária pode ser entendido como um movimento social diversificado composto por pessoas que resistem aos estilos de vida de alto consumo e que buscam, de várias maneiras, uma alternativa de menor consumo, mas de maior qualidade de vida.

Richard Gregg, um ativista pela paz e autor de *The Power of NonViolence*, foi um dos primeiros americanos a viver e trabalhar com Gandhi na década de 1920. Mais tarde, ele cunhou o termo "simplicidade voluntária" em *The Value of Voluntary Simplicity*. Desde então, esses ideais foram adotados por, entre outros pioneiros na área, os economistas Ralph Borsodi e Scott Nearing, o antropólogo e poeta Gary Snyder, o autor de ficção utópica Ernest Callenbach e, mais notavelmente entre meus colegas, o economista britânico-alemão E. F. Schumacher. *O Grande Negócio É Ser Pequeno*, de Schumacher, um tratado que propõe tecnologias descentralizadas e apropriadas em escala humana, com o significativo subtítulo *Estudos sobre uma economia em que as pessoas são importantes*, ocupava lugar de destaque nas estantes ao lado de *Diet for a Small Planet*, de Frances Moore Lappé, *Zen e a Arte da Manutenção de Motocicletas*, de Robert M. Pirsig, *Whole Earth Catalog*, de Stewart Brand, e *Tassajara Bread Book*, de Edward Espe Brown.

Nos Estados Unidos, a simplicidade voluntária começou a ganhar mais exposição pública com um movimento no fim dos anos 1990 em torno de um livro popular de Janet Luhrs chamado *The Simple Living Guide*. Ao mesmo tempo, o minimalismo (um movimento semelhante) começou a ganhar destaque.

Esse movimento de simplicidade voluntária pegou? Nem tanto, diz meu bom amigo Wes Nisker, professor de budismo e autor de *Buddha's Nature* e outros livros. Ele avaliou sucintamente o progresso: "Não houve voluntários suficientes."

Estou vivendo uma vida de simplicidade ou estou simplesmente vivendo?

Eu me descreveria como uma pessoa simples empurrada para uma vida complexa, ou seja, a vida de um jornalista em atividade. Mas eu não disse que sou simplório; sou inteligente, ou inteligente o suficiente. Sem um QI nível Mensa, tive que me esforçar muito para alcançar as pessoas brilhantes que tive a sorte de entrevistar. Crescendo na classe média alta dos subúrbios de Nova Jersey, com a simples aspiração de não seguir os passos do meu pai como caixeiro viajante, ao longo da minha carreira me esforcei para me encaixar e me misturar com pessoas como a realeza do Rajastão, chefs com estrelas Michelin, o Dalai Lama e empreendedores bilionários da Índia, Costa Rica e Nova York.

Em vários momentos da minha vida, vivi na pindaíba, algumas vezes procurando embaixo do banco do carro por moedas para pagar o pedágio da ponte. Houve um período em que guardei a maior parte das minhas "coisas" em depósitos em Nova Jersey e Massachusetts, sem uma renda estável ou um teto fixo sobre minha cabeça. Durante três anos, depois que um contrato de livro potencialmente lucrativo não se concretizou e outros dois projetos fracassaram, vivi com o que conseguia enfiar no meu Subaru Forester verde. Malas, caixas de papelão (acho que contei quinze em certo momento), cada uma marcada para diferentes necessidades: a biblioteca dos meus livros de viagem, uma caixa inteira para calçados, outra para produtos de higiene pessoal, uma para alimentos secos, incluindo especiarias, saco de dormir e meu travesseiro (meu melhor amigo). Surfava de sofá em sofá nas casas e nos apartamentos de amigos, incluindo a casa da minha filha e do meu genro; perambulava entre Airbnbs, achados na Craigslist, motéis esquisitos e, ocasionalmente, hotéis encantadores com enormes descontos graças a amigos hoteleiros. Ficava três ou quatro noites, então seguia meu caminho nada feliz, desempacotando e reempacotando a cada parada. Com orgulho, digo que nunca dormi no meu carro (e não só porque não haveria espaço para eu me esticar). O orgulho estava envolvido, mesmo nesse nível.

Quando fui contratado para trabalhar como ghost-writer para uma psicóloga rica de Beverly Hills, que me convidou a morar em sua casa enquanto trabalhávamos no projeto, agarrei a oportunidade. Um teto em Beverly Hills? O trabalho duraria mais de seis meses. Pedi que me enviassem meu fiel Forester de Nova Jersey para mim, pensando que ficaria um tempo na Costa Oeste e sabendo que viver em LA sem carro é como estar em uma banda sem instrumentos.

Depois que esse trabalho terminou, conheci uma mulher muito legal e fiquei em LA, alternando entre a casa dela e uma moradia corporativa temporária em Woodland Hills. Tive que me mudar com meu carro lotado com todas as minhas coisas. Ela o chamava de Tartaruga Verde. Parecia a carapaça do meu eu normalmente aterrado.

Esse período nômade da minha vida foi minha primeira lição em minimalismo. Eu não me importava em ter poucas coisas para carregar; era um alívio. Mas eu sentia que estava em um ciclo interminável de impermanência (aprendi da maneira difícil que o Buda estava certo — tudo é impermanente).

Quando minha mãe faleceu, minha irmã e eu descobrimos, para nossa surpresa, que herdamos uma boa quantia em ações e títulos para dividir. Isso foi um golpe de sorte e no momento certo para mim, após três anos de tempos difíceis e contas atrasadas. Imediatamente calculei que poderia viver por vinte anos com o dinheiro da herança se também conseguisse uma pequena renda escrevendo.

Quando me estabeleci em meu próprio apartamento em Berkeley, o que foi um grande avanço em relação aos anos em que não vivi em lugar nenhum, reuni sob um teto tudo o que possuía pela primeira vez em cerca de dez anos. Por um tempo, fiquei sobrecarregado com minhas "posses". Era assustador perceber quantas "coisas" eu tinha de fato e notável que vivi sem a maioria delas e senti falta de muito pouco. Comprei plantas. Observei-as crescer. Eu tinha raízes. Morava a oito quarteirões da minha filha, do marido dela e da minha neta.

Agora, com dinheiro suficiente para não me preocupar com o aluguel do próximo mês e cheio do que eu só ouvira falar de longe como renda disponível ilimitada, estava embriagado com a vontade de adquirir. Pensei em todas as coisas de que me privei e fui às compras. A prioridade era um carro novo, meu reluzente Honda Fit azul. Tenho um fraco por tapetes persas e cerâmicas artesanais mexicanas; enchi meu apartamento de dois quartos com todos os belos itens que queria ao meu redor.

Às vezes, inventava desculpas — precisava desta ou daquela coisa por razões utilitárias. Como sapatos. Beleza, mas os sapatos que eu cobiçava eram da Mephisto. Os últimos que comprei viajaram pelo mundo comigo para a *National Geographic*, e duraram quase mais do que eu. Esses novos Mephistos que eu queria, sapatos sociais pretos, custavam US$300. Embora caros para mim, amortizei a despesa pelos muitos anos que os usaria. Só um problema: depois de comprá-los, usei-os duas vezes e depois ficaram acumulando poeira no meu armário.

Ao iniciar essa jornada pelos princípios de Gandhi, olhei com atenção para meu comportamento de aquisição. Primeiro, decretei uma moratória para comprar qualquer coisa nova que eu não precisasse absolutamente na minha vida. Comida e outras contas mensais, gasolina, presentes comemorativos para minha família — esses eram inegociáveis. Mas eu precisava de mais um utensílio de cozinha? Mais moletons?

Então, era hora de limpar meu armário.

> **Se alguém tem riqueza, isso não significa que deve ser jogada fora e que esposa e filhos devem ser postos para fora de casa. Significa apenas que devemos abandonar o apego a essas coisas!**
>
> Mahatma Gandhi

Reservei um sábado para repassar todo o meu armário e cômoda, fazer um inventário e decidir para qual instituição de caridade eu doaria o que não precisava, raramente usava ou tinha superado nos últimos 25 anos. Não reservei tempo suficiente — havia muito, uma abundância constrangedora de nada valioso para mim. Havia uma dúzia de camisas e várias calças que estavam tão fora de moda ou tão apertadas que me maravilhava com o quão magro eu costumava ser e que nunca seria novamente. Guardei um par favorito de Levis pretas que se tornaram uma meta, meu santo graal de perda de peso. Aceitando a derrota, joguei-o na pilha crescente para doação... junto com gravatas que saíram de moda com Beau Brummel, sandálias que nem meu pai usaria, três pares de tênis desgastados e camisas cujos botões imploravam para ser libertados da tortura. Encontrei um roupão de banho de tecido felpudo do Ritz Carlton Hotel em Laguna Beach com meu nome bordado, uma lembrança dos meus tempos como figurão no mundo dos jornalistas de viagem — um souvenir que usei tão poucas vezes que ainda parecia novo.

Essas coisas que carregamos — cada peça de roupa, cada livro, cada pequeno item, cada cartão de aniversário que nos lembra de que somos amados — carregam memórias que definem nosso passado, revigoram nosso presente e, possivelmente, pavimentam um caminho para o nosso futuro. Como você pode jogar essas coisas fora? Um grupo diz: "Nunca." Essas são as pessoas que entram em uma casa em chamas para resgatar não livros ou roupas, mas álbuns de fotos da família. O outro grupo diz: "Quem precisa delas?" São apenas peso morto, excesso de bagagem emocional, um albatroz em volta do pescoço. Eu me considerava do grupo "quem precisa disso". Mas, quando se tratava de me livrar de grande parte dessas coisas, eu segurava cada uma delas por minutos intermináveis: *Eu preciso disso? Olhar para isso agora é suficiente? Isso agora ficará em minha memória permanente, onde sua capacidade infinita de armazenamento de dados a manterá eternamente enquanto eu respirar?*

Quando acabei, olhei para a pilha de doação e senti um novo alívio, desonerado de partes do meu passado e orgulhoso da minha generosidade. Levei a pilha até a esquina, para uma loja de artigos usados apropriadamente chamada Out of the Closet [Para Fora do Armário], uma cadeia norte-americana fundada em 1990 onde 96 centavos de cada dólar vão para os serviços de prevenção e tratamento do HIV da AIDS Healthcare Foundation.

Foi gratificante doar para essa organização, e por um bom motivo: há algumas evidências que sugerem que, quando você ajuda os outros, pode promover mudanças fisiológicas no cérebro ligadas à felicidade.

Ó feliz dia de doação.

Meu amigo Jeff Greenwald, o escritor estadunidense de viagens (e mais), escreveu um livro durante a pandemia intitulado *108 Beloved Objects,* no qual detalha sua decisão de se desfazer de itens queridos que encapsulam momentos de sua vida e de tornar o desapego uma prática consciente.

Greenwald escreve: "Parece que entendemos, em um nível profundo, que liberar nossas posses é um caminho para a liberdade pessoal. O irônico é como isso pode ser difícil. Às vezes, parece que nossas posses nos possuem; temos pouca ação sobre elas. Colecionar é fácil; deixar ir, nem tanto. Quero aprender o que é essencial; deixar um registro; e seguir em frente, daqui para frente, de forma mais leve."

Entusiasmado após aliviar minha própria carga, olhei para o que mais eu poderia fazer para simplificar minha vida. Era óbvio: sair das redes sociais. Entrei no Facebook muito cedo, por volta de 2009; foi fundado em 2008. Foi divertido por um tempo; reencontramos amigos do ensino fundamental, antigas namoradas ou namorados. Entramos em grupos com interesses semelhantes. Podíamos nos gabar ou reclamar, e sabíamos que havia um grupo central que se importava, ou pelo menos "curtia", nossas postagens. Então, se tornou demais. A transição foi de "rede social" para a promoção de produtos ou serviços. Depois, tornou-se uma obsessão e um ladrão de tempo. Há muitas pesquisas que mostram que, embora tenha criado grupos de consenso, bons e ruins, também causou muito estresse, ansiedade e bullying. Para aqueles que rolam a tela antes de dormir, causa a perda de um bom descanso.

Quando comecei este experimento, já estava viciado. Entre escrever frases, eu verificava o Facebook. Quando tinha uma ideia engraçada, postava-a em vez de usá-la no que estava escrevendo.

Então, decidi parar... mas estava viciado e não consegui. Tentei me desintoxicar, primeiro excluindo o aplicativo do meu telefone, junto com o Instagram, que eu havia resistido por um bom tempo até ouvir que o Facebook era para velhos. Percebendo a tolice dos meus caminhos, saí completamente de ambos e isso durou bem mais de um ano. Mas, como qualquer droga, me sugou de volta depois que alguém disse que eu precisava ver a última postagem de fulano.

Há alguns dias, minha página foi hackeada pela primeira vez em quase quinze anos e isso foi o bastante para mim: saí de novo, embora, até você ler isto, eu possa ter reingressado apenas e estritamente para fins de Relações Públicas. Tenho amigos suficientes (não virtuais) com quem não passo tempo suficiente.

A simplicidade pode ser tão simples quanto seguir um ritual todos os dias, dia após dia. Há um ritmo na repetição; isso simplifica mesmo a vida. Não é necessário, por exemplo, gastar tempo e energia perguntando-se ao acordar todos os dias: *O que devo fazer primeiro agora de manhã?* A resposta é: *A mesma coisa que você fez ontem, idiota!* No meu caso, é aquecer água. Enquanto isso, espremo um limão e, quando a água está quente, adiciono duas colheres de sopa do limão espremido e uso isso para tomar um comprimido de ácido fólico (para uma "condição preexistente") e depois bebo devagar. Enquanto faço isso, esperando a chaleira ferver a água para o café, preparo uma tigela pequena de frutas frescas e como depois de terminar o suco. Nesse ponto, já fiz uma xícara de café descafeinado coado. Tudo isso é automático, sem necessidade de pensar, deixando meu cérebro livre para planejar o resto do que costuma ser um dia caótico.

Até agora, eu havia abordado minhas posses mundanas, o vício em redes sociais e a rotina matinal em minha busca pela simplicidade. Ainda assim, dei a mim mesmo mais um desafio inspirado por Gandhi, um que eu sabia que nunca abordaram na revista *Real Simple*.

Como eu não usaria um dhoti ou um lungee (não tenho o biotipo para eles), nem deixaria crescer um bigode (acredite, eu tentei, mas fiquei mais parecido com um Ringo Starr borocoxô), decidi tentar fiar algodão usando o mesmo instrumento que Gandhi usava. Minha intenção desde o início não era dominar a técnica, nem exatamente "me tornar" Gandhi, mas sim entender por que esse exercício é considerado uma peça importante da esperança geral do Mahatma de que as pessoas vivam com mais simplicidade.

Um charkha é uma roda de fiar que é muito mais do que uma simples roda de fiar na história de Gandhi e da Índia. Para incorporar e abraçar o significado do charkha, aprendi a fiar algodão cru em linha nas circunstâncias mais desafiadoras e, posso dizer em retrospecto, mais ridículas. Foi ainda mais louco aprender para um cara desajeitado como eu, cujos polegares parecem sempre se opor a tudo que tento fazer. Trabalhos manuais que requerem qualquer tipo de destreza não são minha praia. Na minha juventude, só de ver minha mãe tentando enfiar uma linha na agulha eu ficava ansioso. Quando a via sofrendo com isso, tentava ajudar, mas desistia suando frio. Treinar minhas mãos para uma nova habilidade também não é um dos meus pontos fortes; aprendi a digitar quando criança usando dois dedos e continuei com esse método ao longo da minha carreira de escritor. Aprender a fiar com um charkha não seria mamão com açúcar.

Eu havia perdido a chance de fazer aulas presenciais com vários especialistas em Ahmedabad e arredores quando estive lá. A localização teria sido perfeita, mas o timing não deu certo e o Caminho de Dandi me chamava. Pensei que voltaria à Índia em alguns meses e poderia me inscrever então. A pandemia de 2020 mudou tudo, tornando impossível voltar tão cedo. Então, quando voltei para casa na Califórnia, comecei a procurar alguém que pudesse me ensinar via Zoom ou qualquer outra plataforma de vídeo. Aí começou a palhaçada.

Colocar algodão em fio exige desenvolver um relacionamento profundo e significativo com as fibras, que são menos cooperativas às vezes. É uma experiência tátil e, à distância, não há como um professor pressionar sua mão para avaliar quanta pressão você está colocando nos fios de algodão para torcer e fiar em um fio resistente, algo que aprendi da forma mais difícil.

A outra palhaçada era que eu tentava aprender essa habilidade em minha idade avançada, quando o cérebro funciona mais devagar (meu cérebro gritava no meu ouvido: *Papagaio velho não aprende mesmo a falar!*). Tudo isso sentado sozinho em um apartamento a cerca de 13 mil km de Ahmedabad, sem o benefício do contexto cultural da Índia, onde o ritmo e a cadência da vida nas ruas se sincronizam com o som hipnotizante da roda girando, onde o charkha está entrelaçado no tecido da identidade e da história indianas.

Esse exercício em provável futilidade já estava me lembrando da minha tentativa de aprender a tocar tabla, os tambores da música clássica indiana. Nesse caso, porém, eu estava em Varanasi quando comecei a ter aulas com o famoso guru de tabla Panchu Maharaj, então chefe do departamento de tabla na Universidade Hindu de Banaras. Ele me convidou para ficar em sua casa por várias semanas. Eu não fazia nada além de ter aulas diárias, praticar o dia todo, observar seus filhos, sobrinhos e sobrinhas também praticando tambores, dançando, tocando diversos outros instrumentos e, em seguida, tentar dormir em meio aos gritos dos macacos do lado de fora das minhas janelas gradeadas. A tabla também exige grande atenção à experiência tátil; seus dedos e a base da mão batem e apertam para extrair sons diretamente nas peles de cabra vibrantes. Os ritmos ondulam dos seus dedos e palmas até o centro do peito, ressoando até o âmago da sua alma.

Um dia, envolto nos tals, ou padrões rítmicos hipnóticos, que estavam perpetuamente tocando nos meus ouvidos, de repente cada latido, buzina, grito e claque-claque das rodas nas estradas esburacadas entraram no ritmo do teental básico de dezesseis batidas que eu estava praticando. Foi aí que eu entendi. Entendi que todo o universo era movido pelo ritmo, que eu estava ciente de um pulso eterno, e que o pulso era eu. Se eu conseguisse mesmo entrar no ritmo, então seria absorvido pelo grande Akash — da raiz sânscrita *kāś*, que significa "ser". Eu estaria em sintonia com meu próprio ritmo, por mais fora de ritmo que fosse, e só então poderia conquistar e receber tudo o que me estava destinado.

Eu me senti tão vivo, tão sintonizado e em unidade, em sincronia e sincopado com tudo e todos. Quando voltei para Boston, cheio de inspiração, tive a sorte de encontrar um professor de tabla nas proximidades, Pandit Sharda Sahai, um artista residente no renomado Programa de Música Mundial da Universidade Wesleyan. No entanto, continuar a praticar na estéril quietude norte-americana em uma colina acima de Boston provou ser muito inferior à minha experiência na Índia, e eu durei menos de um ano tentando aprender esse fascinante instrumento de percussão.

Com o charkha, eu esperava, até assumia, que teria a mesma epifania cosmológica e penetraria na fachada da formidável persona do sr. Gandhi para fazer uma conexão pessoal mais forte com ele. Talvez visceralmente eu entenderia por que ele pensava que essa roda seria a faísca que acenderia a revolução contra o domínio britânico. Mas eu não tinha a vantagem de ter começado a fiar na Índia, nem a vantagem de ter sido um estudante de tambores no estilo ocidental desde os 6 anos de idade. Claramente, os indianos tinham uma vantagem sobre mim — não que eu seja competitivo ou algo assim.

Diante dessas adversidades, por que eu sentia que aprender a fiar era tão importante para minha transformação em Gandhi? É uma pergunta que me fiz durante todo o tempo que tive aulas e por semanas depois que elas terminaram. Honestamente, pensei que ao passar pelo ato, pela repetição, eu entraria no fluxo de fiar da mesma maneira que Gandhi, e meus músculos memorizariam e simulariam seu próprio amor por fiar.

O jovem Mohandas teria conhecido e visto charkhas enquanto crescia em Porbandar apenas como algo que as mulheres faziam em casa para produzir roupas e afins. Quando Gandhi retornou à Índia vindo da África do Sul em 1915, a indústria têxtil de Gujarat, centrada na então capital do estado, Ahmedabad, a 390km de Porbandar, havia crescido rapidamente; o número de fábricas têxteis se multiplicava em taxas quase alarmantes. A industrialização lentamente tornou a tecelagem manual de algodão obsoleta. De fato, em 1965, o historiador norte-americano Howard Spodek, que tinha amplo conhecimento sobre Ahmedabad, escreveu sobre a "Manchesterização" de Ahmedabad na revista acadêmica indiana *Economic Weekly* (agora *Economic and Political Weekly*). A associação com a cidade industrial britânica não era um elogio.

Hoje, a Índia é o segundo maior exportador mundial de têxteis e vestuário, com uma base massiva de matéria-prima e fabricação. A indústria têxtil e de vestuário na Índia é uma importante contribuinte para a economia, tanto em termos de participação doméstica quanto de exportações. Ela contribui com cerca de 7% da produção industrial, 2% do PIB e 15% das receitas totais de exportação do país. O setor é um dos maiores geradores de empregos no país, empregando cerca de 45 milhões de pessoas diretamente e 60 milhões de pessoas em indústrias associadas.

Gandhi também teria ciência da grande riqueza que a fabricação de têxteis gerava para as famílias de um pequeno grupo de empresários como Ranchhodlal Chhotalal, Mangaldas Girdhardas e Mansukhbhai Bhagubhai. Ele também estaria ciente das longas e exaustivas horas que os trabalhadores das fábricas enfrentavam sob condições deploráveis.

Se não fosse tão irritante e humilde, Gandhi poderia ter legitimamente reivindicado algum crédito por sua parte nesses números impressionantes. Ele pode muito bem ter plantado as sementes para o movimento moderno artesanal e preparado o terreno para as empresas sustentáveis e elegantes que promovem suas roupas de algodão, como a Cotton Basics.

Gandhi teve a ideia de transformar o humilde charkha em algo mais — um plano de ação para a independência, um símbolo de autossuficiência e uma arma pacífica contra o domínio britânico — na África do Sul. Como ele escreveu em seu jornal semanal *Harijan*: "Em 1908, na África do Sul, concebi a ideia de que, se a Índia empobrecida fosse libertada do jugo estrangeiro, a Índia deveria aprender a ver a roda de fiar e o fio fiado à mão como símbolo, não de escravidão, mas de liberdade."

O charkha poderia ter permanecido um encantador anacronismo ou outro relicário perdido em nome do progresso, se não fosse pelo gênio do marketing de Gandhi ao, efetivamente, reformulá-lo como um símbolo de revolução, perseverança e determinação.

Podemos dizer que ele meramente reinventou a roda, que em suas muitas variantes circulares aparece muito próxima ao centro de praticamente todas as religiões e sistemas de crença, antigos e modernos. Psicólogos, sociólogos e gurus do design, entre outros, pontificaram sobre a importância e o impacto dos círculos em nós. Como disse um especialista da Glovory Design, uma agência global de design de marca e produtos digitais: "Círculos não têm ângulos; eles parecem mais suaves e amenos do que outras formas. Comumente representam tanto unidade quanto proteção. Formas circulares são muito mais amigáveis porque tendem a 'convidar os espectadores à sua completude'."

Gandhi estava acessando o subconsciente humano. Quem sabe o quanto ele pensou ou entendeu sobre como uma roda de fiar circular afetaria profundamente a psicologia humana? Eu não descartaria a ideia de mensagens subliminares passarem por ele.

O charkha se tornou tão fundamental para seus ensinamentos que Gandhi o incluiu no currículo da Gujarat Vidyapith. Eu havia feito algumas entrevistas no campus e fui convidado a assistir e, em seguida, falar em um exercício matinal típico, em que professores e administradores informam os alunos sobre eventos futuros e dão palestras inspiradoras. Cerca de duzentos alunos se reuniram no auditório, todos sentados ao lado de seus charkhas, ocupados fiando e ouvindo as palestras. O zumbido de duzentas rodas girando ecoava nas paredes, transformando a sala em algo que soava como uma câmara entoando "ommmmmm". Tudo parecia tão natural para eles, algo que repetem dia após dia e com uma concentração que eu nunca poderia replicar. Para mim, foi uma revelação; não consigo pensar em nenhum ambiente educacional nos EUA onde algo assim aconteça.

Nos anos seguintes, o Mahatma foi firme e persistente em promover sua principal mensagem sobre o charkha (observe a cronologia aqui):

> Eu... reivindico para o Charkha a honra de ser capaz de resolver o problema da miséria econômica de uma maneira mais natural, simples, barata e empresarial... Ele é o símbolo da prosperidade da nação e, portanto, da liberdade. É um símbolo não de guerra comercial, mas de paz comercial.
>
> *Young India*, 1921

> A mensagem da roda de fiar é muito mais ampla do que sua circunferência. Sua mensagem é de simplicidade, serviço à humanidade, viver de forma a não prejudicar os outros, criando um vínculo indissolúvel entre ricos e pobres, capital e trabalho, príncipe e camponês.
>
> *Young India*, 1925

A mensagem da roda de fiar é, na verdade, substituir o espírito de exploração pelo espírito de serviço. A nota dominante no Ocidente é a nota de exploração. Não desejo que nosso país copie esse espírito ou essa nota.

Young India, 1928

Não tenho a menor dúvida de que a salvação da Índia e do mundo está na roda. Se a Índia se tornar escrava da máquina, então, digo, que o céu salve o mundo.

Harijan, 1946

Se prego contra a vida artificial moderna de prazer sensual e peço a homens e mulheres que voltem à vida simples sintetizada no Charkha, faço isso porque sei que, sem um retorno inteligente à simplicidade, não há escape de nossa descida para um estado inferior à brutalidade.

Young India, 1921

Nem todos compartilhavam da mesma visão utópica de como o humilde charkha poderia aproximar os indianos da autossuficiência, sendo o mais notável entre eles Rabindranath Tagore. O polímata bengali e Gandhi tinham grande admiração um pelo outro (como já mencionado, foi Tagore quem, presumivelmente sem ironia, foi o primeiro a dar ao seu colega o apelido de Mahatma), mas divergiam em muitos pontos. Em um ensaio de 1925 intitulado "The Cult of the Charkha" na *Modern Review*, Tagore argumenta que esse ato repetitivo de fiar é exatamente o que os indianos não precisavam; de fato, é o que os reduziu a uma colônia, escravizados pela Inglaterra. A fiação manual com charkhas, ele escreveu,

> confere habilidade aos membros do homem que é um servo, cujo trabalho é árduo; mas mata a mente do homem que é um criador, cujo trabalho é criação. Então, na Índia, du-

> rante longos séculos, temos o espetáculo de uma repetição do que já foi feito antes... Ao fazer a mesma coisa dia após dia, a habilidade mecânica pode ser adquirida; mas a mente, como um boi que gira um moinho, ficará girando em um estreito ciclo de hábitos. É por isso que, em todos os países, o homem despreza o trabalho que envolve esse tipo de repetição mecânica.

Apesar das considerações de Tagore, continuei comprometido em encontrar meu mestre de fiação e segui procurando meu guru do charkha. Pensei que, se pudesse encontrar alguém na Índia ou em qualquer lugar que pudesse me ensinar, mesmo que apenas à distância, eu conseguiria dominar a técnica. Minha faixa preta em Google me levou primeiro a Joan Ruane. Norte-americana baseada no Arizona, ela tem uma longa experiência em dar aulas presenciais e por vídeo, especificamente trabalhando com algodão. Fiquei um pouco decepcionado quando vi que ela trabalhava principalmente com uma roda de fiar tradicional, também conhecida como a grande roda. Mas então vi alguns de seus vídeos online nos quais ela introduzia o charkha, então liguei para ela. Depois de conversar um pouco, ela me enviou um takli, um pequeno fuso de apoio, uma espécie de "rodinhas" antes de passar para rodas maiores. Esse pequeno fuso de metal foi projetado por Gandhi para que todos na Índia pudessem fiar. Cada criança na escola recebia um takli e era ensinada a fiar.

"Se a roda de fiar é o rei", Gandhi escreveu, "o takli é uma rainha por direito próprio. Se a roda pode ser usada por milhares, muitos podem usar o takli que nos tempos antigos era usado para tecer o fio mais fino".

Apesar dos elogios do Mahatma, o dispositivo parecia tão simples que decidi passar pelo takli e ir direto para o charkha de livro. Paguei caro pela minha arrogância quando comecei a fiar.

A pessoa seguinte que encontrei não era uma professora, mas ela estava muito mais próxima de minha casa e era uma figura formidável no mundo da fiação manual e da agricultura regenerativa. A cientista-agricultora californiana Sally Fox é considerada uma pioneira no desenvolvimento de algodão orgânico de cores naturais, além de criar ovelhas merino de linhagem e uma variedade de culturas, incluindo trigo Sonora. Em sua biografia, ela escreve: "Estou tentando descobrir como cultivar de forma sustentável, humana e lucrativa." Boa sorte com isso, mas o sr. Gandhi a teria adorado por suas iniciativas. Com pesquisas adicionais, tomei conhecimento de que há uma crescente comunidade de agricultores e fiandeiros de algodão orgânico, no extremo esotérico onde cuidar do planeta importa.

Enfim desisti de encontrar um professor até que voltasse à Índia, mas, com as hospitalizações e as mortes relacionadas à Covid aumentando em taxas alarmantes naquele inverno, minhas janelas para viajar estavam fechadas por um futuro previsível. Quase pronto para abandonar todo esse episódio, recorri à minha pesquisadora gujarati Prarthi Shah, que reside em Vadodara (também conhecida como Baroda). Ela logo recomendou Avani Varia, que mora em Ahmedabad, a 100km ao norte de Vadodara. Na Índia, isso as tornava praticamente vizinhas. Prarthi conhecia Avani de seus próprios estudos para seu MBA em gestão de patrimônio.

Avani tinha credenciais muito impressionantes e intenções louváveis. Com mestrados em artes e gestão de patrimônio, ela ensinava charkha e outros artesanatos há mais de vinte anos e fez a curadoria de várias exposições em museus, incluindo o Khoj de Ahmedabad, o primeiro museu infantil da Índia, o que por si só já me fez gostar dela.

Mas minha admiração por ela cresceu quando soube de suas iniciativas em apoio à tradição de artes e ofícios indígenas da Índia. Ela escreveu um livro, *Chalo Charkho Ramiye* (Vamos brincar com o charkha), que também é o nome de seu movimento charkha, novamente para promover o interesse nele. Em seu perfil no X (antigo Twitter), ela escreveu sobre suas maiores esperanças para a fiação: "Se todos no mundo fiassem uma hora por dia, não haveria mais guerra. Paz significa não apenas 'sem guerra'. É ter paz na mente de cada pessoa. Paz é um subproduto do trabalho construtivo realizado por todos com atitude positiva e mente calma."

Ambição elevada? Sim. Alcançável? Veremos...

Inscrevi-me para um mês de aulas diárias via Zoom. Tudo o que eu precisava agora era de um charkha. Se eu quisesse um igual ao que Gandhi usava, achei que teria que encomendar um da Índia, o que não augurava bem para uma entrega pontual com base nas minhas experiências com o serviço postal da Índia (que, na minha opinião, é um nome impróprio: "desserviço postal" descreveria com mais precisão sua eficiência).

Mas uma empresa chamada The Woolery, com sede em Frankfurt, Kentucky, veio em meu socorro. O site dizia "importado da Índia", o que era um bom sinal de sua autenticidade; eu só esperava que tivessem o suficiente em estoque em Kentucky. Encomendei um "charkha de livro tradicional", anunciado como "a autêntica Roda Charkha de Gandhi". Com minha autêntica bengala de Gandhi de Gujarat, eu teria um conjunto combinando.

Dentro de alguns dias, ele chegou. Ao desembalar, já fiquei intimidado. Eu podia dizer que era uma invenção indiana porque parecia ao mesmo tempo enganosamente simples e realmente complicado... ou seria enganosamente complicado e realmente simples? Feito à mão em madeira de teca (exceto por três fusos, alguns parafusos, trincos e as bases das rodas de madeira), tinha dimensões exatamente como seu nome sugeria: o tamanho de um livro. Tinha dois lados, cada um com dobradiças para abrir e fechar, com 5cm de profundidade, 24,8cm de comprimento e 17cm de largura.

Havia muitas peças inteligentemente encaixadas, a economia do espaço disponível refletindo como os indianos aproveitam ao máximo os recursos limitados. A perspectiva de montá-las corretamente na posição operacional era tão assustadora que, mesmo depois de assistir a alguns vídeos de instruções, eu ainda estava inseguro. Esperei para entrar online com Avani para ter mais instruções.

Já na primeira chamada, percebi que isso não daria muito certo. Havia problemas técnicos: a conectividade ruim em Gujarat interrompia, atrasava ou congelava suas palavras e imagens. Havia dificuldades em encontrar o melhor ângulo da câmera e como configurar meu bom e velho Samsung Galaxy G8, sem que ele caísse de uma pilha de livros ou derrubasse meu tripé. Tinha que me levantar cedo para atender ao horário dela à noite, quando não estou no meu melhor humor, ou ajustar minhas noites às manhãs dela, quando também não estou no meu melhor humor. Decidimos pelas minhas noites, para não atrapalhar meu horário de escrita.

Depois havia o problema de onde eu montaria o charkha. Como meus joelhos não me permitiam trabalhar no chão com as pernas cruzadas, escolhi a mesa de centro da sala de estar com um banquinho baixo ao lado. Avani enfatizou que minha posição era crucial; meu joelho direito tinha que estar paralelo à roda grande. Meu braço esquerdo precisava de espaço para se esticar. Mas a mesa de centro era escorregadia, então o charkha deslizava. Tive que colocar um jogo americano sob a roda, fixá-lo à mesa, então fixar a parte inferior do charkha ao jogo americano. Isso ocupou toda a primeira sessão.

O primeiro dever de casa dela foi apenas torcer a borda do puni de algodão (em inglês, diz-se "sliver", com um *i* forte como em "driver"), que para mim parecia um tampão, e puxá-lo ao mesmo tempo até que se esticasse em um fio longo e fino. *Ah, eu consigo fazer isso,* pensei, e fiz algumas vezes até me sentir confortável. Comecei a me familiarizar com os materiais e o que o algodão podia fazer. Ou assim pensei.

Antes de cada aula, ela me pedia para relaxar a mente e o corpo. Em um estado de pânico, como quando você chega à aula sem ter feito o dever de casa e teme que o professor chame você, relaxamento era a última coisa na minha mente/corpo. No próximo passo, tive que amarrar o fio ao fuso. Meus dois polegares esquerdos lutaram por cinco minutos só com isso. Uma vez feito, eu girei lentamente a roda, ao mesmo tempo puxando o resto do puni para longe da roda em direção ao lado do meu corpo enquanto levantava o braço esquerdo para fazer um ângulo com o fuso. O que deveria acontecer é que o algodão começasse a se enrolar no fuso, a caminho de se transformar em fio. Mas não foi assim comigo. O fio quebrava, vez após vez. Eu não conseguia pegar o jeito, não importava o quanto Avani descrevesse o movimento.

Uma dolorosa semana de aulas diárias depois, ela confidenciou que eu era o pior aluno que ela já teve e duvidava que pudesse me ensinar. Mas então, quase relutantemente, admitiu que eu estava começando a pegar o jeito. Eu discordava.

Eu gravei todas as sessões para a posteridade, pensando que o mundo gostaria de ver evidências de que eu tinha passado de seu pior aluno para o com mais progresso. Ela continuava me implorando para não pressionar muito forte, para não puxar muito rápido. Intelectualmente, eu entendia, mas fisicamente era impossível, e ainda mais frustrante porque eu sabia que, se ela pudesse colocar as mãos nas minhas para me mostrar como deveria ser a sensação, eu teria uma chance melhor.

Na última semana de nossas sessões mensais, eu já havia quase desistido. Mentalmente, eu desisti. Parei de tentar tanto. E foi então que aconteceu. Quando parei de me estressar com a ideia de ter sucesso, comecei a ver alguma melhora.

No entanto, meu foco havia mudado, não para algo relacionado à técnica do charkha, mas para o espelho que ele havia se tornado para mim. Pare de pressionar tanto. Pare de puxar tanto. Deixe o algodão fazer o trabalho; deixe-o dizer quando e quanta pressão exercer. Ela não estava falando sobre minha fiação; falava sobre minha vida, sobre como eu abordo os problemas e desafios que surgem. Muitas vezes tenho dificuldade em deixar as coisas se desenrolarem como devem, por conta própria, sem meu esforço, mas com pequenos estímulos e incentivos de vez em quando. Isso é verdade no meu trabalho, nos meus relacionamentos com a família e amigos, e na minha vida amorosa.

Se essa era a mensagem subliminar que Gandhi pretendia transmitir com o charkha, então eu havia dominado a roda.

Como ser Gandhi... Simplesmente

Marie Kondo tinha razão: desperte sua própria alegria reduzindo sistematicamente as coisas materiais em sua vida que não contribuem de forma significativa para sua felicidade. Mas lembre-se de que até ela deu uma folga na organização após ter seu terceiro filho e repriorizar onde sua verdadeira alegria estava.

Não é necessário fiar com um charkha, embora eu recomende tentar só para se humilhar um pouco. Existem outras maneiras de fazer as coisas você mesmo sem depender de fabricantes externos. Assar é uma delas. Durante a Covid, organizamos sessões de panificação pelo Zoom com minha neta Kasey e sua amiga Yenna. Nós três adorávamos cobrir as mãos e a cozinha com farinha — limpar depois nem tanto — e aprendemos muito sobre como as pessoas em padarias profissionais passam seus dias.

Organizar a mente é a tarefa de "arrumação" que pode facilmente levar uma vida inteira. Mas, da mesma forma que você limpa seu armário, trate de uma distração por vez. Você precisa mesmo de 18 aplicativos de chat no seu celular que apitam a cada 10 segundos? Esses alertas desencadeiam hormônios do estresse que não trazem alegria. Você precisa mesmo daqueles amigos pegajosos e carentes que só trazem energia tóxica para sua mente? Encontre uma maneira diplomática de mantê-los à distância.

Capítulo 7

Sexo e o Sadhu

O Celibato É o Seu Caminho?

O celibato vai além da carne.

F. Scott Fitzgerald

A atividade sexual não é essencialmente boa nem má; é uma atividade biológica normal que, como a maioria das outras atividades humanas, pode ser praticada de maneira destrutiva ou criativa.

Quaker Faith & Practice, quinta edição

Vivemos em tempos de hipersexualização. Mesmo acreditando em uma vida sexual saudável, tudo em excesso é demais — e não de um jeito bom. Não precisamos de provas, mas a Força-tarefa da APA sobre Sexualização de Meninas encontrou evidências de que a proliferação de imagens sexualizadas de meninas e jovens em publicidade, merchandising e mídia é prejudicial à autoimagem e ao desenvolvimento saudável delas.

O mundo está tão repleto de exemplos da mídia que seria inútil citar qualquer um. Basta ligar a TV, folhear qualquer publicação, olhar em quase qualquer vitrine de loja, rolar o celular, examinar outdoors nas estradas.

Culturas diferentes em períodos diferentes têm tido costumes diferentes em relação à atividade sexual, chamando-a de coito, cópula, relação sexual, fornicação, palavras de baixo calão começando com "f" ou a expressão que melhor a define para mim: *fazer amor.*

Eu cresci no início da chamada revolução sexual dos anos 1960 e 1970 no mundo ocidental. Gandhi não cresceu em nada parecido com o ambiente desse movimento.

Sudhir Kakar, psicanalista, estudioso da psicologia cultural e da psicologia da religião, e autor de 27 livros, incluindo uma tradução do Kama Sutra, disse à *Scroll*, uma publicação digital indiana, que "a Índia tem sido um deserto sexual nos últimos dois séculos... devido a uma combinação de pudor britânico, adotado pelas classes altas no que pode ser chamado de 'identificação com o agressor', e nossa própria tendência profunda de ascetismo brahmanical".

Vindo de um ramo extremamente devoto e conservador do hinduísmo, Gandhi teria sido pudico em seu comportamento exterior. Internamente, ele teria sido um jovem típico com desejo de contato físico com uma mulher? Essas duas atitudes opostas teriam causado um conflito pessoal nele? Não sabemos, mas há indicações de que ele teria tido emoções mistas.

Para mim, um norte-americano de sangue quente exposto a todo aquele ethos de "amor livre" e "faça amor, não faça guerra", a ideia de celibato era anátema. Porém, para os propósitos do meu experimento, não foi difícil abster-me de relações sexuais durante o período. Eu não tinha me envolvido romântica ou sexualmente com ninguém por seis anos, apesar dos meus melhores esforços em contrário. Abster-me da atividade sexual física não era problema; o problema era e continua sendo as fantasias sexuais da mente, bombardeados como estamos por imagens e insinuações sexualmente sedutoras e sugestivas.

A dificuldade em escrever sobre isso gira em torno da própria relação de Gandhi com o sexo e a controvérsia que o seguiu desde seus dias na África do Sul. Sim, eu vou tocar nesse assunto. Uma coisa de cada vez.

A palavra hindi *brahmacharya* costuma ser traduzida como "celibato". Mas isso não é de todo preciso. Etimologicamente, a palavra hindi deriva de duas raízes sânscritas: *Brahma*, que se refere ao eu superior de alguém, à realidade suprema e à consciência absoluta, e é o nome do deus védico da criação, e *charya*, que significa "seguir, envolver-se ou proceder". Juntas, significam comportamento que leva a Brahma, permanecer fiel ao seu eu superior ou estar no caminho de Brahma.

Celibato, por outro lado, na sua forma mais simples, significa "não indulgência na atividade sexual". A raiz vem da palavra latina *caelibatus*, uma forma gramatical de *caelebs* ("solteiro"). Costuma se referir a um estado de voluntariamente ser solteiro e sexualmente abstinente por razões religiosas — em atos de renúncia. Ao longo da história, o celibato tem sido parte das práticas de quase todas as grandes religiões do mundo de uma forma ou de outra. Em outras religiões e culturas, como a tradição xintoísta, o celibato é desaprovado. O mesmo ocorre na maioria das tradições africanas e nativo-americanas. Os romanos consideravam uma aberração; criaram leis que impunham multas em dinheiro contra isso. Judeus e muçulmanos valorizam o casamento e a família, então condenam o celibato. No hinduísmo clássico, o ascetismo e o celibato são incentivados nas fases posteriores da vida, após alguém ter cumprido suas obrigações sociais (ou seja, casamento e filhos). E os jainistas, mais austeros que os hindus e a religião para a qual a mãe piedosa de Gandhi inclinava-se (embora ambos os pais fossem vaishnavas), pregam o celibato completo como o caminho para alcançar "moksha", a liberação do ciclo interminável de nascimento, morte e renascimento, segundo sua doutrina.

Também há certa confusão sobre a diferença entre abstinência e celibato e, embora antes eu os tenha usado de forma intercambiável, não são a mesma coisa. Abstinência sexual, também chamada de continência, é abster-se de alguns ou todos os aspectos da atividade sexual, muitas vezes por um período limitado de tempo. *Celibato* pode ser definido como um "voto religioso voluntário de não casar ou envolver-se em atividade sexual". E mais um termo e definição importante para a minha análise: *assexualidade*. É a "falta de atração sexual por outros, baixo ou ausente interesse no desejo por atividade sexual", que alguns consideram uma orientação sexual.

Depois de ler sobre as atividades de Gandhi e seus pensamentos sobre esse tópico, acredito que ele passou por várias dessas categorias, mas, depois de se declarar brahmacharya, ele transferiu suas energias para a assexualidade. À medida que suas austeridades aumentaram, elevando-o cada vez mais a níveis próximos ao monasticismo, tenho a impressão de que seu chakra sacral, aquele localizado logo acima do osso púbico e responsável pela paixão, sexualidade, intimidade e dinheiro, se fechou e seu desejo por sexo com qualquer pessoa foi completamente bloqueado.

Sua história de intimidade sexual oferece mais insights sobre como isso aconteceu, como e por que ele testou seus próprios desejos sexuais e, além disso, como suas opiniões e ações sobre esse assunto afetaram as minhas.

Em 1883, o jovem Mohandas Karamchand, de 13 anos, casou-se com Kasturba Makhanji Kapadia, de 14 anos, em Porbandar, a cidade onde seus pais moravam. Foi um casamento tradicional arranjado, e suas idades juvenis não eram incomuns na época. Gandhi escreveu sobre o casamento em sua autobiografia: "Como não sabíamos muito sobre casamento, para nós significava apenas vestir roupas novas, comer doces e brincar com os parentes." Sua esposa continuou com os pais por algum tempo, de acordo com os costumes. O marido, sendo um adolescente cheio de testosterona masculina, escreveu que lamentava seus naturais sentimentos lascivos: "Mesmo na escola, eu costumava pensar nela, e a ideia do anoitecer e nosso encontro subsequente sempre me atormentava."

O impulso sexual é uma poção poderosa, muito difícil de ignorar sem uma base de autodisciplina austera. Pode distrair até mesmo homens e mulheres treinados para uma vida de celibato. A título de exemplo: em 2019, a Igreja Católica Romana dos EUA relatou que as alegações de abuso sexual infantil por clérigos mais que dobraram em um período de doze meses. Países ao redor do mundo observaram tendências semelhantes.

Em 1888, aos 18 anos e um mês após o nascimento do primeiro filho, Harilal, Gandhi deixou sua esposa e recém-nascido para frequentar a faculdade de direito em Londres. Ele não a viu de novo por três anos. Gandhi voltou da Inglaterra após terminar seus estudos, mas logo foi para a África do Sul em uma missão de trabalho como advogado. Depois disso, ele retornou à Índia em 1896, então levou Kasturba com ele. A partir de então, Ba, como era conhecida, permaneceu com o marido.

Aos 16 anos, com sua libido provavelmente no auge, Gandhi carregava um grande remorso por ter escolhido ir para a cama com sua esposa quando seu pai, Karamchand Uttamchand Gandhi, estava prestes a morrer. Como ele escreveu em sua autobiografia: "Todas as noites, enquanto minhas mãos estavam ocupadas massageando as pernas do meu pai, minha mente pairava sobre o quarto, e isso justamente em uma época em que a religião, a ciência médica e o bom senso proibiam a relação sexual. Eu sempre ficava feliz por ser dispensado do meu dever e ia direto para o quarto depois de fazer reverência ao meu pai."

Sobre a noite em que seu pai morreu, ele escreveu:

> Ninguém havia sonhado que essa seria a noite fatídica. O perigo, é claro, era presente. Era 22h30 ou 23h. Eu estava fazendo a massagem. Meu tio se ofereceu para me substituir. Fiquei feliz e fui direto para o quarto. Minha esposa, pobre coitada, estava profundamente adormecida. Mas como ela poderia dormir com a minha presença ali? Eu a acordei. Em 5 ou 6 minutos, no entanto, o servo bateu à porta. Eu me levantei alarmado. "Levante-se", ele disse, "seu pai está muito doente"... então eu adivinhei o que "muito doente" significava naquele momento. Pulei da cama... e tudo acabou! Só me restava torcer as mãos. Vi que, se a paixão animal não tivesse me cegado, eu teria sido poupado da tortura de estar separado do meu pai durante seus últimos momentos... A vergonha... do meu desejo carnal mesmo na hora crítica da morte do meu pai... Foi uma mancha que nunca consegui apagar ou esquecer, e sempre pensei que, embora minha devoção aos meus pais não conhecesse limites e eu tivesse renunciado a qualquer coisa por ela, ainda assim foi considerada imperdoavelmente insuficiente porque minha mente estava ao mesmo tempo presa pela luxúria. Portanto, sempre me considerei um ma-

> rido lascivo, embora fiel. Demorou muito para me libertar das amarras da luxúria, e tive que passar por muitos desafios antes de conseguir superá-la.

Essa é uma pista de por que, com esse trauma deixando uma cicatriz permanente que ele associava à sua luxúria, ele tentou se distanciar do que seria um desejo natural. A maioria dos seus comentários sobre relações sexuais refere-se ao sexo como "luxúria" e como um ato reservado exclusivamente para fins de procriação. "A sociedade humana é um crescimento incessante, um desdobramento em termos de espiritualidade. Se assim for, deve ser baseada em uma restrição cada vez maior às demandas da carne. Assim, o casamento deve ser considerado um sacramento que impõe disciplina aos parceiros, restringindo-os à união física apenas entre si e apenas para o propósito de procriação, quando ambos os parceiros desejarem e se prepararem para isso", ele escreveu em 1926 no *Young India*, seu jornal semanal publicado em Ahmedabad de 1919 a 1931.

Gandhi chegou ao extremo de Epicuro, o filósofo grego do século III a.C., que classificava a paixão sexual como uma doença capaz de perturbar o equilíbrio da alma e do estado? Não completamente, mas quase.

Gandhi cresceu em um país e em uma época em que o sexo era visto como tabu. Sem recapitular toda a história das atitudes em relação ao sexo na Índia, cuja narrativa nos levaria de volta a aproximadamente 1500 a.C., aqui estão alguns destaques. Nos épicos indianos Ramayana e Mahabharata, o sexo era considerado um dever recíproco dentro do matrimônio, sendo a satisfação igual de ambos os parceiros a norma. Há histórias sobre sexo fora do casamento, sexo entre irmãos, sexo entre pai e filha. No entanto, no Mahabharata lemos: "Ó desejo sexual! Eu conheço tua raiz. Tu nasceste do pensamento. Não pensarei em ti e tu deixarás de existir."

Depois, temos o Kama Sutra, muito exaltado no Ocidente como o manual erótico escrito em algum momento entre 400 a.C. e 200 d.C. e atribuído ao filósofo indiano Vatsyayana. Mas é muito mais do que isso. É também um guia para a arte de viver bem, a natureza do amor, encontrar um parceiro de vida e manter a vida amorosa que competiria com cartões de Dia dos Namorados pelas vibrações amorosas sinceras.

Outro gesto indiano aparentemente ousado em relação à sexualidade pode ser encontrado no Conjunto de Monumentos de Khajuraho, construído entre 885 d.C. e 1000 d.C. no estado de Madhya Pradesh. O sítio do Patrimônio Mundial da UNESCO, uma parada popular "obrigatória" na rota turística que visitei na minha primeira viagem à Índia, apresenta esculturas em baixo-relevo nas paredes externas, famosas por retratar homens e mulheres em várias posições sexuais que o Ocidente ainda não tinha imaginado. Pode-se ter certeza de que os casais estudavam essas posições e praticavam ioga para ganhar maior flexibilidade antes de tentar. Mas, em um dos primeiros exemplos que demonstram que até um pouco de sexo vende, apenas 10% das imagens de fato retratam o sexo em ação.

Então chegaram os britânicos em 1608. Eles — referindo-se aos primeiros representantes da Companhia das Índias Orientais — desembarcaram em Surat, Gujarat, por coincidência a apenas 600km de onde Gandhi nasceu. Com armas superiores, força econômica e uma arrogância europeia que os indianos invejavam, eles logo tomaram o subcontinente. Em 1858, a Inglaterra fez da Índia uma colônia do "Império", e assim começou o que é educadamente chamado de Raj Britânico — oficialmente o Ato de Governo da Índia. Dizia-se que a Índia era a joia da coroa britânica.

Com os britânicos vieram seus costumes, suas habilidades organizacionais e suas atitudes muito puritanas e pudicas em relação ao sexo. Sobreponha isso às já confusas mensagens da Índia e você tem o ambiente em que Gandhi cresceu, o que provavelmente o deixou confuso ou, no mínimo, ambivalente e curioso. Depois, enquanto estudava direito em Londres, ele deve ter absorvido mensagens ainda mais contraditórias na Inglaterra, onde tentava se integrar.

Há muito escrito, e ainda mais criticado, sobre suas... vamos chamá-las por enquanto de "atividades sexuais extracurriculares". Tenho algumas conclusões e opiniões.

Na África do Sul, muito antes de ser chamado de Mahatma, o jovem advogado Gandhi conheceu um arquiteto e fisiculturista lituano Hermann Kallenbach. Os dois se tornaram grandes amigos. Kallenbach logo construiu uma casa para Gandhi, que eles compartilharam. É claro pelas cartas que Mohandas e Hermann tinham uma profunda admiração mútua, como um amor platônico. Por que não? Ambos homens brilhantes, um com ideias, o outro com o poder de executá-las. Eles se inspiravam mutuamente.

Mas isso se tornou um grande problema público para os indianos quando o ex-editor executivo do *New York Times* e vencedor do Prêmio Pulitzer, Joseph Lelyveld, escreveu uma biografia intitulada *Mahatma Gandhi e sua Luta com a Índia*, publicada em 2011 nos EUA pela prestigiada editora Knopf.

Lelyveld explora a relação entre os dois homens. Ele nunca afirma categoricamente que Gandhi era gay ou bissexual, mas sua forma de enquadrar a história, as insinuações e os comentários sugestivos de que eles tinham algo mais do que uma forte amizade levaram a assembleia estadual de Gujarat a banir o livro de forma unânime e imediata. A proibição não foi baseada na leitura do livro por qualquer indiano — ela ocorreu dez dias antes da data de publicação do livro —, mas em críticas da mídia. O chefe do estado na época, Narendra Modi, disse que seu conteúdo era "perverso e difamava o ícone da não violência". Modi, também nascido em Gujarat, mais tarde se tornou primeiro-ministro do país e frequentemente usa Gandhi como uma bandeira política para demonstrar seu patriotismo.

Críticos citam algumas linhas da correspondência entre Gandhi e Kallenbach. Em uma frase amplamente citada, Gandhi escreveu: "Como você tomou posse completa do meu corpo. Isso é escravidão com vingança."

Lelyveld negou as acusações dos críticos, dizendo que seu trabalho havia sido tirado de contexto: "Eu não alego que Gandhi seja racista ou bissexual em *Mahatma Gandhi e sua Luta com a Índia*", disse ele ao *Times of India*. "A palavra 'bissexual' não aparece em nenhum momento do livro."

Isso é verdade, mas, quando você abre uma seção com "Eles eram um casal", citando o renomado estudioso de Gandhi, Tripid Suhrud, parece que o experiente autor está plantando pensamentos na mente do leitor ao atribuir essa declaração a alguém acima de qualquer suspeita.

Fica a dúvida se Lelyveld estava sendo manipulador, talvez até suspeitando que isso seria de considerável interesse para incitar os admiradores de Gandhi a recuar. E eles recuaram.

Somente em 2018 a Suprema Corte da Índia decidiu que o sexo gay não era mais uma ofensa criminal. A decisão anulou um julgamento de 2013 que mantinha uma lei da era colonial segundo a qual o sexo gay era categorizado como uma "ofensa antinatural". Antes disso, no tempo de Gandhi — e apesar das leis, até mesmo nos tempos atuais, entre uma grande porcentagem da população —, havia um estigma de longa data contra a homossexualidade, ainda mais forte do que em muitos outros países, tanto no Oriente quanto no Ocidente.

Acompanhe-me enquanto eu escrutino, analiso e tento dissecar este próximo aspecto da vida de Gandhi que costuma causar espanto. E com razão. Mas deixe-me começar não pedindo desculpas ou explicando seus comportamentos, mas colocando-os no contexto do homem.

Gandhi era um experimentador, como ele mesmo colocou no subtítulo de sua autobiografia, *The Story of My Experiments with Truth*. Ele explorava, examinava e inovava — com educação, dieta, formas não violentas de protesto... e sua própria sexualidade. Como Thomas Edison, inventor da eletricidade e muito mais; como Leonardo da Vinci, inventor da máquina voadora e dos sistemas de água; como o ornitólogo Salim Ali, conhecido como o "homem-pássaro da Índia"; como Albert Einstein, inventor de quase tudo — homens que tiveram mais fracassos sobre os quais não lemos do que sucessos. Eu contaria Gandhi entre eles.

Seu "experimento" de dormir ao lado de mulheres jovens foi profundamente falho em vários níveis. Por um lado, para um homem que parecia tão estratégico em obter publicidade para reunir pessoas em torno de suas causas, esse experimento parecia uma péssima escolha, pois teve o efeito oposto. Mesmo seu círculo íntimo de confidentes o aconselhou fortemente contra isso.

Após a morte de Kasturba em 1944, Gandhi compartilhou sua cama com jovens mulheres nuas diversas vezes, com várias mulheres diferentes, incluindo sua médica pessoal, Sushila Nayar e suas sobrinhas-netas Abha e Manu. Ele era cerca de cinquenta anos mais velho que elas. Ele dizia e escrevia abertamente que estava testando seu voto de brahmacharya. Não sabemos exatamente o que aconteceu debaixo dos lençóis, por assim dizer.

O experimento foi falho não por razões morais, que certamente se poderia argumentar em relação a qualquer pessoa, mas em especial para o homem cuja imagem inteira se baseava em viver uma vida moral. Mas, na minha opinião, e olhando para sua experiência com o sexo, mostrou o quão pouco ele sabia sobre a relação entre amor e excitação sexual, entre seu coração e órgão sexual. Você simplesmente não se deita ao lado de uma sobrinha e espera ter uma ereção, nem as mulheres tentariam seduzi-lo. O que ele provou para alguém, ou mais importante, para si mesmo? Detratores diriam que ele provou ser um pervertido que ficou obcecado com sexo, mas apenas na teoria. Defensores... não sei. Não consigo mesmo justificar isso. Presumivelmente, o diretor Richard Attenborough estava tão perplexo e preocupado com a forma como Gandhi seria retratado que esse episódio nunca é mencionado no filme vencedor do Oscar que deixou uma marca tão indelével em tantas pessoas.

Se ele tivesse tentado isso na década de 1960 na Califórnia, no Esalen Institute, onde a nudez pública e outros experimentos sociais ajudaram a inspirar o que ficou conhecido como o movimento do potencial humano, suas atividades teriam se encaixado perfeitamente. Mas na Índia que descrevi, ele foi condenado. Talvez até mesmo os professores de Esalen desaprovassem nesse caso, faltando uma justificativa detalhada para a tentativa.

Embora alguns escritores e defensores digam que Gandhi tinha uma atitude iluminada sobre o papel das mulheres na sociedade, não posso dizer que concordo. Este comentário dele demonstra o quão antiquado era seu pensamento:

> Sempre sustentei que é fisicamente impossível violar uma mulher contra sua vontade. A violência só acontece quando ela cede ao medo ou não percebe sua força moral. Se ela não pode enfrentar a força física do agressor, sua pureza lhe dará a força para morrer antes que ele consiga violá-la. É minha firme convicção que uma mulher destemida, que sabe que sua pureza é seu melhor escudo, nunca pode ser desonrada. Por mais bestial que seja o homem, ele se curvará de vergonha diante da chama de sua pureza deslumbrante.

É essa a atitude que os indianos absorveram que pode ter levado a estatísticas tão tristes em relação à incidência de estupros na Índia? O Escritório Nacional de Registros Criminais do país relatou que o número de casos de estupro denunciados aumentou de 59.945 em 2001 para 133.836 em 2018 — um aumento de 70,7% nesse período. Igualmente perturbadores são os relatos dos chamados "crimes de honra", nos quais membros da família matam suas parentes por atividade sexual suspeita, mesmo que as mulheres ou as meninas tenham sido estupradas. Aceito que os costumes sexuais diferem de cultura para cultura, de era para era, mas não há "honra" em assassinar alguém por se envolver em "atividade sexual" ou "atividade sexual suspeita", antes do casamento ou em um caso extraconjugal. Não é só a minha opinião.

Como abster-me do ato físico do sexo não era o problema para mim, de que outra maneira eu poderia eliminar o sexo dos meus pensamentos?

Procurando o amor em sites de namoro na internet, percebi que apenas folhear fotos e perfis me deixava com desejo: desejo de conhecer alguém especial, sair em encontros, imaginar, beijar e… lá estava: fazer amor. Então, cancelei minhas contas no Match.com, OKCupid.com, BrazilCupid.com e LavaPlace.com, e logo senti a vontade de formar um casal começar a dissipar. Com a liberação da pressão da "busca", minhas energias encontraram equilíbrio entre mim e o meu eu. Ame a si mesmo primeiro, pensei, e o amor me encontrará.

Sendo o homem que sou, ainda tinha impulsos sexuais e não havia como distrair minha testosterona, mas, para melhor ou pior, na minha época existem sites de pornografia gratuitos. Antigamente, quase todo jovem adolescente e seu pai escondiam exemplares de *Playboy, Penthouse* e outras revistas adultas ou de nudez em algum lugar onde pensavam que as mulheres de suas vidas não encontrariam. Mas elas sempre encontravam. Não lemos essas revistas pelos artigos. Essas publicações eram tanto um sinal de masculinidade quanto de constrangimento. Hoje existem infinitos sites de pornografia gratuitos para satisfazer o impulso. Não tenho vergonha de dizer que eu era um "usuário". Até fui pego assistindo quando estava envolvido com uma mulher. Então, "terminei" com minhas muitas namoradas pixeladas — Mia, Autumn, Katy, Bella, Reiko… e outras. Não acreditava em quanto tempo livre ganhei. Também comecei a perceber que meu impulso estava diminuindo, não aumentando, e eu carregava muito menos culpa e vergonha. Eu estava descobrindo algo.

Isso me deu outra ideia na categoria de desapego. Eu carregava a tristeza das que se foram e que eu ainda queria de volta, desde o ensino fundamental até o ano passado — de Susan L. a Laura F. e Adriana P. Era hora de deixá-las ir.

Também me desculpei silenciosamente com aquelas cujos corações eu havia partido: Elyse R., Margot S., Iris G etc.

Tudo isso tinha como objetivo cortar os laços com as mulheres com quem eu tinha tido relações sexuais. Como acredito de verdade que o coração está ou deve estar conectado às partes inferiores do corpo, senti que essas eram maneiras de exorcizar a dinâmica sexual com elas que ainda residia na minha cabeça. Funcionou? Em parte. Sim, ajudou a me distanciar emocionalmente delas, mesmo que algumas dessas relações remontassem a muitos anos. Apagou algumas memórias de nossos encontros sexuais? Não de todo. Mas o exercício de exorcizar limpou a minha culpa.

Eu continuaria celibatário se conhecesse uma mulher que amasse? Com certeza não. Considero o ato de fazer amor com uma mulher — não apenas "transar" com ela — a expressão física, talvez a expressão mais elevada, da conexão profunda que sinto por ela. Além disso, estudos suficientes mostraram que o sexo faz bem, já a abstinência nem tanto.

Fazer sexo tem sido repetidamente associado a melhora no humor e relaxamento psicológico, além de fisiológico. A razão tem a ver com a região do cérebro chamada hipotálamo, que libera o hormônio oxitocina. A oxitocina não apenas nos deixa mais calmos, mas também diminui nossa sensação de dor. Segundo um estudo de 2013, a oxitocina alivia dores de cabeça crônicas. Outro estudo sugere que o hormônio endorfina, frequentemente citado pelo "barato" que se sente com exercícios e que é liberado durante a relação sexual, também alivia a dor de cabeça.

Eu argumentaria então que talvez Gandhi, o homem tão consciente das opções saudáveis que seguimos hoje, como o vegetarianismo, deveria ter feito mais sexo, não menos? Não me arrisco a dizer. Só sei que para mim, ainda um homem de sangue quente, se me apaixonar, será um grande dia na minha vida.

A questão que paira sobre tudo isso é se a relação sexual é moral ou imoral. Não é nenhuma das duas: é uma função humana normal, como respirar e comer. A abstinência aproxima você de Deus? Gandhi parece ter pensado assim. Ou foi sua culpa precoce que o fez pensar assim. Mas Gandhi parece ter levado tudo o que fez ao extremo.

A abstinência claramente não determina se alcançaremos algo próximo à iluminação. A verdade, de uma perspectiva biológica, é que quando o orgasmo libera oxitocina, conhecida como o hormônio do "amor" ou do "carinho", na corrente sanguínea, pode diminuir o estresse. Provavelmente é daí que vem o velho clichê de que os homens dormem logo após o orgasmo e as mulheres querem carinho. Agora a ciência prova que o clichê é um fato.

Hoje, com tantas maneiras de expressar nossa sexualidade abertamente, junto com as tendências mais amplas da sociedade em direção à positividade sexual, ao poliamor, à desestigmatização do trabalho sexual e mais — quem pode dizer o que é moral e imoral? Essas linhas parecem turvas. Na verdade, a própria questão parece discutível. Escolha pessoal e consentimento são os critérios que mais importam.

Se Gandhi-ji vivesse hoje, ele se aprofundaria ainda mais em sua crença de que o celibato é o melhor caminho ou levantaria as mãos e abraçaria uma revolução sexual que deixaria todos prontos para um carinho.

Como ser Gandhi... Celibatariamente

A abstinência sexual pode ou não ser o caminho para alcançar uma perspectiva iluminada sobre o que é certo e errado, tanto para você quanto para a sociedade em geral.

Pergunte a si mesmo se você pessoalmente acha que a atividade sexual leva a um sistema de valores baseado em um código moral de ética. Pergunte a si mesmo se você sente que até mesmo pensamentos sobre sexo estão desviando sua atenção de coisas que deveriam importar mais em sua vida.

O sexo acontece tanto na mente quanto nos órgãos sexuais. Se você sente que está pensando demais em sexo, em detrimento do seu bem-estar, assim como sugeri lidar com o bombardeio de violência na sociedade e na mídia, desvie seus olhos e ouvidos da enxurrada de imagens e mensagens sexualmente atraentes.

Se você acha que o sexo melhora sua apreciação da vida com a conexão tátil de pele com pele, vá em frente. Se o sexo equivale à expressão saudável de amor por um parceiro, vá em frente.

Capítulo 8

Ele Era o Que Comia

Virando Vegetariano... ou Quase

Aquele que é capaz de controlar o paladar,
facilmente controlará os outros sentidos.
Mahatma Gandhi

Já abordei tantos princípios profundos e elevados no coração do conceito de moralidade de Gandhi que a questão do que comemos pode parecer uma consideração menor. Gandhi, no entanto, considerava a saúde — e especificamente a dieta — de extrema importância. Ele dedicou décadas de estudo e experimentação pessoal às questões de alimentos e bebidas.

Não há nada tão intimamente ligado a nós quanto nosso corpo, mas talvez não haja nada de que nossa ignorância seja tão profunda ou nossa indiferença tão completa.
Gandhi, *Um Guia para a Saúde*

Não é nenhuma surpresa que ele condenasse o uso de tabaco, ópio, álcool e até mesmo chá e café como prejudiciais a um corpo saudável. Mas sua dieta ideal recomendada para as pessoas realmente arqueia sobrancelhas: Gandhi referenciou a ciência e a biologia humana para concluir que os humanos deveriam viver com uma dieta à base de frutas, como nossos parentes macacos mais próximos. Ele declarou ainda que adotar uma dieta crua atenderia todas as nossas necessidades nutricionais e economizaria tempo e recursos incalculáveis atualmente gastos com cozimento.

Em *Um Guia para a Saúde*, publicado pela primeira vez em 1921, o Mahatma descreveu os resultados de suas próprias tentativas de seguir uma dieta vegana à base de frutas (consistindo de banana, amendoim, azeite e limão ou outra fruta cítrica): "Durante este período, consegui me manter bem onde outros foram atacados por doenças, e minhas capacidades físicas e mentais são agora melhores do que antes."

Após a dieta de frutas, ele defendeu a dieta de vegetais como a segunda melhor e escreveu extensivamente sobre o valor de diferentes vegetais e grãos, recomendando evitar açúcar, sal e outros condimentos. Ele descreveu a "pura superstição" que valoriza o leite como "tão enraizada que é inútil pensar em removê-la".

Ele talvez nunca imaginasse que o consumo de leite nos EUA diminuiria 42% ao longo do último meio século, com padrões semelhantes relatados no Reino Unido, à medida que leites vegetais e alternativas surgissem. Quando escreveu sobre substituir o leite de vaca por leite de amêndoas em 1921, ele previu inconscientemente as vendas bilionárias de leite de amêndoas em 2022.

Além *do que* se come, ele tinha opiniões firmes sobre *quando* e *quanto* comer. Ele sugeriu jejuar pelo menos uma vez a cada duas semanas. Ele escreveu: "Posso também dizer, pela minha experiência, que não há necessidade absoluta de comer mais do que duas vezes, para um homem que já passou da juventude e cujo corpo atingiu seu crescimento pleno."

Gandhi comparou o corpo a um rei que "pode fazer um bem infinito a seus súditos ou ser a fonte de males incalculáveis. De fato, o corpo pode ser um bom servo, mas, quando se torna um mestre, seus poderes do mal são ilimitados". Ele concluiu: "Todos os pecados, como mentir, trapacear e roubar, são, em última instância, devido à nossa sujeição ao paladar."

É claro que, na opinião de Gandhi, as escolhas alimentares têm muito a ver com autocontrole. Ele se desafiou como em suas posturas sobre celibato e simplicidade, para reeducar os impulsos de prazer nos quais tantos outros se entregam. Se uma refeição extravagante com uma variedade de alimentos ricos é um luxo para alguns, Gandhi buscava o oposto. Seu prazer vinha da renúncia, de comer o mínimo necessário para sobreviver e limitar sua ingestão com uma atenção que alguns chamavam de obsessiva.

Mas havia mais do que apenas um autocontrole compulsivo, que psicólogos modernos reconhecem como um aspecto de transtornos alimentares como a anorexia. Sua dieta e propósito maior se alimentavam mutuamente.

Nico Slate explica em *Gandhi's Search for the Perfect Diet*: "Os pilares de sua dieta — vegetarianismo, sal e doces limitados, rejeição de alimentos processados, comer alimentos crus, jejum — estavam todos profundamente conectados à sua política e, em particular, à sua concepção de não violência... A igualdade estava no centro da sua não violência — e do que ele comia."

Ahimsa dita considerar as vidas de todas as criaturas, e Gandhi considerava o vegetarianismo a escolha mais ética, para não viver às custas das mortes ou do sofrimento de outros animais. Isso vale tanto para o indivíduo quanto para o corpo político. Grupos vegetarianos e de defesa dos animais costumam citar Gandhi: "A grandeza de uma nação e seu progresso moral podem ser julgados pela forma como seus animais são tratados."

A linha do tempo do relacionamento do homem com a comida não é uma progressão linear, mas uma série de experimentos, descobertas e reviravoltas. A evolução de suas crenças em relação à dieta me dá um pouco de esperança para a minha própria abordagem de comer bem: é a jornada, não o destino.

Ele equiparava o desejo por comida com outros desejos sensuais que achava que deveriam ser negados. A gula podia levar ao colapso moral em todas as áreas. "Gandhi rejeitava alimentos que pudessem tentá-lo a colocar desejos corporais acima das buscas espirituais e políticas. Porém, ele lutava para distinguir prazeres perigosos de delícias saudáveis", escreveu Slate.

Nascido em uma família vegetariana em 1869, o jovem Mohandas passou um ano na adolescência comendo carne em segredo antes de abandoná-la de novo e se juntar à Sociedade Vegetariana de Londres em 1890. Ele aparentemente tinha uma relação de amor e ódio com mangas, achando-as tão irresistíveis que mais tarde escreveu em uma carta de 1941 a seu amigo Amrita Lal Chatterjee: "A manga é uma fruta amaldiçoada." Até mesmo sua decisão de eliminar o leite de sua vida foi complicada, pois ele acabou reintroduzindo o leite de cabra vários anos depois de prometer nunca consumir produtos lácteos, referindo-se dramaticamente ao consumo de leite como "a tragédia da minha vida".

Muitos dos princípios dietéticos de Gandhi são bem populares hoje, trazidos para o mainstream por autores como Michael Pollan, celebridades veganas como Joaquin Phoenix, Benedict Cumberbatch e Natalie Portman, e ícones vegetarianos como Sir Paul McCartney, que adotou o vegetarianismo sob a influência de sua esposa Linda. Documentários focados em vegetarianismo e saúde, que antes poderiam ser vistos apenas em conferências sobre alimentação, agora alcançam milhões de pessoas: *Cowspiracy: O Segredo da Sustentabilidade* (produzido por Leonardo DiCaprio e transmitido globalmente na Netflix, apesar de algumas alegações de imprecisão), *Forks Over Knives* (o documentário de sucesso que gerou uma série de livros best-sellers e um movimento próprio), *Dieta de Gladiadores* (produzido por Arnold Schwarzenegger e Pamela Anderson), *Gordo, Doente e Quase Morto, Que Raio de Saúde* e *Terráqueos* (narrado por Joaquin Phoenix), entre outros.

Para destacar a mensagem consistente de um desses filmes, considere *Dieta de Gladiadores*, dirigido por Louie Psihoyos, que também dirigiu o filme de defesa dos golfinhos vencedor do Oscar em 2009, *A Enseada*. *Dieta de Gladiadores* acompanha um defensor improvável da alimentação vegetariana, James Wilks, um lutador inglês de MMA (artes marciais mistas) e um competidor do UFC (Ultimate Fighting Championship). Wilks fica espantado ao saber que os antigos gladiadores romanos eram, em sua maioria, vegetarianos. Criado comendo ovos e costeletas de cordeiro, Wilks estava imerso em uma cultura de atletas machistas com a crença inabalável de que "carne dá energia". Conversando com atletas vegetarianos de elite, nutricionistas e cientistas, ele descobre resultados incríveis no desempenho ao mudar a dieta à base de carne para plantas. Mesmo para aqueles de nós sem aspirações olímpicas, os resultados são surpreendentes. O documentário afirma uma infinidade de benefícios à saúde. A mudança para uma dieta à base de plantas pode reduzir as medidas de inflamação em 29% em apenas três semanas. Pessoas que obtêm toda a sua proteína de plantas reduzem o risco de doenças cardíacas em 55%. Estudos mostraram que uma dieta vegana pode até reverter doenças cardíacas.

Um estudo, publicado em 2020 pelo *American Journal of Clinical Nutrition*, intitulado "Children and Adults Should Avoid Consuming Animal Products to Reduce Risk for Chronic Disease", de Neal Barnard e Frédéric Leroy, resume que "o consumo de produtos de origem animal aumenta o risco de doenças cardiovasculares, câncer, diabetes, obesidade e outros distúrbios". E conclui: "Quando indivíduos onívoros mudam para uma dieta à base de plantas... o risco desses problemas de saúde diminui."

Enquanto isso, as estatísticas demonstram o impacto ambiental impressionante da agricultura baseada em carne. Pesquisas da Universidade de Oxford descobriram que, enquanto a carne e os laticínios fornecem apenas 18% das calorias mundiais e 37% de sua proteína, a produção de carne e laticínios utiliza a vasta maioria — 83% — das terras agrícolas globais. Cultivar alimento suficiente para o gado requer enormes quantidades de terras desmatadas e água, além de contribuir para a poluição em grande escala. A agricultura baseada em carne contribui com quase 15% das emissões totais de gases de efeito estufa em todo o mundo, mais do que todas as emissões do transporte combinadas. Reduzir a pecuária nos EUA poderia diminuir as emissões agrícolas em até 73%. Prestar atenção a essas medidas agora pode mudar o destino da humanidade conforme tentamos vencer o relógio contra as mudanças climáticas catastróficas.

É difícil ouvir essas estatísticas e negar que quanto menos carne cultivarmos e consumirmos, melhor será tanto para os resultados de saúde individual quanto para as crises ambientais do nosso planeta. Então, será que já somos a mudança?

Escolhas como comer alimentos crus, comer produtos locais e consumir grãos integrais e alimentos não processados já ultrapassaram seu nicho original. Gandhi ficaria encantado com o movimento pela justiça alimentar, que trabalha para fornecer alimentos saudáveis e nutritivos para pessoas em situação de pobreza, e com os esforços populares que apoiam a agricultura orgânica e independente. Como revistas como *Vegan Life* deixam claro, não é apenas uma dieta, é um estilo de vida e uma forma pessoal de ativismo. No site da revista, lê-se: "Uma vida verdadeiramente livre de crueldade é mais do que comida, então, embora você encontre muitas receitas veganas incríveis aqui, também destacamos ativistas veganos inspiradores, questões ambientais, dicas e conselhos sobre o estilo de vida vegano."

Ironicamente, restringir suas opções alimentares pode representar um tipo próprio de liberdade.

Nico Slate resumiu bem: "Liberdade do desejo, liberdade da vontade — essa era a independência, o swaraj, que Gandhi mais valorizava. Como o Império Britânico, a carne e o vinho privavam o indivíduo daquele direito mais básico — a liberdade de estar em paz consigo mesmo."

As pessoas na Índia praticavam o vegetarianismo muito antes de Gandhi nascer. Estatísticas recentes indicam que os indianos têm a menor taxa de consumo de carne no mundo. Os números reais são difíceis de determinar, pois vários estudos e pesquisas mostram porcentagens de vegetarianismo variando de 20% e 40% da população. Alguns teorizam que as respostas das pesquisas são distorcidas por uma tendência a subnotificar o consumo de carne devido a expectativas e pressões culturais. Parece que o consumo de carne está ligeiramente em alta na Índia. Independentemente disso, mesmo entre aqueles que comem carne, menos de 30% dos indianos relatam consumi-la de forma regular. Globalmente, mesmo na faixa mais baixa, a taxa de vegetarianismo na Índia supera a do país mais próximo, o México, em 19%. Outros países estão ainda mais atrás.

Em sua época, a maneira precisa de Gandhi se alimentar era considerada estranha até mesmo em sua terra natal. Ele não converteu as massas à sua dieta. A maioria achava que era extremista demais. Porém, enquanto estava na Inglaterra, ele encontrou restaurantes vegetarianos e espíritos afins. A Sociedade Vegetariana de Londres, da qual Gandhi se tornou membro em 1890, existe ainda hoje (agora sob o nome de Sociedade Vegetariana) e é a sociedade vegetariana mais antiga do mundo, tendo celebrado seu 175º aniversário em 2022. A organização de caridade incentiva a alimentação à base de plantas por meio de conscientização comunitária e ações como a Semana Nacional do Vegetariano, um programa de doação de banco de alimentos veganos, e uma escola de culinária nos terrenos de sua sede em uma mansão vitoriana em Altrincham, nos arredores de Manchester, Inglaterra.

Eu esperava passar um tempo lá, mas devido à Covid estava fechado. Então, falei por Zoom com o diretor executivo da Sociedade Vegetariana, Richard McIlwain, sobre a organização durante a época de Gandhi e hoje.

Richard explicou que, pouco antes da chegada de Gandhi a Londres em 1888, houve uma espécie de divisão ideológica dentro da Sociedade Vegetariana. Uma parte dos membros sentia que a Sociedade deveria tratar de mais do que apenas vegetarianismo e também deveria exigir abstinência de álcool e tabaco. Eles acreditavam que o movimento significava viver de forma saudável em todas as áreas, não apenas na alimentação. Esses reformadores radicais eram algumas das pessoas com quem Gandhi passou um tempo durante seus anos na faculdade de direito em Londres.

Quando Gandhi chegou, ele já não comia carne, baseado nas disciplinas rigorosas do ramo do hinduísmo de sua mãe. Mas, acrescenta Richard, "ele também começa a ver a moralidade mais ampla em não comer carne. Em vez de ser apenas uma questão religiosa, torna-se uma questão moral secular também… Acho que esses dois fatores têm sido gatilhos por muito tempo. Um é mais moral e voltado para fora, e o outro um pouco mais voltado para dentro, talvez até um pouco egoísta." Hoje, Richard observou a partir de suas pesquisas sobre por que as pessoas escolhem evitar a carne, "ainda é muito por saúde e bem-estar animal, mas a questão ambiental está começando a ganhar força. E não é apenas o clima, é a perda de biodiversidade também. Acho que essas são as coisas que, no fim das contas, realmente afetarão nossas vidas."

Para Gandhi, havia um imperativo moral e um imperativo de saúde no vegetarianismo, e ambos se desenvolveram ao longo de sua vida com influências como sua família de origem, seu tempo com os vegetarianos de Londres e seus próprios pensamentos e experimentos. Hoje, esses imperativos ainda motivam as escolhas alimentares, além da urgência da catástrofe ambiental, que nos traz um novo nível de responsabilidade e culpa. Se você não consegue comer de forma correta por si mesmo ou pelos animais, somos lembrados, que tal pensar no ar e na água de seus filhos e netos?

McIlwain diz: "Temos essa história fantástica, mas precisamos estar em forma para lutar no século XXI... O relógio está correndo, temos oito anos para realmente fazer algo em relação ao clima e algumas outras questões... Fundamentalmente, [a dieta] é a única coisa que eles podem mudar. Nem todos podem comprar um veículo elétrico ou pegar o ônibus para o trabalho todos os dias e se livrar do carro ou diminuir o aquecimento, mas eles podem mudar sua dieta hoje à noite."

Fiquei impressionado com a abordagem aberta de McIlwain para as novas formas de divulgação, que francamente soava como o oposto de muitos veganos radicais que encontrei. Ele era realista sobre o movimento. Reconheceu que aproximadamente 3% da população do Reino Unido se identificam como vegetariana ou vegana, ainda um nicho em termos de pessoas que se comprometeram totalmente a eliminar carne e/ou laticínios e ovos. Mas, segundo ele e outros, a classificação não precisa ser tão binária.

Novos rótulos surgiram para pessoas ao longo do espectro do consumo de carne. Por exemplo, os reducetarianos estão comprometidos a comer menos carne, laticínios e ovos — seguindo seus corações e motivações (que podem incluir melhorar a saúde, proteger o meio ambiente e poupar os animais da crueldade). Já os flexitarianos seguem uma dieta semivegetariana centrada em vegetais com a inclusão ocasional de carne.

Temos também o livro de Mark Bittman, *VB6: Eat Vegan Before 6:00 to Lose Weight and Restore Your Health... for Good*, no qual ele seguia uma dieta vegana saudável (sem carne, laticínios ou alimentos processados) até as 18h todos os dias; depois disso, comia o que queria, embora geralmente com moderação. O livro *VB6* de 2013 estreou no topo da lista de best-sellers do *New York Times* em sua primeira semana de vendas e foi seguido pelo *The VB6 Cookbook*, naturalmente.

McIlwain descreve os outros movimentos desta maneira:

> Você está reduzindo sua carne. Então, não está virando vegano por completo, mas está indo nessa direção, [e] eu disse que precisamos celebrar isso. Não devemos criticar as pessoas só porque não são totalmente vegetarianas ou veganas. Se alguém faz uma segunda-feira sem carne ou alguns dias sem carne, isso é ótimo. Eles estão nessa jornada. Eles estão nessa esteira. Na verdade, o fato de terem tido esse pensamento inicial de dizer "Talvez eu deva reduzir a carne" sugere que agora estão abertos a um pouco mais, um pouco mais... Ninguém é perfeito. Os veganos muitas vezes são atacados porque alguns tentam se colocar em pedestais. Claro, no segundo em que você se coloca em um pedestal, tudo o que qualquer um quer fazer é jogar pedras em você.

Consumir carne com moderação pode ser um objetivo mais alcançável para a maioria de nós do que a eliminação total, e até Gandhi foi atormentado por suas próprias exigências de pureza e perfeição, às vezes frustrando membros da família com sua rigidez.

McIlwain diz: "Não se trata de não causar nenhum dano, mas de minimizar o dano tanto quanto possível."

Então, tenho feito minha própria jornada pelo vegetarianismo ao longo dos anos com sucessos variados. Cresci com a carne no centro de todas as refeições: meu pai era um homem de carne e batatas, minha mãe caprichava nos feriados e ocasiões especiais com seu lendário peito bovino, carne enlatada e língua. Se comíamos uma refeição congelada de vez em quando, era o bife Salisbury. Para mim, isso era viver bem.

Então, com vinte e poucos anos, encontrei um novo caminho. Nada de bifes e hambúrgueres, nada congelado ou embalado, meu corpo era um templo. Aprendi a cozinhar novos ingredientes mágicos como tofu para jantares com a minha filha, que se tornou vegetariana no 7º ano depois de ler a cena da caçada ao porco em *O Senhor das Moscas*.

Ainda assim, frango e peixe sempre foram uma parte importante da minha cultura judaica. Salmão defumado, bolinhos de peixe e pelo menos 42 receitas de frango do livro de receitas da minha mãe. Eu não estava pronto para desistir deles. Além disso, como escritor de viagens cobrindo o mundo dos restaurantes e da hospitalidade, fui convidado a provar alguns dos preparos mais decadentes e reverenciados de carne disponíveis. Experimentei em primeira mão a gula que Gandhi condena. Se estou gostando do sabor de algo, não consigo parar. Paguei o preço com mais noites de indigestão do que gostaria de admitir.

Então, essa seria minha chance de fazer uma grande mudança tanto para minha saúde pessoal quanto para minha busca por ser uma pessoa melhor com uma pegada de carbono menor. Saí para uma última refeição de carne, adequadamente em Jersey City.

Comecei diminuindo aos poucos e depois fui direto para uma dieta *sem* peru, frango, peixe ou carne. Não me tornei vegano por completo, mas tentei minimizar ovos e laticínios. Já tinha uma vantagem em reduzir leite e creme, pois descobri que desencadeiam sintomas de inflamação nas articulações devido à minha polimialgia reumática. Isso já era um incentivo suficiente para a redução. Mas como encontrar motivação para mudar quando *não* é algo por interesse?

Ao longo dos dois anos deste projeto, lutei para manter meu voto de vegetarianismo. Passei meses seguindo à risca, fazendo exigências santimoniais aos anfitriões de festas, e de repente saía da linha com uma semana de excessos intermináveis de carne. Quando cuidava de cada porção de refeição, me sentia mais leve, pois os arrependimentos matinais eram raros.

Mas eu precisava de algo mais do que grãos e vegetais. Recentemente, assumi um compromisso pescatariano. Comer peixe parece me fornecer a proteína que desejo e, embora não seja vegetariano, me sinto melhor física e moralmente. Passo a passo.

> Para muitos vegetarianos — e especialmente para líderes de organizações — "ser" vegetariano não é um estado estático; é um processo de "tornar-se" por meio de motivações pessoais em mudança e graus crescentes de compromisso.
>
> Donna Maurer, *Vegetarianism: Movement or Moment?*

Gandhi era disciplinado com *o que* comia, mas é especialmente conhecido pelos períodos em que não comia nada — seus famosos jejuns prolongados. Fontes relatam que ele jejuou dezoito vezes ao longo de sua vida por vários motivos. As primeiras ocorrências foram em 1913, na África do Sul, quando jejuou por uma semana como expiação por uma falha moral de duas outras pessoas em seu ashram, e mais tarde naquele ano, quando comia apenas uma refeição por dia por um período para lamentar a morte de trabalhadores grevistas pela polícia durante a Marcha dos Mineiros.

De volta à Índia, ele continuou a usar o jejum como um método de expiação, harmonia comunitária e meio de adicionar pressão a movimentos e demandas em andamento (por exemplo, aumento de salários para trabalhadores de fábricas, mudanças na política eleitoral, protesto contra a violência). Os jejuns variavam em duração, de dias a semanas, chegando a durar até 21 dias em mais de uma ocasião.

Ele jejuou na Prisão Central de Yerwada em 1932, em protesto contra o tratamento dos "intocáveis" e a separação de castas. Isso resultou no Pacto de Poona Gandhi-Ambedkar, que proporcionou um eleitorado comum para todos os hindus e novos direitos para os intocáveis na legislatura. Gandhi considerava o jejum uma ferramenta não violenta contra a injustiça e também uma rota de penitência quando ocorriam violência ou malfeitos. Ele se envolvia em greves de fome para destacar a retidão de seus princípios morais e mudar a opinião de oponentes ou obstáculos à liberdade.

Quanto a mim, eu ansiava — mas sentia ansiedade — pelo jejum à la Gandhi. Ao contrário dos jejuns dele, todos protestos contra injustiças em relação aos trabalhadores de fábricas e outros, eu os adotei como protestos contra meu próprio corpo físico, para provar que não era prisioneiro dos meus desejos glutões.

Gandhi se orientou para o jejum observando sua mãe fazer longos jejuns rituais. Em um relato que li, o Mahatma seguia sua própria rotina ritual para jejuns longos. Ele tomava suco de limão e mel com água morna antes de começar. Bebia água, ocasionalmente com sal ou suco de limão, ao longo do dia. Para conservar energia, dormia mais do que o habitual. E a revista *Time* relatou em 1943: "Todas as manhãs, o Mahatma era levado em sua cama até um banheiro do palácio para ser barbeado e lavado. Recebia massagens duas vezes ao dia, colocavam compressas de lama na cabeça. Recebia enemas ocasionalmente."

No âmbito dos protestos, o jejum tem outro nome: greve de fome. Entre as pessoas e os grupos que fizeram greves de fome estão republicanos irlandeses, dissidentes cubanos, o ativista trabalhista mexicano-americano Cesar Chavez, o ativista dos direitos civis negros e comediante Dick Gregory, a atriz de Hollywood Mia Farrow e muitos outros.

Hoje, muitas pessoas jejuam por razões de saúde pessoal: para purificar seus corpos, limpar seus sistemas intestinais ou perder peso rápido. As pessoas fazem jejuns de frutas, jejuns de restrição calórica, jejuns de restrição de micronutrientes e o cada vez mais popular jejum intermitente.

Percebi que tenho praticado esse último tipo há muitos anos. Os primeiros jejuns que fiz foram durante o feriado judaico de Yom Kippur, o dia mais sagrado para os judeus. A Torá ordena que todos os adultos judeus saudáveis, exceto as puérperas, se abstenham de comer e beber entre o pôr do sol na véspera de Yom Kippur e o anoitecer do dia seguinte. Acredita-se que o jejum limpa o corpo e o espírito, não servindo como punição. Mas, para um garoto de 13 anos, era uma punição e um teste de disciplina.

Eu via meu avô, um judeu devoto que também tinha problemas cardíacos e diabetes tipo 2, lutar para passar o dia sem um lanche. A recompensa por não comer o dia todo seria um grande jantar de frios, o que certamente não ajudava o coração do vovô, mas que eu adorava.

Agora, existem movimentos e protocolos médicos inteiros em torno do jejum intermitente. Um jejum intermitente significa apenas não comer por períodos de tempo — a duração variando de 12 ou 18 horas, até 48 horas. Esses jejuns são bons para a saúde. Um artigo de 2019 no *New England Journal of Medicine* descobriu que comer dentro de uma janela de 8 horas e jejuar por 16 horas pode reduzir o risco de doenças e promover uma vida mais longa. Meu amigo Peter Moore e seu coautor David Zinczenko, ambos ex--editores da revista *Men's Health*, escreveram o best-seller *Dieta das 8 Horas* com um subtítulo que nos diz sua motivação: *Jejum Intermitente — Sem restrição de alimentos, sem contagem de calorias e sem culpa.*

Para mim, ao longo dos anos, e ainda mais como editor trabalhando em uma redação frenética com meu famoso estômago delicado em alvoroço, eu frequentemente pulava o almoço. Ainda faço isso; assim que minha mente começa a acelerar, meu estômago também vai por esse caminho.

Mas um jejum mais longo seria outra história.

Meu jejum mais longo nesses últimos dois anos foi de apenas três dias. Posso ver o Bapu sorrindo. Eu os fazia cerca de uma vez a cada poucos meses. Mas foi o suficiente para colher os benefícios de dar uma pausa ao meu sistema digestivo e observar o que se passa em minha mente sobre comida e meu apego ao ritual de comer. Uma questão que surgiu foi: o que eu faria de forma construtiva com todo aquele novo tempo livre?

O que aprendi foi quanto tempo passo pensando no que quero comer, quanto tempo leva para comprar e preparar uma refeição, quanto custa comer e, mais ainda, quanto custa sair para comer, quão rápido tudo é consumido, o quanto aprecio pouco o sabor enquanto estou comendo, o quanto temo a limpeza depois e, por fim, o quanto de peso ganho se não monitoro meu desejo de colocar mais uma mordida na boca só porque a comida está no meu prato.

Como Ser Gandhi... Sem Carne

"Coma comida. Não muito. Plantas, em sua maioria." (Com uma dica de Michael Pollan e seu livro *Em Defesa da Comida.*)

Defina uma meta de comer apenas alimentos vegetarianos ou veganos por um mínimo de 30 dias. Preste atenção ao seu corpo e observe como se sente no início e no fim.

Faça um dia sem carne por semana, ou uma semana sem carne por mês.

Participe de cooperativas locais de alimentos ou feiras orgânicas. Receba produtos frescos e integrais, e apoie agricultores e sua própria saúde ao mesmo tempo.

Prepare e sirva uma refeição à base de plantas para a família ou amigos. Torne isso divertido e compartilhe seus pratos favoritos. O site gamechangersmovie.com [conteúdo em inglês] está cheio de receitas.

Considere a origem dos seus alimentos. Compre com ética. Se você come frutos do mar, verifique os recursos de sustentabilidade, como o Monterey Bay Aquarium Seafood Watch [também em inglês].

Para um esforço extra, examine os outros produtos de origem animal em sua vida — artigos de couro, produtos de saúde e beleza — e procure alternativas veganas sempre que possível.

Em consulta com seus médicos, considere jejuar por curtos períodos para desintoxicar, reiniciar e se conectar com sua saúde. Seja gentil consigo mesmo; não é necessário chegar ao nível de Gandhi.

Capítulo 9

Gandhi na África do Sul

Os Anos de Luta contra a Discriminação Foram em Vão?

A maioria das pessoas familiarizadas apenas com partes da "lenda" de Gandhi geralmente consegue contar a história que dizem tê-lo transformado em um ativista pela justiça social. Conforme descrito no Capítulo 3, aconteceu quando ele foi expulso de um trem na África do Sul por estar sentado em uma seção exclusiva para brancos. O restante dos detalhes pode ser vago ou desconhecido para elas, e podem não saber que Gandhi passou 21 anos lá, de 1893 a 1914, dos quase 24 até os 45 anos. Nesses anos, ele também formou e experimentou ideias — de resistência não violenta (satyagraha), como organizar grupos alinhados (como o Congresso Indiano de Natal), até protestar contra o tratamento opressivo dos africanos nativos e indianos, ter vida comunitária em estilo de ashram (como a Fazenda Phoenix perto de Durban) e como suportar uma pena de prisão (como ele fez por três meses em 1909) — que se tornariam as marcas registradas de sua vida.

Foi também na África do Sul que Gandhi, sob a influência das ideias de Leo Tolstoy e John Ruskin, começou a viver uma vida de simplicidade pré-moderna, publicando sua famosa crítica à modernidade ocidental, *Hind Swaraj*, e adotando um modo de vida simples de aldeia. Por fim, foi na África do Sul que Gandhi fez um voto de abstinência sexual, ou brahmacharya, um aspecto de seu desenvolvimento espiritual que seus discípulos, como Nelson Mandela e Martin Luther King Jr., escolheram não seguir.

Ele havia deixado o país onde nasceu como o jovem advogado Mohandas Karamchand Gandhi, atravessando 8 mil km pelo Mar Arábico e pelo Oceano Índico até a África do Sul, para trabalhar para comerciantes indianos muçulmanos lá, e retornou à Índia como Mahatma Gandhi, o ativista que defendia a liberdade de todos os oprimidos e, especialmente, a independência da Índia, sob domínio colonial havia cerca de duzentos anos.

O sr. Gandhi, ao liderar a resistência popular, conseguiu conquistar a independência da Índia do Reino Unido. Na África do Sul, nem tanto. Em 1948, no mesmo ano em que o Mahatma foi assassinado em Nova Deli, o governo sul-africano liderado pelo Partido Nacional aprovou o apartheid, um sistema político baseado na segregação racial institucionalizada e na discriminação. *Apartheid* é uma palavra em africâner que significa "separação" ou "o estado de estar separado", literalmente "apartação" — o oposto de tudo o que Gandhi defendia. Oficialmente, o apartheid foi encerrado em 1994, graças aos esforços de Nelson Mandela e às sanções de vários países condenando a política cruel — mas não sem muito derramamento de sangue. O respeitado Instituto Sul-Africano de Relações Raciais relatou em 1990 que dez sul-africanos eram mortos todos os dias como resultado direto da violência política; o número de mortes foi de 8.500 de 1984 a 1990.

Durante os anos 1980 e início dos anos 1990, observei esse insulto à humanidade do nosso lado do Atlântico, cantando com outros "Free Nelson Mandela", a música de 1984 do grupo britânico The Special AKA.

Usávamos camisetas do Mandela, víamos pôsteres do Mandela nos muros, acompanhávamos o progresso do movimento antiapartheid, assistíamos às imagens de violência nas ruas da cidade nos noticiários de TV que remontavam a 1960. Foi o ano do chamado massacre de Sharpeville, quando a polícia sul-africana matou 69 negros que protestavam contra as leis de passe, que controlavam todos os seus movimentos, lembrando como Hitler controlava os judeus na Alemanha. As penalidades por desobedecer às leis de passe eram tão brutais quanto as que os judeus enfrentaram na Europa.

Então, enfim, quase inacreditavelmente, após mais de duas décadas, Mandela foi libertado da prisão. Ele foi eleito o primeiro presidente negro da África do Sul e, provavelmente, o exemplo mais flagrante do mundo de racismo aprovado — não, imposto — pelo governo foi desmantelado.

Mas será que foi mesmo?

Quase imediatamente após desembarcar no aeroporto de Joanesburgo, senti que ainda havia duas Áfricas do Sul e que o racismo estava vivo e bem. Ou não tão bem, como seria mais adequado expressar. Pedi a minha amiga Elizabet Kurumlu, uma mulher turca que desempenha diferentes papéis — como guia turística, diretora de filmes, às vezes cinegrafista, tradutora e solucionadora de problemas em geral —, para me acompanhar. Ao sair do aeroporto, passamos por um grupo de funcionários do terminal, todos negros, cantando uma linda e alegre canção em sua língua e batendo palmas. Poderia ser em sotho, sesotho, suázi, setswana ou zulu. Eu não precisava saber qual era a língua, pois a mensagem era claramente de felicidade compartilhada. Fui informado de que eles estavam cantando "Parabéns pra Você". Fiquei tentado a cantar junto, mas senti que estaria invadindo uma festa para a qual não fui convidado.

Cerca de uma hora depois, eu sabia que não estava mais no Kansas, ou em qualquer outra região de maioria branca do mundo. Ao nos aproximarmos de nosso B&B em uma área suburbana chamada Hurlingham Gardens (não confundir com Hurlingham Gardens no sudoeste de Londres), a vinte minutos do centro de Joanesburgo e da Praça Gandhi, notei que todas as casas bem-decoradas estavam escondidas atrás de altos muros. Os muros tinham arame farpado no topo; uma pequena cabine de pedágio ficava ao lado do portão de entrada. Dentro da cabine havia um homem negro, que abria o portão se seu nome estivesse na lista de convidados.

Obviamente, os moradores brancos dessas casas temiam uma invasão de intrusos indesejados. Nossa anfitriã branca era charmosa e hospitaleira, mas eu me sentia desconfortável, como se estivesse preso em uma bolha isolada sem ar.

Naquela noite, fizemos nossa primeira refeição em um restaurante tailandês na Nelson Mandela Square, uma área de comércio e restaurantes, e um dos maiores espaços públicos abertos do país. No meio da praça havia uma majestosa estátua de Mandela de 6 metros de altura, uma atração popular para locais e turistas. Liz tirou uma foto minha brincando sob a estátua. Brancos e negros bem-vestidos se misturavam na praça e no restaurante. Tudo parecia relativamente integrado e sem tensão.

Mas aí, na manhã seguinte, nos encontramos com Eric Itzkin, diretor adjunto do Patrimônio Imóvel, como parte da diretoria de artes, cultura e patrimônio da cidade. Ele também escreveu *Gandhi's Johannesburg: Birthplace of Satyagraha*. Ele nos levou em um tour revelador baseado em seu livro. No centro da Praça Gandhi, que fica na esquina do primeiro escritório de advocacia humilde do indiano na África do Sul, Eric exibiu com orgulho uma estátua de Gandhi. Inaugurada em 2003, a estátua retrata um jovem advogado em seu traje jurídico. Em 2015, um manifestante, entre um grupo que empunhava cartazes com os dizeres "Racist Gandhi must fall" (O racista Gandhi deve cair), jogou tinta branca na estátua e na placa abaixo dela. Eric confidenciou que isso partiu seu coração, mas que ele estava acostumado com tal sentimento anti-Gandhi, ainda mais após o movimento global Black Lives Matter, que começou por volta de 2013, motivado pelas mortes de vários norte-americanos negros nas mãos da polícia.

As acusações de que Gandhi era racista derivam de comentários depreciativos que ele fez sobre os negros na África do Sul, entre eles o uso do termo *Kaffir*.

No livro *The South African Gandhi: Stretcher-Bearer of Empire*, o professor de sociologia Ashwin Desai e o professor de história Goolam Vahed, ambos sul-africanos, apresentam um forte argumento evidenciando o padrão de ações e escritos racistas de Gandhi. Ao ler o livro, eu não queria aceitar que eles poderiam estar certos. Porém, compelido por suas observações e conclusões, senti que era meu dever me encontrar com o professor Desai quando chegasse a Durban.

Nó nos encontramos na Ike's Books and Collectables, em uma sala pequena e muito quente no andar de cima. Tudo começou de forma bastante amigável. Ele falou sobre seu herói de infância, John Wayne, o homem que matava índios — e a ironia do duplo significado de "índio" não passou despercebida por ele. Sobre Mahatma Gandhi, Desai disse que ele mesmo acreditou na maioria do que os professores e livros lhe haviam incutido: um guerreiro pela liberdade, um herói dos oprimidos. "Você constrói a ideia de uma figura abrangente", disse ele.

Foi somente quando mergulhou no passado do homem — no que ele escreveu — que começou a ver Gandhi sob uma luz totalmente diferente. Como Gandhi tentou jogar nos dois lados: como leal à Inglaterra, colonizadora da África do Sul, e como defensor dos direitos de indianos e negros. Muitas vezes Gandhi costumava se referir aos nativos da África como "selvagens" com quem ele não queria que os indianos fossem associados, em lugares públicos, organizações ou políticas sociais restritivas como aquelas que ele mesmo experimentou em Pietermaritzburg.

Desai desdenhou do respeitado observador social e político indiano Ramachandra Guha a respeito das atitudes racistas de Gandhi em seu livro, *Gandhi Before India*. "Guha basicamente elimina o racismo de Gandhi da história do homem", disse ele. "É chocante para mim que, após 1990, esse capítulo tenha sido apagado da história."

Ele estava começando a me convencer com fatos irrefutáveis.

Em minha própria experiência na África do Sul, senti a sombra do racismo em várias ocasiões. Dirigindo de Joanesburgo a Durban, bolsões de assentamentos pobres com casas de teto de palha habitadas apenas por negros pontilhavam a paisagem deslumbrante. Vim a saber que eram comunidades marginalizadas pelos sul-africanos brancos. No assentamento que Gandhi havia fundado, chamado Phoenix Settlement, agora um museu, um jovem de pele escura chamado Sanele, que serviu como nosso guia, nos levou para um canto tranquilo e confidenciou que uma raiva contra os brancos ainda no poder fervia sob a superfície e que ele não ficaria surpreso se uma nova revolta surgisse em breve. Eu havia tido esse sentimento de forma quase palpável.

Quando nossa conversa com o professor Desai chegou ao fim, fiz a ele a pergunta que repetia ao longo de minhas viagens: apesar de qualquer objeção às falhas e às imperfeições de Gandhi como homem, Desai pessoalmente obedecia a algum dos princípios gandhianos que eu estava seguindo? Primeiro, ele esclareceu, não eram "princípios de Gandhi". Eram escolhas básicas de estilo de vida e filosóficas que existiam há séculos na existência humana. Então expliquei os que eu estava seguindo e como escreveria sobre eles.

Com isso, ele soltou uma gargalhada e pulou da cadeira, pegando a mim e a Liz (que estava gravando a conversa) de surpresa. "Perdoe-me, mas isso é tão típico dos EUA: vocês são tão obcecados com os 'ismos' do eu. 'Estou processando e lidando com isso. Eu sou a bússola moral.' Me deixa louco vocês serem tão centrados em si mesmos. Tudo no contexto de ser gentil. Vá sentar em um ashram e continue consigo mesmo. Sério. Eu prefiro ajudar a mobilizar as pessoas."

Saí de lá em uma verdadeira crise existencial. Será que ele estava certo? Eu estava realmente fazendo algo de valor aqui? Apesar das minhas viagens pelo mundo e da minha alegação de ser um "cidadão do planeta", eu era o norte-americano egocêntrico e desagradável? Meu experimento e meu trabalho de vida como escritor eram apenas uma camuflagem para minha autopromoção? Pensei que também estava tentando mobilizar as pessoas a fazerem a coisa certa — por si mesmas e pelo mundo em geral. De repente, me senti mais parecido com Gandhi do que nunca. Havia aqueles, incluindo eu mesmo, que sentiam que Gandhi era egoisticamente motivado, sempre deixando de lado seus papéis de pai e marido em nome de uma causa justa.

Esses pensamentos permaneceram comigo enquanto eu entrevistava várias outras pessoas na África do Sul. Minhas dez semanas na estrada, de Istambul à Índia e à África do Sul, estavam começando a me cansar e, apesar das entrevistas com indianos sul-africanos proeminentes e descendentes do Mahatma (a ativista pela paz Ela Gandhi, neta do Mahatma e ex-membro do Parlamento da África do Sul; Satish Dhupelia, um profissional de mídia que foi fundamental na criação do museu 1860 Heritage Centre em Durban; e a irmã de Satish, Kirti Menon, uma ativista de reforma educacional e presidente do Comitê do Centenário de Gandhi na África do Sul), metade da minha mente estava em um voo de volta para casa na Califórnia e a outra metade ainda estava ruminando sobre as observações do professor Desai, bem próximas de mim.

De Durban, pegamos um atalho de volta para Joanesburgo antes de nosso voo para Istambul, optando por voar em vez de dirigir os 560km que havíamos percorrido doze dias antes. Passamos duas noites na casa onde Gandhi viveu com seu bom amigo, o arquiteto Hermann Kallenbach, em 1908-1909, agora uma pousada chamada Satyagraha House, onde todos os quartos estão repletos de memorabilia de Gandhi. Liz e eu perambulamos pelos cômodos, imersos na vida e na época do homem. Foi um fim apropriado. Mas havia mais uma parada.

Nossa última experiência foi uma visita ao impressionante e emocionalmente tocante — até mesmo exaustivo — Museu do Apartheid, inaugurado em 2001 para ilustrar a ascensão e a queda do apartheid. Fotos de exposições, murais e vídeos antigos retratam as condições atrozes e o tratamento dos negros após séculos de colonialismo e mais de quarenta anos de vida sob o apartheid. Uma seção identifica o papel que Gandhi desempenhou na luta da África do Sul pela igualdade, mas sensatamente a maior ênfase é em Mandela e outros que lutaram pela liberdade. No entanto, eu continuava retornando às imagens inspiradoras do exuberante show em 2008 celebrando o 90º aniversário de Mandela no Hyde Park de Londres, onde mais de trinta músicos internacionais e sul-africanos de destaque se apresentaram. O vídeo, em um loop infinito, apresenta a falecida Amy Winehouse liderando uma animada versão de cinco minutos de “Free Nelson Mandela”. Não se podia ignorar a imagem dessa jovem britânica pálida e magra, dolorosamente tímida e às vezes fisicamente desajeitada, cuja voz incandescente tocava qualquer pessoa com alma, cantando de coração para um homem negro que liderou a luta para libertar o povo negro. A justaposição falou muito para mim sobre o poder transcendente de uma causa baseada no simples princípio moral de que todos nós — independentemente de raça, credo, religião ou origem nacional — merecemos o direito de viver em paz e harmonia.

Essa música ecoava em meus ouvidos a caminho do aeroporto.

No banco de trás do Uber, sussurrei para Liz: “Conseguimos.” Eu quis dizer que conseguimos passar por essa viagem sem incidentes, exceto pelo roubo de suas botas de US$200. Mas, em retrospecto, eu queria dizer algo mais esperançoso do que reflexivo — que nós, como sociedade, estamos tentando arduamente criar um mundo justo.

Capítulo 10

O Salto de Fé

Gandhi, o Pragmático *vs.* Gandhi, o Verdadeiro Devoto

Aquele que está cheio de fé e zelo, e dominou seus sentidos, obtém o Conhecimento; tendo obtido o Conhecimento, logo alcança a Paz Suprema. Mas o homem que é ignorante e sem fé, e sempre duvida, vai à ruína. Nem este mundo, nem o mundo além, nem a felicidade existem para a alma que duvida.

Bhagavad Gita

Você não deve perder a fé na humanidade. A humanidade é como um oceano; se algumas gotas estão sujas, o oceano não se torna sujo.

Mahatma Gandhi

Uma piada pode não ser a forma mais piedosa de começar uma discussão sobre a fé de Gandhi, nem esta em particular estará alinhada com as próprias ideias de Gandhi. Mas ela levanta questões legítimas sobre o que exatamente é a fé, quem é Deus e qual é o papel de Deus na vida humana. Não é uma piada de verdade, mas uma parábola espiritual, contada em muitas variações dependendo da afiliação religiosa de cada um:

Uma tempestade assola uma pequena cidade. À medida que as águas sobem, o pregador local ajoelha-se em oração no pórtico já inundado da igreja. Logo, um dos moradores da cidade se aproxima dele em um caiaque e diz: "Melhor vir comigo, Pregador. As águas estão subindo rápido."

"Obrigado", diz o pregador, "mas tenho fé no Senhor. Ele vai me salvar".

Agora o pregador está no pórtico quando outro homem aparece em um barco a motor: "Vamos, Pregador", ele diz. "Precisamos tirar você daqui. A barragem vai romper a qualquer momento."

Outra vez, o pregador recusa: "Vou ficar. O Senhor cuidará de mim."

A barragem se rompe e o pregador está agora agarrado ao campanário quando um helicóptero aparece. "Agarre a escada, Pregador", grita um policial estadual. "Esta é sua última chance."

Mais uma vez, o pregador insiste que o Senhor o salvará. Mas ele se afoga. No céu, ele implora ao Todo-Poderoso: "Senhor, tive uma fé inabalável em Ti. Por que não me salvou daquela enchente?"

Confuso, Deus responde: "O que você queria de mim? Eu enviei dois barcos e um helicóptero."

Em que momento a fé sozinha não é suficiente? Quando o livre-arbítrio se torna necessário?

A reclusa poetisa norte-americana do século XIX, Emily Dickinson, queria as duas coisas como um seguro. Ela colocou de forma sucinta em um de seus mais famosos poemas de quatro linhas:

A "fé" é uma invenção bela
Para Homens de boa *visão*!
Mas em uma emergência
Microscópios são a solução!

Mahatma Gandhi agia como se também quisesse as duas coisas: fé absoluta em seu Deus enquanto ia aos extremos para garantir que realizasse o que fosse necessário para não se afogar, metaforicamente falando.

Gandhi foi criado na tradição hindu pela mãe devota, Putlibai, tão dedicada que frequentava templos regularmente, fazia jejuns, seguia todos os outros rituais à risca e só comia depois das orações (puja). Ela incutiu nos filhos o mesmo rigor em relação ao sagrado. Os Gandhis eram hindus sanatanis, que incorporavam ensinamentos dos Vedas, Upanishads e outros textos hindus como o Ramayana e o Bhagavad Gita. Seguiam virtudes como honestidade, abstenção de ferir seres vivos, pureza, boa vontade, misericórdia, paciência, tolerância, autocontrole, generosidade e ascetismo.

Gandhi ficou impressionado pela perspectiva ética e espiritual do hinduísmo. "O principal valor do hinduísmo está em sustentar a crença real de que toda vida é uma, isto é, toda vida vem de uma fonte universal, chame-a de Alá, Deus ou Parameshwara", escreveu em seu jornal *Harijan* (termo que significa "povo de Deus", usado por Gandhi para a casta dos intocáveis).

Quando perguntavam sua religião, ele dizia ser vaishnava. O vaishnavismo é a maior seita hindu, e seus praticantes consideram o deus Vishnu o único ser supremo, acima de todas as outras divindades hindus. No entanto, Gandhi nunca ia ao templo, não mantinha ídolos em casa, não oferecia doces aos deuses nem usava contas. Segundo uma citação do Bombay Sarvodaya Mandal e da Fundação de Pesquisa Gandhi, Gandhi explicou: "Sou Vaishnava de coração" e referenciou qualidades como "aquele que sente empatia, não guarda rancores, mantém um coração puro, não difama ninguém, nunca mente e permanece livre da tentação".

Das muitas maneiras pelas quais ele escreveu sobre sua fé, esta é a que mais se aproxima da minha própria tentativa de definir o indefinível:

> Para mim, Deus é Verdade e Amor. Deus é Ética e Moralidade. Deus é Destemor. Deus é a essência da vida e da luz e, ainda assim, Ele está acima e além de tudo. Deus é consciência. Ele é até mesmo o ateísmo do ateu. Pois, em sua infinitude, Deus permite que o ateu viva. Ele é o buscador de corações. Ele é um Deus pessoal para aqueles que precisam de sua presença pessoal. Ele é incorporado para aqueles que precisam de seu toque. Ele é a essência mais pura... Ele é todas as coisas para todos os homens. Ele está em nós e ainda assim acima e além de nós.

Apesar de estar enraizado na fé hindu de sua família, ele era respeitoso e interessado em todas as religiões e acolhia a chance de conversar com líderes de outras crenças. Entre os mais de quatrocentos livros que leu, muitos exploravam as origens e os princípios das religiões do mundo. Acredito que ele incorporou o que aprendeu em seu próprio sistema de crenças único.

O papel da fé era central em sua vida; sua importância não pode ser subestimada. O Mahatma sentia que todos os seus pensamentos e ações — os exatos princípios morais que exploramos aqui — eram unificados pelo núcleo da fé, que guiava suas intenções. Ele podia extrair força de sua fé em momentos de incerteza. Seu destemor era impulsionado por sua própria certeza em Deus e na humanidade. Ele escreveu em sua autobiografia que a religião "muda a própria natureza de uma pessoa, que a liga indissoluvelmente à verdade interior e que sempre a purifica". Ele se apoiou nessa fé para se tornar um líder moral e traçar um caminho inexplorado que centenas de milhares seguiram.

Vejamos um exemplo da crença inabalável de Gandhi na bondade essencial de seus semelhantes. Em julho de 1939, com a Segunda Guerra Mundial despontando, o líder espiritual da Índia escreveu uma carta a Adolf Hitler, implorando-lhe para "impedir uma guerra que reduziria a humanidade ao estado selvagem", assinando a carta com "Seu sincero amigo, M. K. Gandhi".

Hitler não respondeu.

Em dezembro de 1940, com a guerra no auge, ele escreveu uma carta mais longa, implorando a Hitler que acabasse com a guerra, suplicando: "É pedir demais que você faça um esforço pela paz...?" A carta é uma leitura fascinante. Ele alternava entre lisonjear o ditador nazista — "Não temos dúvida sobre sua bravura ou devoção à sua pátria, nem acreditamos que você seja o monstro descrito por seus oponentes" — e repreendê-lo: "Muitos de seus atos são monstruosos e impróprios da dignidade humana... Você não está deixando nenhum legado para seu povo do qual eles possam se orgulhar. Eles não podem se orgulhar de um relato de atos cruéis, por mais habilmente planejados." Ele referenciava as próprias lutas da Índia contra o domínio britânico ao longo de meio século.

Mas a parte que mais me chama a atenção são as linhas iniciais dessa segunda carta:

> CARO AMIGO,
>
> Dirigir-me a você como amigo não é uma formalidade. Não tenho inimigos. Meu objetivo de vida, nos últimos 33 anos, tem sido conquistar a amizade de toda a humanidade, fazendo amizade com o homem, independentemente de raça, cor ou credo.

Essa carta, embora crítica aos métodos de Hitler, ainda estava imbuída da fé pura de que Gandhi poderia mover montanhas e tocar a bondade inerente de qualquer pessoa. Adolf Hitler aparentemente não se comoveu. A fé de Gandhi não operou um milagre dessa vez — todos sabemos da tragédia do Holocausto e dos 6 milhões que morreram —, mas ele continuou sua missão incansavelmente.

Quando dizemos que "damos um salto de fé", do que exatamente estamos falando? Salto? Como tentar pular sobre um cânion, à la diabólica motociclista Evel Knievel? (Note o "diabo" em "*diabólica*", como se desafiar a fé levasse ao inferno.) Sem nem mesmo medir a distância ou sua própria capacidade de salto? Comparando esse salto de fé com a fé em Deus?

A expressão idiomática — acreditar em algo ou alguém com base na fé, e não em evidências; uma tentativa de alcançar algo que tem pouca chance de sucesso — apareceu pela primeira vez em meados do século XIX e vem de uma tradução das palavras latinas *saltus fidei*. O filósofo dinamarquês Søren Kierkegaard criou essa expressão como uma metáfora para a crença em Deus. Ele argumentava que Deus era espiritual em vez de físico e completamente separado do mundo material dos humanos. Portanto, Deus não poderia ser compreendido pela ciência ou pela lógica. Só se poderia entender Deus pela fé.

Conversas sobre fé e, especificamente, fé em Deus, tornam-se tautológicas. Essa abordagem não agrada às pessoas que dependem de provas para entender o mundo. Pesquisas mostraram que os cientistas são provavelmente meio propensos, como o público em geral, a acreditar em Deus ou em um poder superior. A expressão "medicina baseada em evidências" foi introduzida pelo médico e professor canadense Gordon Guyatt e sua equipe em 1991 para mudar o foco na tomada de decisões clínicas de "intuição, experiência clínica não sistemática e raciocínio fisiopatológico" para a pesquisa científica.

Eu ouvi esse conceito pela primeira vez quando comecei a escrever sobre tendências de saúde alternativa, que muitas vezes se baseavam em evidências casuais e no que costumava ser chamado de "remédios das avós", o tipo que você lia em revistas como *Prevention* e *Seleções*.

Dado isso, as pessoas ainda "mantêm a fé", como costuma-se dizer? Cada vez menos, pelo menos nos EUA, se a afiliação religiosa for um indicador. De acordo com uma pesquisa do Pew Research Center de dezembro de 2021, a parcela de pessoas religiosamente não afiliadas do público norte-americano é seis pontos percentuais maior do que era cinco anos atrás e dez pontos percentuais maior do que há uma década. A pesquisa descobriu que três em cada dez adultos norte-americanos (quase 30%) são "sem religião" — pessoas que se descrevem como ateus, agnósticos ou "nada em particular". Além disso, a parcela de adultos norte-americanos que dizem orar diariamente tem diminuído, assim como a parcela que diz que a religião é "muito importante" em suas vidas. Uma pesquisa da Gallup de março de 2021 revelou que a adesão a locais de culto continuou a diminuir no ano anterior, para baixo de 50% pela primeira vez nos oitenta anos em que a Gallup acompanha essa tendência. A adesão às igrejas nos EUA era de 73% quando a Gallup mediu isso pela primeira vez em 1937 e permaneceu próxima a 70% pelas seis décadas seguintes, até que um declínio constante começou no início do século XXI.

No entanto, há uma presença espiritual forte e crescente nas plataformas digitais. Jovens que buscam propósito e significado podem estar procurando menos ensinamentos de padres e rabinos, e mais de influenciadores nas redes sociais como o Instagram. Compartilhar citações inspiradoras online se tornou nossa nova forma de oração comunitária. Aplicativos de meditação e mindfulness como Calm e Headspace têm milhões de assinantes. Isso está preenchendo o vazio? Será que a fé e a espiritualidade precisam prosperar apenas em um local físico de adoração ou seguir uma religião específica para fornecer às pessoas uma base moral? Tenho notado que mais pessoas se sentem confortáveis em se descrever como espirituais, em vez de religiosas.

Ao refletir sobre essas tendências, fiquei impressionado com quantas oportunidades variadas e acessíveis existem para as pessoas examinarem a fé com a participação em grupos religiosos organizados. O caminho para a fé não exige que alguém escale o Monte Emei na província de Sichuan, na China, como fazem os budistas, circule a Kaaba (o local mais sagrado do Islã), como fazem os muçulmanos, ou participe do Kumbha Mela, o festival e peregrinação hindu para quatro rios sagrados na Índia. Há dezenas de locais de culto no próprio bairro. Para corroborar essa ideia, pedi a Prarthi que identificasse igrejas, templos, sinagogas e mesquitas em um raio de 3km de várias cidades, incluindo a dela e a minha. Aqui estão os resultados:

Vadodara, também conhecida como Baroda, Gujarat (onde Prarthi mora, população de 64 milhões) — templos hindus: 40; igrejas: 2; templos jainistas: 8; mesquitas: 8.

West Orange, Nova Jersey (minha cidade natal, população de 48 mil) — igrejas: 44; sinagogas judaicas: 5.

Como Gandhi, também não frequento o templo regularmente, e meu templo não seria um templo hindu; é uma sinagoga judaica (shul em hebraico), também chamada de templo. Não pertenço a uma sinagoga, nem faço doações para causas da comunidade judaica ou para Israel, mas sei a diferença entre carne enlatada magra e gorda. Sou judeu cultural, mas secular. Minha outra credencial judaica é que trabalhei por vários anos para uma organização de arrecadação de fundos chamada Federação da Comunidade

Judaica. Mas foi a comunidade, não a parte judaica, que me atraiu. Foi lá que aprendi que pessoas como eu são chamadas de judeus "não afiliados".

Procurando respostas para o insolúvel koan Zen "O que é fé?", busquei insights na minha própria comunidade local de líderes espirituais, dentro de um raio de 3km de onde moro. Iniciei cada conversa com essa simples pergunta aos líderes de uma igreja católica, um templo judaico, um centro Unitarista Universalista, um centro budista, uma igreja luterana e uma igreja batista. As respostas me deixaram sem respostas. Aqui está uma amostra:

O padre da Igreja Católica Romana São José Operário, na rua do meu apartamento:

> A resposta simples é acreditar no que não podemos ver. O aspecto mais profundo da fé está em nosso relacionamento com Deus. Talvez não possamos ver Deus, mas, acreditando Nele, Ele se torna real. Deus está aqui, não apenas nos céus, mas aqui conosco. Tento ajudar as pessoas a verem as bênçãos em suas vidas como um sinal de Deus, a terem um coração agradecido. E que Deus trabalha através de tudo isso. E, se você olha para trás em sua vida, pode dizer: "Talvez Deus estivesse me direcionando para aqui ou ali." Acredito que Deus nos deu o livre-arbítrio, que podemos tomar decisões para nossas próprias vidas. Ele nos dá a liberdade, mas, se sairmos do caminho, Deus meio que o ajusta para nós. Todos nós encontramos coisas ruins, coisas que não escolheríamos, mas, pelo menos na minha experiência, elas podem ser transformadas.

O rabino da sinagoga ortodoxa moderna Congregação Beth Israel:

> A fé não é abstrata. É como se vive a vida. Nunca devemos confundir fé com ciência. É como tentar pegar a fé e analisá-

-la em um laboratório. Isso não é fé. Não procuro certeza na minha fé. Se eu confundo fé com dogma, isso também não é fé. Para mim, Deus é incognoscível; Deus é surpreendente. Quero ser surpreendido por Deus. Deus nos comanda e nós agimos. Quando o Shabat chega, oramos e somos lembrados do nosso compromisso com Deus como o criador do mundo e então descansamos no sétimo dia.

Dois monges da Associação Budista Dharma Realm:

Com meus amigos cristãos, a ênfase está no aspecto da fé. Se você acredita em Jesus, você está salvo. Então, o corolário é que, se você não acredita em Jesus, está condenado? Para sempre? Uau, não sei se consigo engolir esse tipo de crença. Para mim, a fé é algo como uma confiança que cresce ao longo do tempo. Então, por exemplo, digamos que minha fé ou minha confiança no budismo, ou nesta organização, vem de experimentar as práticas e ver a mim mesmo mudar pouco a pouco, meio que me tornando um pouco mais mente aberta. Então, há um senso de "Ah, posso confiar que isso leva a um bom lugar, com base na minha própria experiência." Acho que o lugar mais profundo onde confio é experimentar e dizer: "Ok, acho que vejo que isso funciona." Como o Buda disse: "Não acredite em mim, confie na sua própria experiência." O primeiro elemento muito importante é estabelecer confiança em mim mesmo por trás da minha história narrativa. Na verdade, no budismo temos três aspectos da fé. É acreditar na nossa capacidade de sermos livres. Podemos despertar. Podemos nos transformar completamente, por nós mesmos. E também temos confiança nos métodos dados pelo Buda. Mas precisamos experimentá-los nós mesmos.

O pastor da Igreja Luterana da Cruz:

> A perspectiva luterana é que a fé é um presente dado por Deus com base no sacrifício que Jesus fez na cruz, que libertou todos os pecadores. O presente da fé é dado a todos nós. Não acho que todos participem disso, mas confio que mesmo aqueles que não têm fé no mesmo Deus têm alguma fé em um poder superior e um chamado maior. Ainda assim, é aquela fé que foi dada por Deus. O que há de errado em ter o inexplicável explicado por algo que vem da nossa fé e não de evidências físicas empíricas? A evidência na minha própria vida é o fato de que, quando eu oro, meu dia fica melhor.

O reverendo da Berkeley Fellowship of Unitarian Universalists:

> A fé é estar em contato com o espírito do amor e da vida. Para mim, isso é tudo. Acho que é perceber que há um universo extraordinário lá fora que não fizemos. Não estávamos aqui quando aquela semente foi segurada na palma de uma mão e se tornou o universo inteiro. De onde viria a beleza a partir dessa semente? E o amor? Pensamos que nós, humanos, inventamos o amor. Isso é ridículo. Vemos o que acontece com os animais, não apenas cuidando de seus filhotes, mas como eles se conectam com outras espécies. Há tanto desta vida e deste amor do qual fazemos parte. É um mistério, mas ao aceitarmos que ele envolve tantas coisas que acreditamos conhecer, ainda assim, sua origem e como acontece permanecem um mistério sagrado.

Em 2004, seguindo os passos de Buda para uma grande reportagem da *National Geographic Magazine*, aprendi algo sobre a fé que nunca havia considerado antes. Entrevistando praticantes budistas de todas as partes do mundo, descobri que suas respostas à mesma pergunta — "O que é fé?" — sugeriam uma tendência. Isso é relevante aqui.

Eu sempre perguntava o que os atraía ao budismo. Lembro-me especialmente de conhecer uma freira católica, nascida e criada na Índia, que era diretora de uma escola católica em Nova Deli. Muito progressista, ela havia introduzido a meditação no currículo dos alunos. Ela me levou para assistir a cerca de cem crianças ouvindo fitas de baixa qualidade de S. N. Goenka, o muito popular e altamente respeitado professor de meditação vipassana. Depois, a diretora me levou ao seu escritório e, quando eu disse a ela que já tinha participado de vários retiros de vipassana de cinco a dez dias, ela se animou e se abriu para mim.

Fiz a pergunta óbvia: "Por que ou como uma freira católica se interessou pela meditação budista?"

Ela me contou que havia sido diagnosticada com câncer de mama e passado por uma mastectomia. "Por que eu?", ela perguntou a Deus, a velha pergunta daqueles que tiveram má ou boa sorte. Nenhuma resposta satisfatória veio. Isso a fez questionar "não apenas a Deus, mas Jesus também. Foi como se eu tivesse perdido a fé na própria fé". Ela estava em desespero. Foi quando alguém sugeriu que ela fizesse um retiro de vipassana de dez dias. Ela fez e funcionou. Ela disse que a ajudou a deixar de lado o papel de vítima e também lhe permitiu retornar a uma vida de fé e à igreja sem apego à ideia de que as coisas darão certo do jeito que ela queria apenas orando a Deus.

Mas aquela frase — "perder a fé na própria fé" — ecoou em meus ouvidos, e ouvi-a ser repetida em palavras muito semelhantes por pessoas que me disseram que encontraram sua prática budista por meio de algum evento que as fez duvidar da existência de Deus — isto é, um Deus que o salva de seus problemas e adversidades.

Embora seja categorizado como uma das principais religiões (é importante porque tinha 507 milhões de seguidores em 2020), o budismo não é uma religião. Uma religião requer um Deus, e o budismo não tem. O budismo é uma filosofia: o Buda ofereceu uma abordagem bem pensada para a felicidade. Não é construído sobre a fé, como a fé em alguém ou algo fora de si mesmo.

Consigo traçar minhas próprias investigações sobre a eficácia da fé até meu avô.

Nasci em uma família de judeus, tanto do lado dos meus pais quanto dos pais deles e dos pais deles, e assim por diante. Sei muito pouco sobre meus ancestrais além dos meus avós. O pai do meu pai foi um dos fundadores de uma pequena sinagoga judaica conservadora em Queens Village, Nova York, em 1925. Moe Garfinkel era um grande macher (em iídiche, um figurão ou alguém extremamente importante) nesse centro comunitário judaico. Quando eu era jovem, acompanhava-o ao centro judaico nos Dias Sagrados de Rosh Hashanah e Yom Kippur. À medida que nos aproximávamos, na calçada em frente ao templo, membros da congregação o cumprimentavam efusivamente, apertavam minha mão e bagunçavam meu cabelo até que tomássemos nossos assentos reservados no banco da frente. Quando completei 13 anos, de acordo com a tradição judaica, me tornei um homem, então vovô fez questão de que eu fosse chamado à frente, para a bema, onde a arca guarda a Torá, para uma aliyah. A Torá é um rolo que contém os primeiros cinco livros da Bíblia hebraica. Isso era algo muito importante — uma mitzvah (em hebraico, um ato meritório) —; dizer a breve brachá (oração) introdutória a cada seção da leitura é uma grande honra que eu não levei levianamente. Por proximidade, eu me tornara um grande macher. Nas várias horas do serviço, levantando e sentando em várias seções da leitura, cercado pelos anciãos e outros machers nos bancos da frente com o vovô, eu não apenas estava perto o suficiente para assistir aos homens daven, balançando para frente e para trás, de um lado para o outro, cantando as linhas da Bíblia, mas também perto o suficiente para sentir sua energia.

Eu não tinha ideia do que estavam cantando, já que era tudo em hebraico e, de qualquer forma, eles murmuravam. Eu meio que inferia a profundidade do significado por proximidade.

Mas eu queria desesperadamente ter a experiência transcendental. Eu era um espiritualista nascente. Vovô era um homem devotamente espiritual, mesmo ocupando a posição de homem de família e trabalhador árduo; já meu pai se afastou disso. Ele fez questão de que eu frequentasse a escola hebraica e fizesse meu bar mitzvah, participasse dos serviços dos Dias Sagrados em Rosh Hashaná e, claro, celebrasse Chanucá ("para as crianças", ele dizia, e eu sentia seu cinismo). Ele dizia que os Dias Sagrados haviam se transformado em um desfile de moda e ostentação burguesa, com mulheres exibindo seus casacos de pele e homens ao lado de seus Cadillacs.

Meu próprio cinismo cresceu a partir do dele. Comecei a ver a paixão de meu avô por Deus como ingênua no contexto de um mundo cada vez mais materialista. Mas tive uma experiência que me afastou do judaísmo quando entrei nos anos de revolta adolescente. Havia rumores de que nosso rabino no Centro Judaico de West Orange era um pouco beberrão. Eu não acreditava até o dia da minha cerimônia de bar mitzvah. Após o jovem recém-formado terminar sua leitura da Torá, tradicionalmente o rabino dá um breve conselho ao garoto. Quando o rabino se virou e se inclinou um pouco para mim e começou: "Perry..." eu pude sentir o cheiro de álcool em seu hálito. Isso antes do meio-dia, ainda por cima. Naquele momento, fui tomado pelo mesmo cinismo do meu pai, adicionando também a hipocrisia. Judeus tradicionais naquela época não eram grandes beberrões, exceto pelo Manischewitz na Páscoa.

Essa experiência abalou minha fé nos princípios básicos do judaísmo, e desde então me senti desconectado da religião de meus ancestrais e de minhas raízes. É por isso que eu e muitos outros judeus que conheci naquela época olhávamos para o Oriente em busca da experiência de estar mais próximo de Deus, cuja existência eu não conseguia verificar com minha própria experiência Dele.

Cerca de dez anos após meu bar mitzvah, fui para a Índia em busca do guru hindu de Ram Dass porque senti que nessa religião eu teria uma experiência do Poder Superior, se ele existisse. Quando Ram Dass viu tantos judeus atraídos pelo hinduísmo, sugeriu que nos voltássemos para o budismo porque, segundo ele, o judaísmo e o hinduísmo tinham muitos rituais ornamentados. Foi por isso que me voltei para o budismo, a prática do menos.

Hoje me chamo de hindu-budista-judeu, para cobrir todas as bases e deuses. Então, fui da religião creditada com a inovação da teoria do Deus único para a religião da teoria dos 100 mil deuses até a prática filosófica chamada budismo da teoria do não deus.

As ideias de Gandhi se espalharam pelo mundo, como sementes de dente-de-leão sopradas para todos os lados por um vento forte, pousando em lugares inesperados que poderiam ter surpreendido o próprio Gandhi. Um desses lugares foi a consciência de um professor de Harvard que se tornou usuário e defensor do LSD, e foi expulso do departamento de psicologia por experimentar a droga com estudantes de pós-graduação. Ele se tornou um estudante de hinduísmo e depois um professor espiritual cuja habilidade em interpretar a filosofia oriental para a mente ocidental lhe rendeu uma audiência mundial. Nesse processo, ele passou de Richard Alpert, filho de uma família rica, a Baba Ram Dass, despojado de posses materiais, até Ram Dass, amado por milhões. Ele foi meu primeiro líder espiritual.

Seu livro *Be Here Now*, publicado em 1971, foi um best-seller underground da contracultura, alguns dizem o primeiro nessa categoria, com mais de 2 milhões de exemplares impressos. Até seu design quebrou todos os moldes: frases giravam em círculos nas páginas como serpentes hipnotizantes que se enrolavam para dentro.

Comprei uma cópia por recomendação de uma fonte confiável: um hippie a quem dei carona descendo a costa da Califórnia vindo de

Vancouver, British Columbia, no verão de 1971. Li-o várias vezes; foi por isso que minha então esposa Iris e eu decidimos ir para a Índia, principalmente para encontrar o guru sobre o qual Ram Dass escrevia com tanto entusiasmo, Neem Karoli Baba. Não o encontramos, mas Iris fez um retiro em um ashram de Sivananda no norte da Índia, e eu estudei tambores indianos clássicos com um famoso guru de tabla em Benares. A experiência na Índia mudou fundamentalmente nossa visão de mundo, que antes era estreita.

Dois anos depois, quando morávamos em Cambridge, Massachusetts, outra coincidência estranha nos levou a conhecer Ram Dass. Nós o convidamos para ensinar a um pequeno grupo na cocheira que alugávamos, onde ele nos ensinou a entoar mantras, meditar e praticar bhastrika, o exercício de ioga de respiração intensa para dentro e para fora pelas narinas. Quando Iris engravidou, pedimos a ele para ser o padrinho e, pelo menos no título, ele concordou. Foi um período importante e crucial em nossas vidas. Embora tenha perdido contato com ele, seus ensinamentos se tornaram uma referência pela qual meço meu crescimento espiritual e psicológico.

Em 1997, Ram Dass sofreu um derrame quase fatal, que o deixou paralisado do lado direito do corpo; a afasia expressiva limitou sua capacidade de falar e processar informações na velocidade normal. Ele se mudou para Maui, onde uma equipe de seguidores cuidava de suas necessidades enquanto ele fazia o possível para continuar liderando meditações e dando palestras virtuais. Não sei por que continuei resistindo ao desejo de visitá-lo, mas quanto mais adiava, mais culpado me sentia. No verão de 2017, fui designado para uma reportagem em Maui pelo *New York Times*, e usei a visita ao Havaí como desculpa para ver Ram Dass.

Duvidava que ele se lembrasse de mim, mas assim que entrei em seu quarto, que estava equipado para acomodar uma cama hospitalar e vários dispositivos para que ele pudesse se comunicar com o mundo exterior, ele soltou um grande "Uau!" de reconhecimento. Só podia imaginar quais pensamentos e memórias passaram por sua mente. Era como se nenhum tempo tivesse passado em nossa conexão, um encontro comovente e enriquecedor. Rememoramos por 45 minutos; fiquei lisonjeado quando ele disse que podia ver que eu ainda tinha a mente inquisitiva de um repórter, minhas perguntas sempre buscando um entendimento e um significado mais profundos. *Por que esperei tanto para vê-lo?* Então ele ficou exausto. Antes de sair, disse a ele que eu começava a desenvolver a ideia para o que se tornou este livro e perguntei se ele teria algo a acrescentar. Ele disse que Gandhi foi uma influência importante em sua vida. Perguntei se poderia voltar para gravar uma conversa só sobre isso. Ele concordou, feliz.

Ram Dass faleceu em sua casa em Maui em dezembro de 2019, três meses depois de eu ter iniciado este experimento. Então, perdi a oportunidade de voltar a vê-lo.

Corte para o inverno de 2021. Estava em um retiro de escrita de um mês na acolhedora Mendocino, uma vila costeira 240km ao norte de São Francisco. Como é hábito da maioria dos escritores, encontrei duas livrarias locais. Ao entrar na calorosa e acolhedora Gallery Bookshop, pude sentir a energia dos verdadeiros amantes de livros. Não fiquei surpreso com o "manifesto" da loja: "Acreditamos em nos cercar de livros já lidos e livros ainda não lidos; em revisitar nossos eus mais jovens cada vez que tiramos velhos favoritos da prateleira... Acreditamos que juntos, leitores, escritores, livros e livrarias podem fazer mágica."

Passeando pelos corredores, sem a intenção de comprar mais um livro que talvez eu não lesse por um bom tempo, me deparei com a capa de um livro novo de um autor cujo rosto preenchia o espaço, um rosto que reconheci imediatamente — Ram Dass. *Being Ram Dass* foi seu último livro, publicado postumamente e com o coautor Rameshwar Das, um amigo que eu conhecia de muitos anos atrás, um amigo próximo de Ram Dass e seguidor de Neem Karoli (também conhecido como Maharaj-ji). Naquele momento, soube que não havia coincidências. *Being Ram Dass* foi publicado pela Sounds True, a editora deste livro. Liguei para Ramesh imediatamente, perguntando se havia algo em seu livro mencionando Gandhi. "Muita coisa", disse ele, e me enviou páginas em que Ram Dass alude a Gandhi.

Desde a primeira referência, senti-me tanto grato — por seus pensamentos serem semelhantes aos meus — quanto arrependido por não termos tido a chance de conversar. Ele recontou um diálogo com Neem Karoli:

"Você conhece Gandhi?", Maharaj-ji perguntou-lhe.

"Não, mas já ouvi falar dele."

"Seja como Gandhi", seu guru lhe disse.

Escreve Ram Dass em *Being Ram Dass*: "Eu não fazia ideia do que fazer com esse diálogo. Ele não estava falando sobre Lincoln ou Gandhi como figuras históricas. Eles estavam presentes para ele de uma maneira que eu não conseguia compreender."

Tenho sentido o mesmo nos últimos dois anos ao conversar com verdadeiros seguidores de cada palavra de Gandhi, como se ele estivesse vivo.

Ram Dass refletiu sobre Gandhi ter dito "Minha vida é minha mensagem": "Acho que era isso que Maharaj-ji estava tentando me dizer. Sua orientação tinha a ver com participar da condição humana. Nossas relações uns com os outros estão, em última análise, enraizadas em quem somos — o que todas as nossas experiências, educação e carma nos tornaram. A vida é a mensagem."

Ainda mais tarde, ele cita Gandhi de novo: "Quando você se rende completamente a Deus como a única Verdade que vale a pena ter, você se encontra a serviço de tudo o que existe. Isso se torna sua alegria e recreação. Você nunca se cansa de servir aos outros."

Ram Dass costumava nos perguntar: "Você quer Deus ou quer querer Deus?"

Eu nunca cheguei completamente lá. Ainda quero querer... Talvez minha falta de entrega completa a Deus seja o motivo pelo qual escrever não me trouxe alegria nos últimos anos, embora eu me orgulhe das maneiras como meus escritos sobre saúde, psicologia e até espiritualidade tenham trazido algum insight e alívio do sofrimento para os leitores.

Achei estranho ler sobre o quanto Gandhi foi significativo para meu primeiro verdadeiro professor espiritual porque, nas muitas palestras e conferências a que assisti — em pequenos grupos de trinta na cocheira ou em grandes arenas como a casa cheia no auditório da Universidade de Boston —, não me lembro de Ram Dass mencionar Mahatma Gandhi. Será que ele pensava que o público ocidental teria colocado Gandhi no passado, como uma estátua de bronze acumulando poeira? A mensagem de Gandhi estava tão profundamente internalizada por Ram Dass que ele a considerava quase óbvia? Ou eu não estava prestando atenção o suficiente porque fui eu quem deixou Gandhi no passado?

Nunca saberemos. E não importa, porque quaisquer partes de Gandhi que foram implantadas em Ram Dass foram expressas não por suas muitas palavras eloquentes, mas pela mensagem de sua vida. Pelo menos Ram Dass fez questão em seu último livro de que ninguém duvidasse da influência que Gandhi teve sobre ele.

"Como é bom e agradável para as pessoas estarem juntas." Essa linha vem do Salmo 133 do Livro dos Salmos, na versão King James da Bíblia. Ela saltou aos meus olhos quando a cantamos recentemente no Yom Kippur, o mais sagrado dos dias santos judaicos. Eu estava sentado ao lado da minha filha e da minha neta, junto com cerca de cem outras pessoas em Berkeley, no Jewish Gateways, que pratica uma forma moderna de judaísmo. Meu avô não teria reconhecido os rituais do serviço; com um cantor/violonista e a maioria das orações em inglês, estavam bem longe das tradições praticadas na sinagoga conservadora do vovô Garfinkel no Queens, Nova York. O Jewish Gateways acolhe "judeus errantes" e "judeus questionadores", como diz sua literatura. Eu os chamaria de judeus New Age.

Não importa. Todos seguimos os mesmos valores judaicos, mais ou menos.

No hinduísmo, um grupo adorando junto é chamado de satsang. No budismo é uma sangha. No islamismo, uma cemaat. No judaísmo, é apenas uma congregação.

Essa prática de "estar juntos" não é apenas "boa e agradável". Parece ser parte integrante de demonstrar fé. De fato, percebo, é assim que ganhamos, crescemos e mantemos a fé no sistema de crenças de nossa escolha. Estar rodeado por outros que buscam as mesmas fontes de sabedoria — a Torá no judaísmo, o Alcorão no islamismo, a Bíblia no cristianismo, os Vedas no hinduísmo — reafirma e reforça sua fé nesse sistema de crenças. É difícil olhar ao redor para um grupo de pessoas todas focadas na mesma coisa e *não* ter fé de que você está se movendo na direção certa. *Bem, se todas essas pessoas vieram até aqui para isso, deve haver algo nisso.*

Isso pode explicar por que há rachaduras na minha própria fé — na minha fé na fé. Não promovo a união nem sou um seguidor; sou um pouco lobo solitário. Ser parte de um grupo me faz sentir como um lemingue. Apenas em momentos de grande dúvida pessoal eu relutantemente recorro à minha própria congregação — filha, irmã, família, amigos mais próximos — e baixo minha guarda, mostro minha vulnerabilidade. Só então a fé me envolve, como um banho quente. É a fé no meu próximo, não necessariamente em um Poder Superior, que me leva a uma maior compreensão de por que estou aqui e como posso servir aos outros.

A fonte de inspiração espiritual de Gandhi era o Bhagavad Gita. Entre as grandes pérolas de sabedoria que Gandhi leu e internalizou estava esta: "E o homem que ouvir isso, cheio de fé e livre de malícia, mesmo ele alcançará os mundos felizes dos justos, livre de todo mal."

Nisso encontro grande esperança. Se eu permanecer livre de malícia, livre do mal, a fé me envolverá e me levará à felicidade.

Amém.

Como Ser Gandhi... Devotamente

- Continue buscando, mantenha seu coração e sua mente abertos.
- Reserve um espaço em seu dia para contemplação, gratidão e crescimento.

- Não importa qual religião ou ideologia você escolhe seguir.
- Acreditar em algo fora de si mesmo, se você o chama de Deus, Força ou Universo — ou mesmo em si mesmo — é o coração da fé.

Epílogo

A Transformação Continua

Antes de Gandhi, corte madeira, carregue água. Depois de Gandhi, corte madeira, carregue água.

Essa é minha adaptação do antigo ditado Zen "Antes da iluminação, corte madeira, carregue água. Depois da iluminação, corte madeira, carregue água." Existem várias interpretações dessa citação. A minha é que, mesmo depois de alcançar seu objetivo, você ainda precisa manter a disciplina para lavar a louça e as roupas, e outras tarefas mundanas para manter sua vida em andamento — mas agora prestando mais atenção ao processo, agora com maior prazer e alegria. Esses atos simples assumem um propósito mais elevado, mesmo quando os outros não conseguem ver as mudanças internas pelas quais você passou. Deve-se tentar permanecer ancorado no momento presente, enquanto voa alto acima de todos os outros em uma felicidade atemporal — com trabalho humilde e um ego ainda mais humilde. A repetição dessas tarefas diárias permanece como um lembrete de que há mais trabalho a ser feito. Não há linha de chegada para a vida. No linguajar do nosso tempo, continuamos a seguir em frente.

Se algum dia pensei que poderia me tornar Gandhi, estava muito longe disso. Só de pensar, percebo o quanto ainda tenho que percorrer. Como o monge budista chinês do século IX, Linji Yixuan, um dos mestres mais proeminentes da história Zen, é conhecido por ter dito a um monge: "Se você encontrar o Buda no caminho, mate-o." Ele queria dizer que, se você acha que sabe as respostas, se acha que alcançou o estado de Buda, apenas achar que atingiu esse estado de consciência mostra que você não atingiu.

Sempre há perguntas, sempre há níveis mais profundos a se alcançar, apesar de saber que você não pode saber completamente as respostas nem atingir esse nível. Mas, agora imitando Yoda, devemos nos esforçar. A famosa citação de Yoda é "Faça ou não faça. Não existe tentar", mas eu defendo a ideia de que tentar, com verdadeira intenção, é um passo muito bom na direção certa.

As lições do meu experimento ainda estão se assimilando, e continuarão assim pelo resto da minha vida. Mahatma Gandhi foi um homem, um ser humano com falhas que cometeu erros e deslizes. Às vezes, ao longo desse processo, a frase "Faça o que eu digo, não o que eu faço" me veio à mente. Os princípios morais sobre os quais ele escreveu, e que na maioria das vezes viveu, serão eternamente dissecados por estudiosos e especialistas — todos bons modos de mantê-los relevantes.

Eu me tornarei Gandhi algum dia? Não. Ser Gandhi é impossível. Mas estar nos passos de Gandhi — ser parecido com Gandhi — sempre terá possibilidades.

Você pode se tornar Gandhi? Não. Mas, nestes tempos em que a moralidade tem sido deixada de lado em favor do interesse próprio maquiavélico, não há momento melhor para tirar deste livro o que você encontrar de valor, o que achar que vale a pena mudar em si mesmo para recalibrar sua bússola moral pessoal. Se pessoas suficientes derem esse passo, prevejo um mundo mais compassivo e pacífico.

Você precisa se tornar vegetariano radical para alcançar a gandhidade? Ou poderia reduzir o consumo de carne para uma vez por semana, uma vez por mês, a cada poucos meses? Poderia reduzir o consumo de frango e peixe? Claro. Sou feliz agora como pescatariano. Talvez eu elimine o peixe também.

Você poderia afastar sua mente de pensamentos violentos assistindo menos violência na TV, nos filmes e nas notícias? Vale a pena tentar, considerando o efeito prejudicial que essas impressões deixam na sua mente.

Você pode mentir menos — para os outros, para si mesmo? Viver com menos? Examinar mais sua fé? Limitar o poder do desejo sexual em sua vida?

Espero que este livro desperte conversas contemporâneas inesperadas sobre os ensinamentos de Gandhi, do Oriente ao Ocidente e vice-versa, quer você concorde com meus pensamentos quer não, quer os ache sacrilégio quer não, excêntricos, esclarecedores ou não.

Depois de muita leitura, muita reflexão e muita aplicação prática dos pensamentos, cheguei à conclusão de que, muitas vezes, a sabedoria vem "da boca das crianças", uma frase originalmente encontrada no Salmo 8:2 da Bíblia.

Então me voltei para minha brilhante neta, Kasey. Ela sabia muito pouco sobre Gandhi e queria saber o que eu estivera fazendo nos últimos três anos. Em resposta, pedi a ela que lesse *Who Was Gandhi?*, de Dana Meachen Rau, um livrinho escrito para estudantes do ensino fundamental II, como Kasey na época. Esta foi sua conclusão:

> Se Gandhi ainda estivesse vivo hoje, o mundo seria um lugar melhor. Gandhi incentivou as pessoas a protestarem e se manifestarem para mudar o mundo. Ele lutou pelo que era certo usando satyagraha, a força da verdade, que envolvia não cooperação, não violência e não possessões. Não cooperação significa violar leis injustas de uma maneira que não seja prejudicial ou violenta. Não violência significa simplesmente não ser violento com ninguém. E, por fim, não possessão é não ter muitas coisas e usar apenas o que se precisa, e nunca mais

> que isso. A principal coisa que aprendi com este livro é que Gandhi fez a diferença de muitas maneiras e ainda inspira as pessoas a fazerem o mesmo.

Da boca das crianças, de fato. Ela resume sucintamente a essência do que me levou tantas páginas para escrever e tantos anos para aprender. Que sua geração e as próximas levem a sério sua esperança de que Gandhi ainda inspira.

Bibliografia

Abramson, Ashley. "What Is Intermittent Fasting?" *Intermittent Fasting, Special Edition*. Nova York: Dotdash Meredith Publishing, 2023.

Adams, Jad. *Gandhi: Naked Ambition*. Londres: Quercus, 2010.

Agence France-Presse (AFP). "India's Top Court Tells Government to Stop Cow Vigilantes". *Dawn*, 6 de setembro de 2017.

Ajgaonkar, Sri e T. Meghshyam. *Mahatma: A Golden Treasury of Wisdom — Thoughts & Glimpses of Life*. Mumbai: Mani Bhavan Gandhi Sangrahalaya, 1995.

Amundson, Ingela Ratledge. "The More of Less". *Real Simple: The Power of Less* (edição única). Nova York: Meredith Corp., 2020.

Anderson, James A. "Some Say Occupy Wall Street Did Nothing. It Changed Us More Than We Think". *Time*, 15 de novembro de 2021.

"Are Violent Protesters Ruining the Occupy Movement?" *Week*, 9 de janeiro de 2015.

Balasubramanian, Sriram. "Guillaume Marceau: The Spirit of Mahatma Gandhi Is Felt Tremendously Here". *Forbes India*, 10 de novembro de 2011.

Bhattacharjee, Yudhijit. "Why We Lie". *National Geographic Magazine*, junho de 2017.

"Birds of Different Feathers Flock Together". *Ahmedabad Mirror*, 10 de janeiro de 2020.

Boo, Katherine. *Behind the Beautiful Forevers: Life, Death, and Hope in a Mumbai Undercity*. Nova York: Random House, 2012.

Bordessa, Kris. "A Modern Take on Self-Reliant Living". *National Geographic Magazine*. Nova York: Meredith Publishing, 2021.

Chauhan, Chetan. "Centre Bans Sale of Cows for Slaughter at Animal Markets, Restricts Cattle Trade". *Hindustan Times*, 19 de julho de 2017.

Dalkin, Gaby. *Better Homes & Gardens Mindful Eating with What's Gaby Cooking*. Des Moines, IA: Meredith Premium Publishing, abril de 2021.

Dasgupta, Neha. "New Delhi Is World's Most Polluted Capital for Second Straight Year: Study". *US News & World Report*, 26 de fevereiro de 2020.

Dass, Ram, with Rameshwar Das. *Being Ram Dass*. Boulder: Sounds True, 2021.

de Lambilly, Elisabeth. *Gandhi: His Life, His Struggles, His Words*. Brooklyn, NY: Enchanted Lion Books, 2010.

Desai, Ashwin e Goolam Vahed. *The South African Gandhi: Stretcher-Bearer of Empire*. Nova Deli: Navayana Publishing, 2016.

Desai, Kalpana. *The Mahatma Beyond Gandhi*. Mumbai: Sarvodaya International Trust, 2001.

Desphande, M. S. *The Way to God*. Berkeley: Berkeley Hills Books, 1999.

Duhigg, Charles. *The Power of Habit: Why We Do What We Do in Life and Business*. Nova York: Random House Publishing Group, 2012.

Duncan, Ronald. *Gandhi: Selected Writings*. Londres: Fontana/Collins, 1971.

Easwaran, Eknath. *Gandhi the Man: How One Man Changed Himself to Change the World*. Tomales, CA: Nilgiri Press, 2011.

Eilperin, Juliet. "Obama to Host a White House Summit on Growing Concerns Over Sports Head Injuries". *Washington Post*, 28 de maio de 2014.

Ekman, Paul. *Telling Lies*. Nova York: Berkley Publishing Group, 1986.

Express News Service. "Heritage Hiccups: State Blames Centre for Delay in Dandi Project". *Indian Express*, 21 de julho de 2009.

Fischer, Louis. *The Essential Gandhi: An Anthology of His Writings on His Life, Work and Ideas*. Nova York: Vintage Books, 1962.

———. *Gandhi: His Life and Message for the World*. Nova York: New American Library, 1982.

Gandhi, Arun. *The Gift of Anger*. Nova York: Jeter Publishing, 2017.

———. *Legacy of Love: My Education in the Path of Nonviolence*. Mattoon, IL: Gandhi Worldwide Education Institute, 2009.

Gandhi, Mohandas K. *An Autobiography: The Story of My Experiments with Truth*. Boston: Beacon Press, 1957.

———. *Basic Education*. Ahmedabad, Índia: Navajivan Publishing House, 1956.

———. *The Bhagavad Gita According to Gandhi*. Berkeley: North Atlantic Books, 2009.

———. *Hind Swaraj or Indian Home Rule*. Ahmedabad, Índia: Navajivan Publishing House, 2011.

———. *The Power of Nonviolent Resistance*. Nova Deli: Penguin Books, 2019.

———. *Satyagraha in South Africa*. Ahmedabad, Índia: Navajivan Trust, 1925.

———. *Selected Letters — Volume II*. Escolhido e traduzido por Valji Govindji Desai. Ahmedabad, Índia: Navajivan Publishing House, 1962.

———. *Towards New Education*. Ahmedabad, Índia: Navajivan Trust, 1945.

———. *The Way to God*. Albany, CA: Publishers Group West, 1999.

"Gandhi Museum Had 1.14 Lakh Visitors Last Year". *India Times*, 4 de outubro de 2019.

Glass, Leonard L. "The Psychology of Violence in Sports — On the Field and in the Stands". WBUR Cognoscenti, 18 de março de 2014.

"Google Digitally Recreates Mahatma Gandhi's Dandi March to Mark India's 70th I-Day". *India Today*, 16 de agosto de 2017.

Guha, Ramachandra. *Gandhi Before India*. Nova York: Alfred A. Knopf, 2013.

Gupta, Ruchira. "Occupy Wall Street: What Would Gandhi Say?" *Guardian*, 21 de dezembro de 2011.

Hazarika, Sanjoy. "Reprise of Gandhi Salt March Prompts Gibes". *New York Times*, 10 de abril de 1988.

Ingram, Catherine. *In the Footsteps of Gandhi: Conversations with Spiritual Social Activists*. Berkeley: Parallax Press, 1990.

Irfan, Umair. "Wildfires Are Making California's Deadly Air Pollution Even Worse". Vox, 28 de outubro de 2019.

Joseph, Lison e Satish John. "Wall Street Protesters Inspired by Mahatma Gandhi, Anna Hazare". *Economic Times*, 18 de outubro de 2011.

Kakutani, Michiko. *The Death of Truth*. Nova York: Tim Duggan Books, 2018.

Kalia, Ravi. *Gandhinagar: Building National Identity in Postcolonial India*. Columbia: University of South Carolina Press, 2004.

Kaushik, Anupma. "Mahatma Gandhi and Environment Protection". www.mkgandhi.org.

Kaylin, Lucy. "Stressed Out? Right This Way..." *O, The Oprah Magazine: Let It Go! Your Guide to a Simpler, More Serene Life*. Nova York: Hearst Communications, 2018.

Kennedy, Kostya, diretor editorial. *Miracles of Faith*. Nova York: Dotdash Meredith Publishing, 2023.

Khilnani, Sunil. *The Idea of India*. Nova York: Farrar Straus Giroux, 1999.

Kluger, Jeffrey. "Navigating Anxiety". *Time Special Edition*. Nova York: Meredith Corp., 2020.

Lelyveld, Joseph. *Great Soul: Mahatma Gandhi and His Struggle with India*. Nova York: Alfred A. Knopf, 2011.

Malhotra, Inder. "Book Review: Tushar A. Gandhi's *Let's Kill Gandhi*". *India Today*, 26 de março de 2007. (Atualizado em 16 de agosto de 2011.)

Manager Noetbook. "Gujarat's Limestone Mining: Local Farmers' Stand Against It". The Planet Voice, 11 de agosto de 2021.

McGirk, Tim. "Gandhi Gaffe Dims Murdoch's Star". *The Independent*, 5 de julho de 1995.

Meer, Fatima. *Apprenticeship of a Mahatma*. Phoenix: Phoenix Settlement, 1994.

Merton, Thomas. *Gandhi on Non-Violence*. Toronto: Penguin Books, 1965.

Metcalf, Barbara D. e Thomas R. Metcalf. *A Concise History of India*. Cambridge: Cambridge University Press, 2002.

Mez, Jesse, Daniel H. Daneshvar, Patrick T. Kiernan *et alii*. "Clinicopathological Evaluation of Chronic Traumatic Encephalopathy in Players of American Football". Jama Network, 25 de julho de 2017.

Mukherjee, Rudrangshu. *The Penguin Gandhi Reader*. Gurgaon, Haryana, India: Penguin Books, 1993.

Nagler, Michael N. *The Third Harmony: The Nonviolence and the New Story of Human Nature*. Oakland, CA: Berrett-Koehler Publishers, 2020.

Nanda, B. R. *Mahatma Gandhi: A Biography*. Nova Deli: Oxford University Press, 1981.

Nayar, Madhav. "Mahatma's Bug Strikes". *The Hindu Magazine*, 15 de dezembro de 2019.

Nhat Hanh, Thich. *Answers from the Heart: Practical Responses to Life's Burning Questions*. Berkeley: Parallax Press, 2009.

Parel, Anthony J. *Gandhi: Hind Swaraj and Other Writings*. Cambridge: Cambridge University Press, 2007.

Patel, Narottambhai. *Nai Talim in Gujarat: Philosophy and Development*. Gujarat, Índia: Gujarat Nai Talim Sangh, 2002.

Patel, Raojibhai M. *The Making of the Mahatma: Based on "Gandhiji ni Sadhna"*. Usmanpura, Ahmedabad, Índia: Ravindra R. Patel, 1990.

Prabhu, R. K. e U. R. Rao, eds. *The Diary of Mahadev Desai*. Ahmedabad, Índia: Navajivan Trust, 1953.

Press Trust of India (PTI). "Gujarat HC Orders Ground Survey to Verify Illegal Mining". *India Today*, 14 de fevereiro de 2017.

———. "Hockey India Suspends 11 Players after Violence in Nehru Cup Final". India TV News, 10 de dezembro de 2019.

"PUBG Mobile India Ban Is Permanent, Game 'Too Violent' to Be Allowed Again". News18, 1º de outubro de 2020.

Raj, Suhasini e Kai Schultz. "New Delhi: Its Air Toxic, Declares a Health Emergency and Closes Schools". *New York Times*, 2 de novembro de 2019.

Rau, Dana Meachen. *Who Was Gandhi?* Nova York: Penguin Workshop, 2014.

Rawat, Basant. "Ordinary Indians Pay Price for Gandhian Hypocrisy". *Union of Catholic Asian News*, 28 de julho de 2022.

Robbin, Jeanette. *Dr. Ambedkar and His Movement*. Narayanguda, Hyderabad, Índia: Dr. Ambedkar Publications Society, 2000.

Sahu, Satya Narayana. "Mahatma Gandhi on Air Pollution and Clean Air: Gandhian Philosophy". Green Ubuntu, 27 de abril de 2019.

Sanford, Whitney. "What Gandhi Can Teach Today's Protesters". The Conversation, 2 de outubro de 2017.

Scorsese, Martin, diretor. *No Direction Home: Bob Dylan*. Paramount Pictures, 2005. 3h28 min.

Senauke, Alan. *Heirs to Ambedkar: The Rebirth of Engaged Buddhism in India*. Berkeley: Clear View Press, 2015.

Sharma, Arvind. *Gandhi: A Spiritual Biography*. Gurgaon, Índia: Hachette India, 2013.

Singh, I. P. "Tushar Gandhi Booked for 'Criticizing' Bhagat Singh". *India Times*, 11 de maio de 2015.

Slate, Nico. *Gandhi's Search for the Perfect Diet*. Seattle: University of Washington Press, 2019.

Smay, Ian. "CTE Linked with Violence in Many Professional Athletes". KREM, 1º de julho 2019.

Snow, Nathaniel. "Violence and Aggression in Sports: An In-Depth Look (Part One)". Bleacher Report, 24 de março de 2010.

Think Change India. "India's First-Ever Flyover for Animals". YourStory, 3 de março de 2022.

Tiwari, Rajnarayan R. "Gandhi as an Environmentalist". *Indian Journal of Medical Research*, janeiro de 2019.

Varia, Avani. *Chalo Charkho Ramiye: A Contemporary Charkha Movement*. Ahmedabad, Índia: Navajivan Publishing House, 2020.

Weber, Thomas. *On the Salt March: The Historiography of Mahatma Gandhi's March to Dandi*. Nova Deli: Rupa Publications, 2009.

Wolpert, Stanley. *Gandhi's Passions: The Life and Legacies of Mahatma Gandhi*. Nova York: Oxford University Press, 2001.

Zezima, Katie. "How Teddy Roosevelt Helped Save Football". *Washington Post*, 29 de maio de 2014.

Índice